Os mortos indóceis

Os mortos indóceis

Necroescritas e desapropriação

Cristina Rivera Garza

Tradução e prefácio
Joca Reiners Terron

Esta obra foi publicada originalmente em espanhol com o título
LOS MUERTOS INDÓCILES: NECROESCRITURAS Y DESAPROPIACIÓN.
© 2013, Cristina Rivera Garza.
© 2024, Editora WMF Martins Fontes Ltda., São Paulo, para a presente edição.

Todos os direitos reservados. Este livro não pode ser reproduzido, no todo ou em parte, armazenado em sistemas eletrônicos recuperáveis nem transmitido por nenhuma forma ou meio eletrônico, mecânico ou outros, sem a prévia autorização por escrito do editor.

1ª edição 2024

Tradução
Joca Reiners Terron
Coordenação
Joca Reiners Terron
Acompanhamento editorial
Diogo Medeiros
Preparação
Isadora Prospero
Revisões
Beatriz de Freitas Moreira e Cássia Land
Produção gráfica
Geraldo Alves
Diagramação
Renato Carbone
Capa e projeto gráfico
Luciana Facchini

Dados Internacionais de Catalogação na Publicação (CIP)
(Câmara Brasileira do Livro, SP, Brasil)

Rivera Garza, Cristina
 Os mortos indóceis : necroescritas e desapropriação / Cristina Rivera Garza ; tradução e prefácio Joca Reiners Terron. – São Paulo : Editora WMF Martins Fontes, 2024. – (Errar melhor)

 Título original: *Los muertos indóciles: necroescrituras y desapropiación*.
 ISBN 978-85-469-0678-9

 1. Autoria – Aspectos sociais 2. Ensaios 3. Tecnologia – Aspectos sociais 4. Violência I. Terron, Joca Reiners. II. Título. III. Série.

24-222122   CDD-M864

Índice para catálogo sistemático:
1. Ensaios : Literatura mexicana   M864

Cibele Maria Dias – Bibliotecária – CRB-8/9427

Todos os direitos desta edição reservados à
Editora WMF Martins Fontes Ltda.
Rua Prof. Laerte Ramos de Carvalho, 133   01325-030   São Paulo SP Brasil
Tel. (11) 3293-8150   e-mail: info@wmfmartinsfontes.com.br
http://www.wmfmartinsfontes.com.br

Sumário

Prefácio: A longa sonata dos mortos 7

Gratulabundus 17
Introdução: Necropolítica e escrita 21
1. A desmorte do autor: David Markson (1927-2010) 53
2. Desapropriadamente: escrever entre/para os mortos 77
3. Usos do arquivo: do romance histórico à escrita documental .. 131
4. Minha passagem pelo trânscrito: planetários, esporádicos, exofônicos 159
5. Breves mensagens de Pompeia: a produção do presente em 140 caracteres 209
6. Máquinas sonham com a nossa linguagem?: uma curadoria ... 241
7. Práticas de comunalidade contra a violência 261
8. Contra a devastação 293

Notas 303

Prefácio
A longa sonata dos mortos

Publicado originalmente em 2013, *Os mortos indóceis: necroescritas e desapropriação* representa a suma do pensamento crítico de Cristina Rivera Garza. O Pulitzer concedido à autora por *O invencível verão de Liliana* em 2024 reconheceu em seu trabalho a coerente fusão de gêneros ao misturar "memórias, jornalismo investigativo feminista e biografia poética", como o prêmio anunciou, costurados com "uma determinação nascida da perda". Estão aí algumas características de sua obra, como o desinteresse pelo aspecto estanque dos modos expressivos, a poesia se misturando à investigação dos arquivos, a autobiografia à imaginação, além da suspensão da cisão entre vida e morte.

Sem dúvida, o antecessor direto deste volume – que reúne diversos ensaios publicados ao longo de anos em meios variados, digitais e impressos – é *Dolerse, textos desde un país herido* (2011). Na sua apresentação curtíssima àquele livro, Rivera Garza enfatiza a decisão em manter o "ar de presente" da antologia, a fim de que seus poemas, crônicas e ensaios pessoais "dessem conta da importância do momento em que foram escritos". A conjuntura da época era a do crescente domínio do narcotráfico na região norte do México, de onde a autora é originária, e do turbilhão mortífero de feminicídios na aurora do século XXI na região de Ciudad Juárez, também descrito na célebre "A parte dos crimes", de *2666*, obra-prima de Roberto Bolaño. *Os mortos indóceis* é igualmente assinalado por essa angústia, a de habitar um "país ferido".

A partir do conceito de horrorismo concebido pela filósofa italiana Adriana Cavarero, a autora mexicana procura, além de refletir acerca do inútil anacronismo de palavras como "terrorismo" e "guerra" para descrever a violência atual, desviar a atenção dos perpetradores da violência em benefício das vítimas, procedimento que a conduziu aos livros pessoais de sua fase mais recente, o mencionado *O invencível verão de Liliana*, e também *Autobiografia do algodão*, nos quais promove um retorno a seu passado biográfico e ao território natal na fronteira com o Texas. Nesses casos, o horrorismo é determinante para compreender o assassinato de que Liliana, sua irmã, foi vítima; de igual modo, a metamorfose econômica e cultural ocorrida naquela região desértica, que transformou a vida dos camponeses a partir do cultivo do algodão e depois, com a chegada dos narcos, a destruiu. A visão de Rivera Garza atende à definição dada por Cavarero ao horrorismo: "Em vez de ser um fenômeno no qual os assassinos confiam para aumentar os efeitos intimidadores de seu crime, a identificação com as vítimas é, acima de tudo, o uso de suas palavras para cobrir o silêncio sem esquecer o grito."[1]

No entanto, o pensamento de Rivera Garza não se limita ao *quê*, ao conteúdo, aprofundando-se no *como*, na forma comunal, coletiva, da escrita tecida pela voz coral dos mortos a sobreviverem (e a ecoarem) a voz dos vivos. O título vem de um poema do salvadorenho Roque Dalton: "Os mortos estão cada vez mais indóceis./ Hoje, fazem ironias/ e perguntas./ Parece que percebem/ que são cada vez mais a maioria". Contudo, essa ideia já não estaria em Beckett e sua visão da literatura como "a longa sonata dos mortos"? Ao ouvirmos o burburinho vindo das prateleiras das bibliotecas, não ouvimos aqueles que nos antecederam? A perspicácia do movimento de Rivera Garza aqui se dá em sentido contrário, entretanto, por meio da percepção de que os vivos é que ocupam, não somente o tempo, mas o espaço dos mortos, sua comunidade e território.

Tal princípio passa pelo estudo sobre David Markson, autor praticamente inédito no Brasil (apenas um trecho de *Isto não é um romance* foi publicado aqui[2]), cujos livros finais confrontam a noção de trama como fio condutor das narrativas ("O Escritor está por aqui de inventar histórias"), ao mesmo tempo em que causam um efeito mesmerizante ao simplesmente alinhavar fatos, apócrifos ou não, ligados à vida e à morte de escritores ("Alexander Pope morreu de hidropisia./ John Milton morreu de gota."). O procedimento, de efeito cumulativo, emula a citada sonata beckettiana dos mortos, atestando a pulsão de Markson de não criar absolutamente nada, de não imaginar coisa alguma além do inusitado dessa forma que, de fria, o leitor logo descobre, passa a quente e exaustiva, em seguida a hilariante.

Nisso, a obra pós-moderna do autor norte-americano se apresenta a Rivera Garza como espécime ideal das pulsões de apropriação, e também da literatura de arquivo ou documental. A escrita, afinal, não precisa vir com prescrição, sob a custódia do argumento e do enredo, da ambientação e do personagem. Por outro lado, pode encarnar formas preexistentes, externas àquilo que se compreende convencionalmente como literatura: uma ficção pode adotar a aparência de uma bula de remédio, um monólogo pode ter a disposição de um sermão litúrgico e por aí vai o andor de uma linguagem que se adapta ao discurso social, apropriando-se de aspectos formais do discurso publicitário, científico ou político.

A escrita, além de apresentar traços documentais obtidos na investigação de arquivos, também pode se *parecer* com tais documentos, emulando textos discursivos e especulativos, como na provocativa linha da "theory fiction" [ficção teórica]. Ou seja: a escrita pode e deve assumir a prévia existência de textos de outra ordem, até mesmo do não dito, do calado e não consentido, reordenando o que foi produzido anteriormente, assumindo novos sentidos. Em um artigo, o crítico italiano Massimo Rizzante observa que:

> Danilo Kiš, em uma passagem de seu *Homo poeticus* (1983), afirma a esse respeito: "Em *A tentação de Santo Antônio*, Flaubert empreendeu a busca, por meio da mediação do documento do passado, de um possível ponto fixo nesse mundo de estruturas instáveis e tornou-se o promotor da literatura que Foucault chama de 'fantástico de biblioteca'." Michel Foucault, em seu ensaio sobre A tentação..., escreverá: "Esse novo espaço fantástico não é mais a morte, o sonho da razão, o vazio incerto que se abre ao desejo, mas a vigília, a atenção contínua, o zelo erudito, a atenção sempre vigilante (...) A fantasia não é mais guardada no próprio coração, não é mais advertida pela incorreção da natureza: ela é apreendida pela exatidão do conhecimento; sua riqueza nos espera entre os documentos. Para sonhar, não é preciso fechar os olhos, mas ler."[3]

De fato, após a tomada de posse, vem a inevitável expropriação. O movimento emula, de modo concreto, o próprio ato da leitura. Ao lermos, tomamos aquilo que é entendido (ou mal entendido) por nós. A devolução do expropriado pode assumir as mais variadas formas, inclusive de reescrita, e se encontra na base mesma da aquisição da linguagem: ao adquirirmos a capacidade de expressão, operamos por processos de imitação, do assenhoreamento daquilo que nos rodeia: da voz do outro. A partir dela, construímos a nossa voz, que nunca trairá esse pronome possessivo no plural. A voz não deixará de ser *nossa*, à medida em que a passamos adiante, emprestando-a, compartilhando-a em constante evolução coletiva, em permanente estado de *contágio*, tendo em conta que "a linguagem é um vírus" (dixit William S. Burroughs).

Não deixa de ser curiosa, a origem do conceito no trabalho de autores de vanguarda como Markson, ou Burroughs e Brion Gysin, criadores do "cut-up", método mecânico de retalhamento de textos na implacável máquina de bricolagem, antecessor do onipresente copiar e colar desta era pós-alfabética, atendendo ao seguinte preceito: "1. Pegue uma página de texto e desenhe uma linha no meio e cruze no meio. Agora você tem quatro blocos de texto 1, 2, 3, 4. Agora, corte ao longo das linhas e coloque o bloco 1 com o bloco 4 e o bloco 2 com o bloco 3. Leia a página reorganizada. 2. Dobre uma página de texto ao meio no sentido do comprimento e coloque-a sobre outra página de texto. Agora leia metade de um texto e metade do outro. 3. Organize seus textos em três ou mais colunas e leia em colunas cruzadas. 4. Pegue qualquer página de texto e numere as linhas. Agora, alterne a ordem das linhas 1, 3, 6, 9, 12 etc."[4] O método igualmente remete ao dadaísmo: nos *Manifestos Dada*, Tristan Tzara explica como recortar palavras de um jornal, colocá-las numa cartola e tirá-las para formar textos de modo aleatório. O crítico de arte Nicolas Bourriaud afirma o seguinte a esse respeito:

> A maior parte da arte do século XX foi concebida com base em duas noções fundamentais: apropriação e documentação. Duchamp

anexou o objeto serial, enquanto os *nouveau réalistes* europeus adotaram o "real sociológico"; a arte pop se armou com imagens de consumo, o minimalismo com as formas racionais da indústria. O expressionismo abstrato ou a *action painting* registraram um evento: Jackson Pollock mostrou leituras sismográficas de seu sistema nervoso. A arte conceitual apresentou a documentação do trabalho que estava em processo ou já havia sido executado.[5]

A decisão de Cristina Rivera Garza por preservar o "ar de presente" a leva às formas mais instáveis da escrita, sempre tendo em vista o caráter comunitário da produção textual, não excluindo meios condenados pela volatilidade e a transformação, distintivas da internet. O capítulo dedicado ao Twitter, por exemplo, se pauta por um anacronismo quase romântico de quando as redes sociais ainda estavam intocadas pela manipulação e destruição, ao contrário de agora, nos anos 2020, em que são orientadas pelo algoritmo de consumo e manipulação. O ignoto e sombrio território preconizado pela chegada das Inteligências Artificiais do tipo interativo com sistemas de consulta, tradução e escrita, assimilou a plataforma aos ciclos infinitos de destruição e reconstituição que caracterizam o neoliberalismo cultural.

Seja como for, se a junção de tecnologia com liberdade passa bem longe do X – nome do Twitter após sua aquisição por cifras estratosféricas em 2022 por Elon Musk –, e o que está em jogo no citado capítulo é um retrato de época, a essencialidade de *Os mortos indóceis* se endereça aos elementos definidores daquele momento em que a plataforma de microblogues funcionava como espaço de diálogo por meio de sua linguagem sintética e veloz. A interação conduzia a experiências criadoras de comunidades e de pontes. Contudo, na atualidade, a experiência foi revertida à propagação orientada pelo conservadorismo da extrema direita e seu apego à pornografia e à violência. Ao horrorismo, enfim.

Na ocasião do lançamento de *Con/Dolerse* (2015), livro coletivo que pode ser visto como encerramento da trilogia iniciada por *Dolerse* e prosseguida com este volume, Cristina Rivera Garza declarou que

> Depois de *Dolerse*, publiquei um livro de ensaios sobre a escrita contemporânea, *Os mortos indóceis*. Naquele texto, eu estava interessada em explorar, entre outras ideias, o substrato comunitário de toda escrita. No momento em que temos contato com a linguagem, estamos escrevendo com outros, tomando emprestado, apropriando-nos da produção de outros. Também propus que qualquer processo de apropriação deve ser seguido por um processo de desapropriação. *Os mortos indóceis* representa uma versão teórica e *Dolerse* e *Con/Dolerse* poderiam ser a versão empírica, o pouso dessa série de ideias. Não é possível escrever e invocar um texto, fazer parte de um texto plural, encarnado com outros, se não tivermos também a ideia de uma origem comunitária.[6]

À questão da comunalidade (a partir de Barthes e Foucault e a "morte do autor"), Rivera Garza contrapõe uma necessária revisão da tradição "vertical, autoritária, patriarcal" das oficinas literárias, sugerindo sua descentralização (desautorização?) diante do professor, em geral identificado com uma provecta figura masculina: "Talvez se deva considerar que não pode haver oficinas de escrita que não sejam ao mesmo tempo, e por necessidade, oficinas de leitura, incluindo discussões e debates cuidadosos e críticos sobre as várias tradições que alimentam e alimentaram, muitas vezes de forma desarmônica, a história dos textos escritos em espaços e épocas específicos."

Para encerrar a apresentação de um livro com proposições tão amplas, cuja inteligência expande a consciência da escrita para além do ego, muito acolá do sujeito ensimesmado que assombra a escrita contemporânea, ampliando a compreensão do trabalho literário e o retirando da condição circunscrita ao *solitário* e o movendo em sentido ao *solidário*, minha saída é parafrasear a epígrafe de John Berger, norteadora da visão de Cristina Rivera Garza, apenas acrescentando um substantivo que se repete: "o coletivo se estenderia não apenas através do espaço, mas também ao longo do tempo. Compreenderia todos aqueles *escritores* que já viveram. Também pensaríamos assim nos *escritores* mortos. Os *escritores* vivos reduzem os mortos aos que viveram, mas os *escritores* mortos já incluem os vivos em seu grande coletivo."

Todos cantamos nossa canção na longa sonata dos mortos.

Joca Reiners Terron

Até que ponto um cadáver é capaz de experimentar?

                                                    Teresa Margolles

Se nos oferece que a comunidade chegue ou, melhor ainda, que algo em comum nos aconteça. Não um começo nem um fim, algo em comum. Apenas uma fala, uma escrita compartilhada, nos distribuindo.

                        Jean-Luc Nancy, *A comunidade inoperada*

Ver os mortos como os indivíduos que já foram tende a obscurecer sua natureza. Vamos considerar os vivos como podemos pensar que fariam os mortos: de maneira coletiva. O coletivo se estenderia não apenas através do espaço, mas também ao longo do tempo. Compreenderia todos aqueles que já viveram. Também pensaríamos assim nos mortos. Os vivos reduzem os mortos aos que viveram, mas os mortos já incluem os vivos em seu grande coletivo.

                   John Berger, *Doze teses sobre a economia dos mortos*

Gratulabundus

Esta também é uma prática comunitária. Como todos os textos, este também foi escrito em conjunto com o trabalho imaginativo de outros e a partir dele, exatamente no horizonte desse pertencimento mútuo à linguagem que, com sorte, nos torna parte de um estar-em-comum crítico e festivo. Aqui também, portanto, sua devoção. Aqui seu tempo. E o nosso.

Vários dos textos que fazem parte de *Os mortos indóceis* foram concebidos primeiro para a coluna "La mano oblicua", que mantenho semanalmente na seção de cultura do jornal mexicano *Milenio*. No entanto, ao fazer a transição do jornal para o livro, nenhum desses textos "originais" ficou intocado. Alguns foram reescritos em parte, outros, na íntegra. Todos encontraram novas posições em novas sequências de argumentação. Todos são, portanto, textos transformados. Embora minha primeira tentativa de criar um livro com esses textos tenha ocorrido em San Diego, no início da primeira década do novo século, foi somente no final de 2012 que consegui, graças a uma licença sabática na Universidade de Poitiers, na França, desfrutar do tempo e da calma necessários para reorganizá-los e, assim, configurar os argumentos centrais do livro. Uma residência artística no Centro de Artes de San Agustín Etla, em Oaxaca, México, me permitiu continuar o projeto e introduzir mudanças de última hora, além de revisar o manuscrito completo no início de 2013.

Aqueles que entendem de etimologia dizem que a palavra latina *gratia* está relacionada a uma ampla gama de termos: *gratulabundus*, *gratosus*, *gratular*, *congratular*, *congratulatio*, *gratificatio*. De uma forma ou de outra, quase todas essas palavras têm a ver com dádiva e favor, mas, acima de tudo, com alegria compartilhada e celebração ou louvor. Daí este meu agradecimento. Daí esta marca, agora visível, de um compartilhamento que ocorreu ao longo de alguns anos, envolvendo muitas conversas e citações, textuais e não. Portanto, uma boa parte dos textos "originais" que deram origem a este livro são e foram segmentos de um diálogo que mantive, sob o céu vertical das telas eletrônicas, com o desenhista valenciano Carlos Maiques. A discussão sobre as relações entre a necropolítica e a escrita começou em uma oficina de criação literária na Universidade da Califórnia, em San Diego, e continuou em conversas igualmente longas com o jornalista americano John Gibler, residente no México, o poeta mexicano Javier Raya e o psicanalista Carlos García Calderón. As conversas apressadas e mais concentradas que tive com a crítica Cécile Quintana, enquanto vagávamos pelas ruas de Poitiers, também fazem parte do trabalho conjunto e in loco que deu origem a este livro. Eu não teria incorporado tão pontualmente o conceito mixe* de comunalidade se não tivesse passado os primeiros meses de 2013 em Oaxaca e percorrido suas serras e vales, suas costas e rios na companhia de Saúl Hernández e Matías Rivera De Hoyos, meu filho. Por fim, eu não teria ousado deixar este livro como está, interrom-

---

* Refere-se ao povo indígena do noroeste do estado de Oaxaca, no México: cf. www.gov.mx/inpi/articulos/etnografia-del-pueblo-mixe. [N. do E.]

pendo seu incessante processo de se tornar um livro – que é um processo, como se sabe, infinito –, se não tivesse podido testar seus argumentos com os muito talentosos membros do *Taller de Re-Escrituras* que ministrei durante doze semanas, também em Oaxaca: Yásnaya Aguilar, Bruno Varela, Patricia Tovar, Efraín Velasco, Noehmí, Amador, Daniel Nush, Gabriel Elías, Andrea Carballo, Miguel, Viviana Choy, Rafael Alfonso, Alejandro Aparicio, Josué, Saúl Hernández.

Talvez quem conheça etimologia não conheça este segredo: quando dizemos "eis os agradecimentos", estamos na verdade falando de algo mínimo que começa, sim, é verdade, mais uma estranha aventura nas mãos do mundo.

Introdução
Necropolítica e escrita

Não são poucos os escritores que introduzem com elegância, com certa facilidade, a figura da morte ao analisar as relações da escrita com os contextos em que ela se produz. Assim o afirma a narradora experimental estadunidense Camille Roy: "De certa forma, o escritor está sempre já morto, no que diz respeito ao leitor."[1] O mesmo diz Hélène Cixous: "Cada um de nós, de maneira individual e livre, deve fazer o trabalho de repensar o que é a sua morte e a minha morte, ambas inseparáveis. A escrita se origina nessa relação."[2] Isso é afirmado desde o próprio título por Margaret Atwood em seu livro de ensaios sobre a prática da escrita, *Negociando com os mortos: A escritora escreve sobre seus escritos*[3]. O escritor libanês Elias Khoury, autor de *Porta do Sol*, um livro em que a memória coletiva e a tragédia histórica não são poupadas em absoluto[4], também o diz. Juan Rulfo, é claro, também diz isso. Todos os seus sussurros. Aqueles que sobem ou descem pela colina atrás da qual se avistam, trêmulas, as luzes de Comala, a grande necrópole habitada por ex-mortos[5]. Esses exemplos, entre muitos outros, são suficientes para demonstrar que não só existe uma relação estreita entre a linguagem escrita e a morte, mas também que se trata de uma relação reconhecida – e até buscada ativamente – por escritores das mais diversas origens, tanto poetas como narradores. O que para muitos é uma metáfora ao mesmo tempo esclarecedora e aterrorizante, tornou-se, no entanto, uma realidade cotidiana para outros. O México é um país em que, dependendo das fontes, entre 60 mil e 80 mil cidadãos morreram em circunstâncias de extrema violência durante os seis anos de um mandato que poucos objetariam a chamar de "a guerra calderonista"[6]. De fato, em 2006, logo após acirradas eleições que alguns consideraram fraudulentas, o presidente Felipe Calderón ordenou o início de um confronto militar contra as ferozes gangues de narcotraficantes que supostamente haviam mantido pactos de estabilidade com o poder político até então. Jornais, crônicas urbanas e, acima de tudo, os rumores cotidianos, todos relataram o aumento da espetacularidade e da crueldade dos crimes de guerra, da impunidade generalizada do sistema penal e, em geral, da incapacidade do Estado de garantir a segurança e o bem-estar de seus cidadãos. Pouco a pouco, mas de maneira inexorável, não havia ninguém que não tivesse perdido alguém durante a guerra. O centro do mal que, como disse Roberto Bolaño em "A parte dos crimes" de *2666*, pulsava nas proximidades de Santa Teresa – ou seja, na fronteiriça Ciudad Juárez[7] – deslocou-se para outras geografias. Rodeadas por covas coletivas, sitiadas pelo horror e pelo medo, novas e mais brutais necrópoles surgiram no hemisfério norte do continente americano: notavelmente Monterrey, antes conhecida como a "Sultana do Norte" e, sobretudo, no estado setentrional de Tamaulipas, onde, em 2010, foram encontradas as covas com os restos dos 72 migrantes centro-americanos brutalmente assassinados pelo crime organizado[8]. Culiacán. Morelia. Veracruz. Os nomes de mais cidades e estados do país logo se somaram à lista das necrópoles contemporâneas. Palestina. África Central. Chernobyl.

O que significa escrever hoje nesse contexto? Quais são os desafios que o exercício da escrita enfrenta em um meio onde a precariedade do trabalho e mortes horríveis são a matéria-prima do dia a dia? Quais são os diálogos estéticos e éticos que nos impõe o ato de escrever, literalmente, cercados de mortos? Estas e outras perguntas surgem ao longo das páginas que seguem, sem esquecer que as comunidades literárias de nossos mundos pós-humanos estão atravessando o que talvez tenha se tornado a revolução de nossa era: o crescimento e a expansão do uso de tecnologias digitais. De fato, a morte muitas vezes se estende pelos mesmos territórios por onde avançam, como uma legião contemporânea, as conexões da internet. O sangue e as telas se confundem. Se a escrita pretende ser crítica do estado das coisas, como é possível, através da escrita, desmantelar a gramática do poder predatório do neoliberalismo exacerbado e suas mortais máquinas de guerra?

Nos Estados contemporâneos, como argumenta Achille Mbembe em "Necropolítica", o artigo que publicou em *Public Culture* em 2003, "a última expressão da soberania reside no poder e na capacidade de ditar quem pode viver e quem deve morrer [...] Exercer a soberania", acrescenta, "é exercer o controle sobre a mortalidade e definir a vida como uma manifestação desse poder"[9]. Se alguma vez a categoria de biopoder, cunhada por Michel Foucault, ajudou a explicar "o domínio da vida sobre o qual o poder assumiu o controle", Mbembe agora contrapõe o conceito de necropoder, ou seja, "o domínio da morte sobre o qual o poder assumiu o controle", para entender a complexa rede que se tece entre a violência e a política em vastos territórios do mundo. O México, sem dúvida, é um deles. O México, que inicia o século XXI, como antes o século XX, sofrendo a reformulação dos termos da exploração capitalista devido à sua proximidade com o império, e reconfigurando também os termos de sua resistência, como na Revolução de 1910. Como poucas nações no globo terrestre, o país enfrenta as práticas do que Adriana Cavarero chama de horrorismo contemporâneo: formas de violência espetacular e extrema que não apenas atentam contra a vida humana, mas também, e talvez acima de tudo, contra a condição humana[10].

As máquinas de guerra atuais não buscam, como as da era moderna, estabelecer estados de emergência e gerar conflitos bélicos com o objetivo de dominar territórios. Em um contexto de mobilidade global e de modo mais alinhado com noções nômades do espaço como uma entidade desterritorializada ou em segmentos, as máquinas de guerra da necropolítica reconhecem que "nem as operações militares nem o exercício do 'direito de matar' são mais monopólio dos Estados; e o 'exército regular' já não é, portanto, a única forma de realizar essas funções". Como exemplificado pelo narcotráfico no México, seja em uma relação de autonomia ou de incorporação ao próprio Estado, essas máquinas de guerra tomam emprestados elementos dos exércitos regulares, mas também acrescentam seus próprios componentes. Acima de tudo, a máquina de guerra adquire várias funções, desde a organização política até operações comerciais. Na verdade, nessas circunstâncias, o Estado pode se tornar uma máquina de guerra por si só.

Enfrentando as estruturas e atividades do Estado moderno, grande parte das escritas de resistência da segunda metade do século XX trabalhou, de uma forma ou de outra, com o lema adorniano em mente: "a resistência do poema – leia-se aqui: escrita – individual contra o campo cultural da mercantilização capitalista em que a linguagem virou meramente instrumental". Para escapar da instrumentalização da linguagem, mais característica da mercadoria do que da criação crítica, os mais diversos escritores adotaram, entre outras estratégias, a denúncia indireta, a rejeição da transparência da linguagem ou da ideia de que esta seja apenas um veículo de significado, certa sintaxe distorcida, a constante crítica à referencialidade, o enfraquecimento da posição do eu lírico e a contínua subversão das expectativas do leitor. Todas essas características, de fato, marcaram os movimentos modernistas ou de vanguarda – tanto nos Estados Unidos quanto na América Latina – ao longo do século XX.

No entanto, as estratégias de poder da necropolítica tornaram obsoletas, ou mesmo reintegraram, muitas dessas alternativas. Segundo Giorgio Agamben, o Estado contemporâneo, além disso – e sobretudo – desubjetiva, ou seja, retira o sujeito da linguagem, transformando-o de um falante em um mero ser vivo[11]. Aquele que, horrorizado, abre os olhos, incapaz de responder à violência, passa por um processo semelhante, de acordo com Adriana Cavarero. É por isso que ganham cada vez mais relevância crítica certos processos de escrita eminentemente dialógicos, nos quais o império da autoria, como produtora de sentido, se deslocou de forma radical da unicidade do autor para a função do leitor, que, em vez de apropriar-se do material do mundo que é o outro, se desapropria. A essa prática, realizada em condições de extrema mortalidade e em suportes que vão desde o papel até a tela digital, dou o nome de *necroescrita* neste livro. A poética que a sustenta sem propriedade, ou que desafia constantemente o conceito e a prática da propriedade, mas em uma interdependência mútua com a linguagem, chamo de *desapropriação*. Esses termos não são tanto um diagnóstico da produção atual, mas um efeito de leitura crítica do que está sendo produzido atualmente, e pretendem estimular uma conversa na qual a escrita e a política sejam igualmente relevantes.

Longe de tornar próprio o que é alheio, devolvendo-o assim ao circuito do capital e da autoria através das estratégias de apropriação tão características do primeiro enfrentamento da escrita com as máquinas digitais do século XXI, essa postura crítica é regida por uma poética de desapropriação que busca enfaticamente se despojar do domínio do próprio, criando comunidades de escrita que, ao revelar o trabalho coletivo de muitos, como o conceito antropológico mixe do qual derivam, atendem às lógicas do cuidado mútuo e às práticas do bem comum que desafiam a naturalidade e a aparente imanência das linguagens do capitalismo globalizado. Longe, portanto, do paternalista "dar voz" de certas subjetividades imperiais ou da ingênua tentativa de calçar os sapatos dos outros, trata-se aqui de práticas de escrita que trazem esses sapatos e esses outros para a materialidade de um texto que é, nesse sentido, sempre configurado de forma relacional, ou seja, em comunidade. E quando falo de comunidade, refiro-me não apenas à rede física que constituem o autor, o leitor e o texto, mas também – e aqui parafraseio um conceito de comunidade ao qual voltarei depois – à experiência de pertencimento mútuo, com a linguagem, e de trabalho coletivo com outros, que é constitutiva do texto.

Observe-se, de maneira bastante interessante e até suspeita, a presença das palavras "domínio" e "próprio" em um agir estético que, a partir da negatividade, ou seja, a partir do ato de desapropriar, torna-se necessariamente político. Estamos diante do surgimento de autorias plurais que, longe de propor uma fusão estável, uma espécie de monstro bicéfalo ao qual corresponderia a unidade, mantém e demonstra a tensão que marca a relação entre o literário e o textual propriamente dito. A teórica argentina Josefina Ludmer já enfatizou que uma das características da produção textual mais recente na América Latina é o desrespeito à divisão estrita entre o literário e o não literário que distinguiu tanto o trabalho dos escritores ao longo de grande parte do século XX. Confundindo, mais do que fundindo, a fronteira entre a autoficção e o propriamente fictício, essas escritas se conformam com – ou aspiram a – produzir o presente. Suas palavras literais são as seguintes: "Essas escritas não admitem leituras literárias; isso significa que não se sabe, ou não importa, se são ou não literatura. E também não se sabe, ou não importa, se são realidade ou ficção. Elas se instalam localmente e na realidade cotidiana para 'fabricar o presente', e esse é precisamente o seu propósito."[12] As escritas eletrônicas em plataformas sociais como blogues ou o Twitter são até o momento a evidência mais notável desse tipo de entrelaçamento. Grande parte da escrita documental que se pratica hoje em dia, tanto em verso quanto em prosa, corresponde a essa dimensão de expropriação em relação ao domínio do próprio que subverte os usos convencionais do material de arquivo e, portanto, as interpretações também convencionais do que são ou poderiam ser os romances históricos e, em última análise, a escrita da história. As escritas planetárias que questionam a universalidade do sujeito global por meio de uma interconexão entre corpo, comunidade e natureza fazem parte, sem dúvida, dessa busca. Aqui também podem ser incluídos os muitos livros que, devido à sua natureza híbrida e estrutura fragmentária, insistem em ser chamados de inclassificáveis, quando já são mais do que reconhecíveis e reconhecidos pelos leitores.

Se a apropriação conceitualista contribuiu, de maneira talvez paradoxal, para apagar as autorias subalternas e restabelecer o escritor profissional como sampleador de fragmentos de outros, as estratégias de desapropriação movem-se em direção ao próprio e ao alheio como alheio, rejeitando necessariamente o retorno à circulação da autoria e do capital, mas mantendo as inscrições do outro e dos outros no processo textual. E aqui, manter as inscrições dos outros, trabalhar com esse acoplamento ou esse abraço, não é um assunto trivial. Trata-se, portanto, de uma poética que deixou de acreditar que o único "fora" da linguagem, como diria Barthes, ou a única alteração da linguagem, como sugeriu Benjamin, é alcançado por meio do código do literário e, consequentemente, explora de forma crítica as estratégias de produção, distribuição e arquivamento das diferentes articulações textuais com a linguagem pública da cultura. São escritas que exploram o interior e o exterior da linguagem, ou seja, seu acontecer social em comunidade, justamente entre os discursos e dizeres dos outros que todos nós nos tornamos quando estamos em relação com outros.

Desapropriadas, portanto. Sem dono, no sentido estrito da expressão. Incômodas. Embora, com maior precisão, talvez sejam impróprias. São escritas que não pertencem a uma pessoa ou circunstância, de acordo com a definição da Real Academia Espanhola da Língua, e escritas que, por não saberem se comportar apropriadamente, mostram a face mais crítica, que frequentemente é a face mais outra, do que acontece.

Uma conversa

"Sempre que falamos de narrativa, das estruturas narrativas", disse Kathy Acker, "estamos falando de poder político. Não existem torres de marfim. O desejo de brincar, de fazer com que as estruturas literárias se intrometam e participem de zonas desconhecidas ou incognoscíveis, aquelas caracterizadas pelo acaso, pela morte e pela falta de linguagem, é também o desejo de viver em um mundo ilimitado. Brincar, tanto com a estrutura quanto com o conteúdo, denota o desejo de viver o espanto."[13]

Esse desejo de viver o espanto, de resistir tanto estética quanto eticamente fora das torres de marfim do mundo, sem dúvida caracteriza uma das conversas literárias mais significativas de nosso tempo. Inicialmente, houve, decerto, a apropriação. Uma das estratégias adotadas pelos escritores das mais diversas tradições diante do primeiro impacto das máquinas digitais foi se apropriar, fosse através da cópia, da reciclagem, do rascunho ou da escavação, da sobreabundância textual característica da época. Tanto nos Estados Unidos como na Espanha – na poesia e na narrativa, respectivamente –, surgiram grupos de escritores que responderam de maneira criativa, quando não entusiástica, a uma revolução tecnológica que muitos compararam com o momento em que a pintura enfrentou o nascimento da fotografia. A desapropriação é, portanto, a forma crítica da escrita em sua era pós-conceitual e pós-mutante.

Desde os conceitualistas estadunidenses até os mutantes espanhóis, passando pelos pós-exóticos franceses e aqueles que se identificam com uma literatura de esquerda na Argentina, esses autores de textos tão diversos têm insistido, no entanto, em uma série de elementos comuns: a estreita relação entre produção textual e tecnologia digital; uma articulação do literário com a linguagem pública da cultura através de, entre outras, estratégias de escrita documental; a relevância estética e política do uso em massa de técnicas de desapropriação textual facilitadas pelo rápido acesso à tecnologia; a consequente subversão da função do narrador ou de qualquer outro elemento da ficção convencional, como um eixo único de produção de significado; o uso da tradução como língua original; a justaposição e a elipse como princípios sequenciais; e a mistura de gêneros.

De fato, os primeiros anos do século XXI testemunharam o florescimento da chamada escrita conceitual nos Estados Unidos: uma série de estratégias que, alimentando-se das vanguardas do século anterior e enfatizando o conceito que faz o texto funcionar, em vez do texto em si, propuseram formas de apropriação que consideravelmente dinamitaram noções mais conservadoras, se não retrógradas, da autoria e do eu lírico. Utilizando a alegoria e o pastiche, subvertendo os clássicos por meio de sua reciclagem, ou tentando, em seus momentos mais visivelmente políticos, articular (como diria Walter Benjamin, "redimir") o discurso público mediante uma série de técnicas associadas à estética da citação, essas escritas conceituais deixaram claro que a literatura – tornada um adjetivo e não um substantivo – não sairia ilesa de suas interações com as plataformas 2.0.

Vanessa Place e Robert Fitterman publicaram, por exemplo, *Notes on Conceptualisms* em uma pequena editora independente em 2009, uma coleção sucinta de hieróglifos teóricos que exploraram o surgimento e a prática política da escrita conceitual nos Estados Unidos[14]. Ali argumentaram que toda escrita conceitual é, antes de tudo, uma escrita alegórica que deslocou seu foco dos processos de produção para os de pós-produção textual, transformando assim o escritor em um manipulador de signos ou curador da linguagem contemporânea. Dentro de um amplo espectro conceitual, Place e Fitterman incluíram o barroco em uma extremidade e a apropriação pura na outra, passando por diversos níveis de hibridismo e mistura entre os dois. Em seguida, Kenneth Goldsmith, poeta e professor de escrita não criativa, contribuiu para a discussão com *Uncreative Writing: Managing Language in the Digital Age*, um tratado que não só explica as bases teóricas de uma obra que geralmente não contém nenhuma palavra original do autor, mas também discute de forma perspicaz o papel dos escritores do início do século XXI como curadores textuais, hábeis usurpadores do *copy-paste*, com o objetivo de mover textos existentes de um suporte para outro e assim criar textos "co-movidos" e "comovedores"[15]. Isso, de fato, representa a morte do autor em seu extremo.

Escrevendo em outro idioma e em outro continente, mas enfrentando os mesmos desafios da tecnologia digital, os chamados mutantes espanhóis da geração Nocilla trouxeram para a mesa de discussões um tratado sobre as relações entre a cultura popular mais recente e uma escrita que não hesita em se nutrir de textos de outros, sejam esses grandes autores canonizados pelas histórias literárias oficiais ou pedaços de linguagem urbana encontrados ao acaso. Os livros de Eloy Fernández Porta, de *Afterpop* a *€®O$*, e até mesmo seu mais recente *Emociónese así*, refletem em grande parte uma atividade interdisciplinar, apropriadamente mutante, que abrange da escrita à música, passando pelo vídeo[16]. Agustín Fernández Mallo escreveu um ensaio que promove uma poesia pós-lírica e urbanófaga, embora sua contribuição mais interessante tenha sido, sem dúvida, *El hacedor (de Borges), Remake*, o livro no qual, de acordo com os princípios de apropriação que governam grande parte da produção digital contemporânea, Fernández Mallo reescreveu o célebre texto do autor argentino Jorge Luis Borges[17]. O fato de a viúva do poeta ter movido uma ação judicial e ter vencido, forçando a retirada do livro de Fernández Mallo das prateleiras, apenas aponta para a crescente ameaça que as estratégias de apropriação textual de hoje representam para certos detentores de prestígio, a autoridade autoral e o lucro[18]. Vicente Luis Mora, outro espanhol, contribuiu para a discussão com um ensaio iconoclasta sobre a história mais recente da página e a criação do que ele chama de "lectoespectador": um leitor para quem ler é ver, e ver também é olhar telas[19].

Antoine Volodine, da França, escreveu *Le post-exotism en dix leçons, leçon onze*, um manifesto performático de ideias teóricas no qual defende uma escrita carcerária, diametralmente oposta ao capital, que ataque de maneira frontal as noções convencionais de autoria ou distribuição[20]. Para Volodine, por exemplo, os livros pós-exóticos se destinam naturalmente, talvez de forma exclusiva, àqueles que compartilham o espaço da cela. Eles são compartilhados com aqueles que, por assim dizer, também desejam escapar. E apenas com eles. Como essas escritas confrontam o poder, têm tratamentos peculiares com a linguagem, a fim de passar despercebidas pelas autoridades. Podem parecer semelhantes a outras em muitos aspectos, mas, na verdade, assegura Volodine, estão sempre falando de outra coisa. Essa outra coisa é característica de uma comunidade carcerária cujos membros acabarão perecendo, mas cuja memória, nas mãos do narrador, é a única coisa que sobreviverá. Portanto, as obras pós-exóticas usam, segundo Volodine, a "recitação, a cópia clandestina ou o sussurro entre as portas" para perdurar. Por isso, seu objetivo final não é a distribuição em massa – lembre-se de que o inimigo pode estar entre os próprios leitores –, mas sim infiltrar-se e fazer parte, primeiro, da memória e, finalmente, do sonho. Permanência onírica.

Damián Tabarovsky, da Argentina, chama seu diagnóstico crítico das literaturas comerciais ou acadêmicas de nosso tempo de *Literatura de esquerda*, um título cuja carga política não pode passar despercebida[21]. Partindo de uma leitura detalhada de Jean-Luc Nancy e Maurice Blanchot, Tabarovsky oferece uma visão atualizada da produção narrativa e poética recente da América Latina, apostando em escritas que continuem encontrando formas de dinamitar os aposentos do autor, o comércio e o prestígio. Embora seu critério geralmente favoreça estratégias postas em voga pelos diferentes modernismos do final do século, concentra-se em textos nos quais o trabalho próximo com a linguagem, especialmente quando escrito originalmente em tradução, é evidente. Neste ensaio, Tabarovsky defende uma literatura "sem público", uma literatura que se dirija, portanto, à própria linguagem. Essa postura não deixa de exalar certo prurido esnobe de muitos livros rotulados, às vezes com alarmante facilidade, de "cults".

Iconoclastas, forjados fora dos cânones acadêmicos propriamente ditos, esses ensaios fazem parte de uma conversa que nenhum escritor contemporâneo pode se dar ao luxo de ignorar. Independentemente dos acordos que possam ou não gerar, nesses livros se concentra grande parte do vocabulário que permitirá interpretar, e, se for o caso, impulsionar ou questionar, aquela produção escrita especialmente interessada em se enunciar, para usar uma expressão de ascendência steiniana, "em e com sua época". Afinal, como a grande experimentalista estadunidense, aluna de William James e exilada em Paris junto com sua companheira Alice B. Toklas, discutiu no ensaio "How Writing is Written", ser contemporâneo de seus contemporâneos é o desafio de todo escritor[22]. Gertrude Stein explorou nesse ensaio a questão das "expressões" da escrita desde sua base mais material. A escrita como uma realidade encarnada. A escrita como uma investigação no sentido temporal. Assim, ao tentar explicar como ocorre o processo de escrita, como a escrita é escrita, Stein declarou uma vez: "Todos vocês são contemporâneos uns dos outros, e todo o assunto da escrita é viver nessa contemporaneidade". Saber o que constitui o sentido temporal dessa contemporaneidade é, segundo Stein, o dever de todo escritor que não quer viver sob a sombra do passado ou a imaginação do futuro, dois territórios onde sobrevivem as obras menores. "Um escritor que está fazendo uma revolução tem que ser contemporâneo", concluiu.

Investigar esse sentido temporal, por outro lado, não é um trabalho abstrato, mas radicalmente material. Para o escritor, essa investigação não ocorre na mente ou nas ideias de uma época, mas deve ser realizada na própria linguagem, na sintaxe, na sentença[23]. As marcas do sentido temporal, suas diferentes manifestações, não são visíveis no que é expresso, mas na própria expressão; na materialidade inalterável da escrita. Daí o interesse de Gertrude Stein pela composição, pelas partes do discurso e pelos métodos da fala. Daí sua declaração frequente – "A pontuação é uma questão vital" – e seus ensaios dedicados ao significado e posicionamento de vírgulas, substantivos e verbos. Daí, ao considerar que a repetição não existe, que não há essa coisa de repetição, uma vez que toda narrativa envolve variação, escreveu sua famosa frase: "uma rosa é uma rosa é uma rosa".

Stein afirmava também que o escritor contemporâneo, aquele que escreve com/desde o sentido temporal de sua época e, portanto, contra os hábitos herdados do passado ou os imaginários do futuro, sempre produzirá algo "com a aparência de fealdade". E aqui, por *fealdade*, Stein queria dizer algo "irreconhecível", algo com o qual os habitantes daquela época ainda não estavam "familiarizados". Essa resistência, que para Stein era tanto interna quanto externa, fazia com que o escritor contemporâneo fosse frequentemente rejeitado por sua geração (o produto era muito "feio"), mas aceito pela seguinte, para cujos membros o produto teria se tornado mais "perceptível". São esses três pontos de "How Writing is Written" que, de maneira mais direta, me levaram a considerar os ensaístas-narradores mencionados anteriormente, de Fitterman a Mora, de Goldsmith a Volodine, como nossos verdadeiros contemporâneos do século XXI.

O estado de coisas e o estado das línguas: uma crítica

Chamo aqui a produção textual que, alerta, emerge entre máquinas de guerra e máquinas digitais, de "necroescritas", sempre no plural: formas de produção textual que buscam uma expropriação sobre o domínio do próprio. Produto de um mundo em mortandade horrível, dominado por Estados que substituíram sua ética de responsabilidade para com os cidadãos pela lógica do lucro extremo, as necroescritas também incorporam, no entanto, e talvez centralmente, práticas gramaticais e sintáticas, bem como estratégias narrativas e usos tecnológicos que questionam o estado das coisas e o estado de nossas línguas. A essas decisões de escrita, intimamente ligadas, embora de maneira oposicionista, à necropolítica atual, eu chamo aqui de poéticas da desapropriação, principalmente para distingui-las dos modos de escrita que, apesar de se afirmarem críticos, continuaram se rearticulando nos circuitos da autoria e do capital, ampliando, em vez de questionar, a circulação da escrita dentro do domínio do próprio. Políticas no sentido mais amplo do termo, violentas e afetadas pelos impactos de um mundo já crepuscular, essas necroescritas impróprias caminham lado a lado com a morte, sobre as pernas da morte, no âmago da morte, para onde quer que se dirijam. É o que, de acordo com a definição oficial da palavra, significa o fim da vida, o momento em que algo chega ao seu termo. Morrer. Mas também significa, e sigo aqui respeitando as definições aceitas oficialmente, "sentir intensamente algum afeto, desejo ou paixão". Alguém morre de riso, de sede ou de amor. Alguém, talvez, morre do desejo de viver, como Kathy Acker queria, na admiração. Alguém morre, talvez, por viver de forma surpreendente. Por escrever de forma desapropriada.

Cadáveres textuais

> ....
> ....
> ....
> ....
> Não há ninguém?, pergunta a mulher do Paraguai.
> Resposta: Não há cadáveres.
> NÉSTOR PERLONGHER, "Cadáveres"

É comum referir-se à parte mais importante de um escrito, ou à mais volumosa, ao menos, como corpo textual. Conectado a uma variedade de apêndices, como o cabeçalho ou notas de rodapé, e estruturado através de parágrafos ou seções mais amplas, como capítulos, entendia-se que esse corpo era uma espécie de organismo com funcionamento interno próprio e uma conexão já implícita ou explícita com outros de sua mesma espécie. Um organismo se define, afinal, por sua capacidade de trocar matéria e energia com seu ambiente. Endossado pela conexão estável com uma autoria específica, o organismo do qual falávamos ao nos referir ao corpo textual era, em todo caso, um organismo vivo. Assim, muitos escritores, tanto homens como mulheres, se acostumaram a descrever o processo criativo como um período de gestação, e a publicação de uma obra como um parto. O corpo textual – que já era um organismo por si só –, era, também e acima de tudo, um ser vivo. Ninguém dava à luz defuntos. Ou ninguém admitia fazê-lo.

As condições estabelecidas pelas máquinas de guerra da necropolítica contemporânea quebraram, por força, a equivalência que unia o corpo textual com a vida. Um organismo nem sempre é um ser vivo. Além disso, um organismo é definido pelo estado de vulnerabilidade característico do que está sempre prestes a morrer, como argumentou Adriana Cavarero. Em circunstâncias de extrema violência, como em contextos de tortura, as artimanhas do necropoder conseguem transformar a vulnerabilidade natural do sujeito em um estado indefeso que limita drasticamente sua capacidade de ação, ou seja, sua própria humanidade. Um organismo pode muito bem ser um ser morto. Portanto, não é exagero concluir que, em tempos de neoliberalismo exacerbado, nos quais a busca pelo lucro a todo custo criou condições de extremo horror, o corpo textual se tornou, como muitos outros organismos que um dia tiveram vida, um cadáver textual. Certamente, tanto a psicanálise como o formalismo, duas grandes correntes de pensamento do século XX, discorreram bastante sobre a natureza mortuária da palavra escrita, a aura de luto e melancolia que sem dúvida acompanha qualquer texto, mas poucas vezes as relações entre o texto e o cadáver se tornaram tão estreitas, literalmente, como no presente. A Comala de Rulfo, essa terra liminar que muitos consideraram fundamental para a literatura fantástica mexicana, deixou de ser um mero produto da imaginação ou do exercício formal para se tornar a verdadeira protonecrópole em que se gera o tipo de existência (nem sempre vital) que caracteriza a produção textual da atualidade. Há, sem dúvida, atalhos que vão de Comala para Ciudad Juárez ou Ciudad Mier. De fato, os caminhos sobem ou descem, libertam ou aprisionam, a depender de se você está indo ou vindo.

Toda a genealogia dos cadáveres textuais da necroescrita deve, pelo menos, deter-se em duas estações: o *cadavre exquis* (ou cadáveres esquisitos) com o qual os surrealistas brincaram por volta de meados da década de 1920, e a morte do autor que tanto Roland Barthes como Michel Foucault prescreveram à literatura romântica, que ainda considerava – e considera – o autor como o detentor da linguagem que utiliza e como eixo ou juiz final dos significados de um texto. Ambas as propostas críticas, que incorporam de forma preponderante a experiência mortuária em seus argumentos, privilegiam uma produção escrita que, com base em um princípio de montagem, é ao mesmo tempo anônima e coletiva, espontânea, quando não automática, e, se possível, lúdica. Talvez não seja mera coincidência sombria que Nicanor Parra e Vicente Huidobro tenham chamado *quebrantahuesos* ao que de outra forma era conhecido como cadáveres esquisitos. Dentro do campo da "co-incidência", entendido como o campo magnético que reúne peças fundamentais da cultura, estão os cadáveres que o poeta argentino Néstor Perlongher identifica entre as conversas cotidianas e também nos vazios da pronúncia[24]. O que encontramos em todos eles é a citação sem atribuição, a frase aberta, a construção de sequências sonoras mais do que lógicas, a escavação, a reciclagem, os pontos sucessivos que, como na epígrafe que abre esta seção, estão lá para apontar o que não está ou não pode ser enunciado, entre muitas outras estratégias textuais que garantem a "con-ficção" dos textos.

Não é inteiramente acidental que a proximidade com a linguagem da morte, ou seja, a experiência do cadáver, destaque a materialidade e a comunidade textual em que a autoria deixou de ser uma função vital para ceder espaço à função da leitura e à autoria do leitor como autoridade final. Apenas os textos que pereceram estão abertos ou podem ser abertos. Apenas os corpos mortos, adequadamente abertos, ressuscitam. Como cadáver e em sua condição de cadáver, o texto pode ser enterrado e exumado; o texto pode ser dissecado para análise forense ou apagado, devido à crueldade estética ou política da época. O texto repousa sob a terra ou paira no ar na forma de cinzas, mas, por estar além da vida, escapa aos ditames de originalidade, verossimilhança e coerência que dominaram as autorias do século XX.

Em *Il corpo del nemico ucciso* [O cadáver do inimigo], um livro que, mesmo discreto, é fundamental para a nossa compreensão das relações entre a morte e a escrita no início do século XXI, Giovanni De Luna argumenta que o legista é, de fato, o narrador por excelência do mundo atual. Apenas o legista consegue "fazer falar os mortos". São os legistas que interrogam os cadáveres "para explorar o que foi a sua vida, tudo o que constituiu o seu passado e que ficou preso no seu corpo"[25]. Assim,

> por meio de seus relatórios e anotações, os médicos preparam os corpos dos mortos para oferecê-los como documentos aos historiadores [escritores]; ao longo de um processo no qual as marcas e as feridas se transformam em textos literários (os registros anamnésicos), os cadáveres deixam de estar silenciosos e começam a falar, fazendo emergir fragmentos documentais insubstituíveis.[26]

Roque Dalton tinha razão: "Os mortos estão cada vez mais indóceis./ Hoje, fazem ironias/ e perguntas./ Parece que percebem/ que são cada vez mais a maioria".

Os escritos que são produzidos em condições de necropolítica são, na realidade, registros anamnésicos da cultura. "Há cadáveres", repetia Néstor Perlongher ao final de cada estrofe de seu poema "Cadáveres", apontando sua ausência[27]. Há cadáveres, sustentaria, que nos obrigam a lembrar de cada registro anamnésico. No entanto, no final do poema de Perlongher, diante da pergunta da mulher do Paraguai: "Não há ninguém?", algo ou alguém responde: "Não há cadáveres", o verso que quebra a repetição e encerra o poema, tornando assim sensível o desaparecimento dos cadáveres que, paradoxalmente, torna visíveis e audíveis aqueles que realmente proliferam no país e, portanto, nas linhas anteriores do poema.

À mulher do Paraguai, desta vez deveria ser dito: "Sim, há cadáveres". E estes são os seus registros anamnésicos. Longe de "dar à luz" os mortos, os escritores, agindo como legistas, os leem com cuidado, os interrogam, os escavam ou os exumam por meio da reciclagem ou da cópia, os preparam e os recontextualizam, os detectam se foram registrados como desaparecidos. No final, com um pouco de sorte, os enterram no corpo do leitor, onde, como queria Antoine Volodine, exemplar pós-exótico, se tornarão os sonhos que nunca nos deixarão dormir nem viver em paz. E se isso não é perturbar radicalmente nossas percepções e experiência de mundo, então o que é? Certamente, não são requintados, e talvez também não bebam do novo vinho dos séculos XX ou XXI, mas esses cadáveres feitos de texto, esses textos devidamente mortos, são os que configuram as telas da atualidade: os retângulos nos quais nos vemos e onde nos vemos enquanto um cursor palpita incessantemente, e as letras aparecem e desaparecem como a fé, às vezes, ou como vaga-lumes.

Toda produção textual tem passado, pelo menos desde o século XV, pela interface da página, mas a página na qual ainda se organiza a interface do computador do século XXI tem funções que, pouco a pouco, mas talvez de maneira inexorável, nos ensinaram a pensar em cada um desses elementos da narrativa de maneira radicalmente diferente. Como já ficou claro, a escrita conceitual, o uso frequente do *copy-paste*, não apenas torna insignificantes as diferenças de escala (é possível copiar e adicionar um pixel ou um fragmento de imagem ou um vídeo) ou de gênero literário (é possível copiar e adicionar um verso ou uma imagem em movimento ou um bloco de linhas), mas também questiona a originalidade do autor e o tema mais geral da propriedade sobre a linguagem. Relacionado, sem dúvida, com o pastiche e a colagem, o uso massivo e cotidiano do *copy-paste* transformou os autores mais diversos em curadores textuais para quem as distinções entre narrador e autor ou o respeito pela verossimilhança têm pouco a ver com a efetividade de seu processo criativo ou com o objeto resultante de sua exploração. *Crônicas de motel* (1983) de Sam Shepard, ou *The Collected Works of Billy The Kid: Left-Handed Poems* (1970) de Michael Ondaatje, foram considerados livros inclassificáveis em sua época. O mesmo aconteceu com *Dictee* (1982), da autora coreano-americana Theresa Cha. Agora, poderiam ser vistos como precursores de um certo tipo de livro cuja leitura crítica exigiria, desde o início, uma terminologia que incluísse conceitos como justaposição, tempo real e formas alternativas do eu narrativo. Talvez tenham sido os primeiros livros a exigir nossos olhos de hoje.

Segundo Lev Manovich, em *The Language of New Media*[28], embora a história da interface do computador seja relativamente curta, seus usuários se acostumaram, entre outras coisas, a manipular objetos diretamente na tela, à constante sobreposição de janelas, à representação de ícones e aos menus dinâmicos. Desde a década de 1980, em sincronia com a crise financeira que tornaria obsoleto o capitalismo industrial de orientação taylorista, os produtores de textos – os trabalhadores pós-fordistas do capital imaterial – enfrentamos uma realidade peculiar na tela: por que deveríamos ser subordinados aos princípios textuais do século XX, se é que não anteriores? Essa pergunta também é enfrentada – e enfrentar é, acima de tudo, como disse Celan, enfrentar a morte – pelas necroescritas de hoje.

O trabalho imaterial e a resistência das vidas assombradas

Se os teóricos do pós-fordismo estiverem corretos, então vivemos numa época em que o trabalho imaterial – baseado no conhecimento não formal, na imaginação ou na inventividade – substituiu o trabalho físico como produtor de mais-valia[29]. Certamente, as habilidades linguísticas tornaram-se um fator fundamental tanto na produção de mercadorias quanto na forma como estas adquirem valor. O surgimento e a sobrevivência do capitalismo cognitivo, também conhecido como biocapitalismo, capitalismo pós-industrial ou semiocapitalismo, dependem cada vez mais de sua habilidade para incorporar, subordinar e explorar uma série de capacidades até agora comuns – no sentido de fazerem parte do bem comum – à experiência humana, tais como a linguagem, a capacidade de socialização, a vivacidade ou o ânimo. O predomínio do trabalho imaterial, e a linha difusa que este apresenta entre o trabalho de produção e o de produção do "por conta própria", pode facilmente levar a uma sociedade em que tudo, desde o balbucio até a amabilidade, seja suscetível de comercialização. Este seria, sem dúvida, o inferno privado de Adorno: a mercantilização total.

Franco Bifo Berardi, o teórico do pós-operariado italiano, aponta para outro perigo. Quando a relação entre o trabalho e o valor se rompe, quando o capital financeiro tem pouco a ver com a economia real, cria-se um vácuo que só pode ser preenchido pela violência mais pura ou, simplesmente, pela simulação mais cínica: o engano frontal[30]. No idioma do pós-colonialismo de Mbembe, esse vazio é o que as máquinas de guerra da necropolítica produzem e preenchem. Nesse vácuo, também surgem, talvez como reflexo, mas igualmente como energia de resistência, os registros anamnésicos da cultura crítica de hoje: as necroescritas.

Bifo Berardi, assim como Gorz ou Marazzi, concorda que vivemos em uma época em que o valor das mercadorias não depende mais do trabalho real investido em sua fabricação, mas sim do intercâmbio linguístico dentro do qual essa produção ocorre[31]. Agora, em um momento em que o capital financeiro e a produção econômica funcionam em esferas separadas, o conflito principal não ocorre mais entre o proletariado e os proprietários dos meios de produção, mas sim entre o *cognitariado* – trabalhadores intelectuais que produzem mercadorias semióticas de acordo com um sistema de disponibilidade permanente – e a classe administradora, cuja única habilidade é a competição, preferencialmente letal. Se isso for verdade, e a crise financeira de 2008 parece confirmar que é, esta fase demanda uma reconsideração crítica e uma reapreciação específica tanto do papel do trabalho linguístico necessário para a produção de textos quanto de sua produção e distribuição.

Embora Bifo Berardi tenha destacado a relação especialmente perigosa estabelecida entre linguagem e simulação – uma relação que, em termos da financeirização contemporânea, produz a mentira e o engano e conduz a eles –, uma análise crítica das condições atuais de produção textual não precisa negligenciar seu potencial libertário. Longe de ser apenas uma ferramenta de representação, a linguagem se tornou, efetivamente, a maior fonte de acumulação capitalista: "o espetáculo e a especulação se confundem devido à natureza intrinsecamente inflacionária (metafórica) da linguagem. A rede de produção semiótica é um jogo de espelhos que inevitavelmente leva a uma crise de superprodução". No entanto, a linguagem não é uma via de sentido único. A linguagem, como Bifo também observa em seu *Depois do futuro*, é uma prática "por meio da qual criamos mundos compartilhados, formulamos declarações ambíguas, elaboramos metáforas". Assim, como alertam outros críticos do sistema, aqueles que veem no capitalismo cognitivo uma forma de crise capitalista, a falta de distinção entre o trabalho de produção e o trabalho de produção de "si mesmo" pode nos levar em uma direção contrária aos desígnios do poder: à criação de comunidades autônomas, organizadas de baixo para cima, fora do olhar controlador do capital. O que acontece fora da página e o que acontece dentro da página têm, agora mais do que nunca, uma relação concreta e direta com a produção de valor social. O que faremos, como escritores, com esse poder? Qual é o papel da escrita tanto em termos culturais quanto políticos, em uma era em que o trabalho imaterial – o trabalho com a linguagem e a partir dela, a invenção, o conhecimento – é o fator fundamental na produção de valor? Na plena era do semiocapitalismo, os escritores podem imaginar e produzir uma prática linguística capaz de gerar um mundo alternativo à dominação do capital?

"Apenas a mobilização consciente do corpo erótico, apenas a revitalização poética da linguagem abrirá caminho para o surgimento de novas formas de autonomia social", afirma Bifo Berardi em *Asfixia: capitalismo financeiro e a insurreição da linguagem*, seu livro mais recente. Ecoando a virada performativa que tem sido registrada em grande parte da poesia estadunidense na era pós-conceitual, essa postura tende a enfatizar a noção de presença e a materialidade do corpo através da valorização da voz. Como destaca David Buuck, o risco dessa resposta a formas antiexpressivas ou altamente mediadas de escrita é uma nostalgia por algo que é denominado ou desejado como autêntico ou, no pior dos casos, um retorno acrítico à própria ideia de Autor[32].

#Escritascontraopoder

Não faz muito tempo, e por ocasião das manifestações públicas que surgiram após as eleições de 2012 no México, lancei no Twitter as seguintes perguntas: Você diz que o passado se instalou no poder, mas ainda fala da originalidade como bastião literário? Preocupa-se com o estado de coisas, mas, quando escreve, acha que a estética não combina com a ética? Está disposto a transformar o mundo, mas, quando narra, faz o sinal da cruz diante da divina trindade início-conflito-resolução? Diverte-se escrevendo como um louco ou uma criança, mas chama isso de exercícios ou apontamentos e nunca de "literatura"? Você é um ás nas redes e faz muito *copy-paste*, mas, quando narra, sua única preocupação é a verossimilhança? Quer mudar tudo, mas acha que o texto publicado é intocável? Questiona a autoridade, mas se dobra diante da autoria? Em resumo: você é contra o estado de coisas, mas continua escrevendo como se na página nada estivesse acontecendo?

Esses tuítes, unidos pela hashtag #escritascontraopoder, pretendiam colocar no tom interrogativo da conversa e da curiosidade algumas das ideias que animam as páginas que seguem. Certamente, nem todos os livros do futuro serão escritos sob as poéticas de desapropriação que desestabilizam o domínio do próprio. Com certeza, continuarão sendo produzidos livros convencionais e não convencionais ao mesmo tempo; da mesma forma que os livros publicados em papel compartilham o espaço de leitura com os livros eletrônicos. Seria prudente, no entanto, que as estratégias que moldam as necroescritas de hoje façam parte do arsenal crítico dos comentaristas contemporâneos. Talvez, quando aprendermos a lê-las com rapidez e em contexto, de forma tão cuidadosa quanto crítica, as necroescritas possam nos mostrar maneiras de ver e experimentar o mundo com o espanto que Kathy Acker aplaudia.

Registros anamnésicos

"São um termômetro social. Os cadáveres permitem que você analise o que acontece em suas sociedades", afirmava não faz muito tempo, em 2012, a artista contemporânea Teresa Margolles, por ocasião da abertura de uma de suas exposições que mostram seu trabalho com a morte, especificamente com os cadáveres mexicanos. Nascida no norte do México, uma região especialmente afetada pela violência associada à guerra calderonista nos últimos anos, Margolles construiu uma obra inextricavelmente ligada à morte e aos mortos: seus corpos, suas histórias, suas expectativas, suas razões. Com eles, mais do que através deles, Margolles não apenas realizou uma necropsia ao vivo do país, alertando os cidadãos sobre os contextos que afetam radicalmente tanto os vivos quanto os mortos, mas também elaborou um tipo de registro anamnésico da cultura mexicana e global na era da necropolítica do capital pós-industrial. Este livro é animado por um ímpeto semelhante. Se, como afirmava Giovanni De Luna, os registros anamnésicos são o terreno no qual as marcas e feridas do cadáver se transformam em escrita, então as páginas que seguem têm como função receber esses "fragmentos documentais insubstituíveis" por meio dos quais os cadáveres abandonam seu silêncio. Trata-se, portanto, de uma série de análises não dos organismos vivos do capitalismo taylorista, mas das marcas que a cultura conseguiu deixar nos cadáveres textuais do semiocapitalismo da necropolítica ao longo do tempo e através do espaço. Trata-se, então, de uma espécie de necrografia comparativa na qual os contextos de produção – ou, mais precisamente, de pós-produção e distribuição – desempenham um papel tão relevante quanto as operações textuais específicas de cada objeto textual.

Inicio, assim, com a leitura de alguns livros do autor experimental David Markson, argumentando que em seus tratos com a linguagem, nos quais, não por mera coincidência, o tema da morte figura de maneira preponderante, realiza-se, transformando-a, a máxima da morte do autor; a ideia que tanto Roland Barthes como Michel Foucault atualizaram para o público da época no final da década de 1960. Presas de um método curatorial que questiona os grandes sistemas da alta cultura ocidental, hibridizando-se entre a forma do parágrafo – para muitos, a base mesma da narrativa – e o verso longo, em romances que se destacam por seu uso cabal da justaposição, os últimos livros de Markson anunciam talvez a desmorte do autor. Um retorno, de fato. Um retorno que, tal qual todo retorno, como afirmava Edward Said, é um retorno em falso. A obra de Markson, como experimentalista da linguagem, dá margem a uma série de reflexões sobre o uso (e abuso) da autoficção nas letras contemporâneas, bem como sobre as estratégias escultóricas que compõem uma obra de tendência minimalista, mas que sabe deixar fios soltos.

Prossigo com uma exploração crítica do conceito de desapropriação que, em sua raiz, convida à consideração das raízes plurais de toda prática de escrita. Enquanto a escrita apropriativa celebra a genialidade do autor individual, ocultando o trabalho coletivo com e através da linguagem que a torna possível, a desapropriação luta por estratégias de escrita (e leitura) que tornem visíveis, até palpáveis, a presença de outros discursos e práticas em textos pelos quais uma autoria composta e sempre colaborativa se manifestará. Como todo conceito vivo, o de desapropriação tem se transformado em contato com outras operações estéticas e éticas de nosso tempo. Nesta nova edição, decidi adicionar três novos trechos que dão conta desse longo processo. O primeiro concentra-se na configuração política do que agora chamo de escritas comunitárias, enquanto o segundo se dá como uma versão compacta do arco completo dessa desapropriação que se inicia desde o trabalho de escrita até a formação de grupos de leitura nos quais, sem paradoxo, verdadeiramente começa todo o seu percurso. No final, incorporei uma reflexão pessoal sobre o contexto binacional em que a prática política e estética da desapropriação começou a ter sentido para mim. Eu morava na fronteira entre San Diego e Tijuana, e dava aulas de escrita criativa na Universidade da Califórnia, em San Diego – uma universidade que contribuiu muito para a discussão e disseminação de técnicas de apropriação, como fica claro na produção literária e vital da escritora punk e radical que foi Kathy Acker. O fato de ela ter decidido passar seus últimos dias em Tijuana, uma cidade em que nunca tinha pisado na vida, não deixa de ser inquietante para uma passagem de fronteira onde diariamente são travados processos de apropriação e desapropriação tanto em nível material quanto simbólico.

Embora a escrita seja, sem dúvida, uma prática de alteridade, talvez nenhuma de suas formas a coloque tão explicitamente em evidência quanto a escrita documental. Por buscarem articular-se aos discursos públicos da cultura, os documentaristas não apenas questionaram o caráter incontestável da agência autoral na produção de sentido de um texto, mas também levantaram questões de relevância estética e política sobre as maneiras como a voz alterada é gerada, distribuída e arquivada: a voz do outro. Daí as páginas que, neste livro, nos levam das configurações convencionais do romance histórico aos desafios que envolvem a incorporação material das marcas de outros em textos que agora, de maneira inevitável, só podem se apresentar como do "nós", tornando assim visível a comunidade que lhes dá sentido, ar, existência.

O oposto das autorias globalizadas que circulam sem problemas de passaporte pelos circuitos do capital internacional não são as autorias locais, mas sim as escritas planetárias. Fazendo eco a um termo que Gayatri Chakravorty Spivak utilizou para analisar a crescente interdisciplinaridade nos estudos culturais, argumento aqui que uma boa parte das escritas pós-conceituais do mundo de hoje ocorre nesse trânsito peculiar e constante que vai de lugar a lugar e de língua a língua, gerando o que Marjorie Perloff chama de literatura exofônica, e que a poeta estadunidense Juliana Spahr descreve como práticas textuais nas quais brilha a "inquietante desorientação linguística da migração".

O outro nem sempre é uma voz ou um corpo. Com muita frequência, nosso outro mais próximo é o trabalho socialmente concentrado que chamamos de *máquina*. Dentre todas as máquinas, ou, neste caso, dentre todos os suportes digitais, escolhi me deter no Twitter como um laboratório de escritas contemporâneas, propondo que, tanto por sua estrutura quanto por seu conteúdo, os tuítes de hoje são bons exemplos do que Josefina Ludmer caracterizou como escritas produtoras de presente. Ainda não sabemos se isso é literatura, e não importa; o que sabemos, ou o que este livro convida a considerar, é que nesta prática de escrita estão em jogo as marcas coletivas em um tempo que graficamente desce pela tela sem parar. O fato de que esses retângulos efêmeros cheios de linguagem também documentem, de uma maneira *alterdirigida*, o sentimento íntimo de seus praticantes, apenas adiciona complexidade às conexões de extimidade que moldam o mundo e as escritas de hoje[33]. Um capítulo intimamente relacionado a este, mas que conserva sua própria unidade como curadoria de textos contemporâneos em que se entrelaçam o fazer do escritor e o fazer de diversas máquinas, encerra momentaneamente a revisão de uma das coautorias fundamentais de nosso tempo.

Um dos cenários em que se torna visível o trabalho coletivo que constitui as comunalidades de escrita é, sem dúvida, a oficina literária. Após entrelaçar algumas reflexões sobre como a materialidade cotidiana – o mítico ganhar a vida – se intromete na materialidade do texto, pelo menos na obra do autor mexicano Juan Rulfo, seguem-se algumas considerações críticas, diagnósticos históricos e sugestões para o futuro. Tenho a impressão de que a configuração de comunalidades horizontais que revelam e fomentam a série de práticas comunais que estruturam os textos mais variados não apenas contribui e contribuirá para a produção de escritas ousadas e fora-de-si, mas também, talvez acima de tudo, para formas do estar-em-comum que funcionem exatamente ao contrário de como opera a violência. De fato, se o horror nos deixa paralisados, despojados até mesmo da condição humana que nos torna outros e nós mesmos, as comunalidades de escrita podem, sim, ser o compartilhamento que, em seu próprio celebrar, celebra essas formas fundamentais do estar-em-comum: o diálogo, o olhar crítico, a prática da imaginação.

Por isso, este livro é interrompido exatamente neste ponto: uma reflexão sobre o que a escrita desapropriada pode, ou poderia, fazer contra os processos de devastação material e cultural desencadeados pelo capitalismo brutal de nossos dias. Não posso encerrá-lo com otimismo, talvez nem mesmo com esperança, mas com obstinação. Insisto. Não deixo de insistir. Algo acontece, sem dúvida, quando uma prática de escrita nos confirma que, na página como na vida, não há solistas, como assegurou Fred Moten, mas sim acompanhamento. E aqui vamos nós, porque algo nos acontece em comum e para que nos aconteça.

1
A desmorte do autor: David Markson (1927-2010)

O autor desvive

A julgar pelas datas em que Roland Barthes e Michel Foucault deram a conhecer suas ideias sobre a morte do autor, e levando em consideração a tremenda influência que tiveram de imediato entre o público leitor, é possível concluir que o autor morreu, pelo menos em certa tradição ocidental, mais ou menos no início da segunda metade do século XX. Barthes publicou "A morte do autor" em 1968, enquanto Foucault proferiu sua conferência "O que é um autor?" perante a Société Française de Philosophie em fevereiro de 1969[1]. Em oposição às noções românticas da escrita que incluíam de maneira central uma figura autoral que privilegiava as faculdades expressivas de um eu lírico, Barthes afirmava, seguindo muito de perto Stéphane Mallarmé, que "só a linguagem fala... não o autor", iniciando assim uma crítica devastadora, de fato letal, contra o império do autor para dar início à hegemonia do leitor. Por considerar que o texto "é formado por escritas múltiplas provenientes de várias culturas e que, umas com as outras, estabelecem um diálogo, uma paródia, um questionamento", ele argumentava que o único poder do escritor era misturar essas escritas que o precediam, exercendo uma espécie de tradução do que sempre e de modo inevitável já estava lá antes. Longe de se incomodar com a pergunta sobre a originalidade dos textos, que era e é uma questão sobre a expressão fiel de uma interioridade autoral, Barthes insistia que o texto era "um tecido de citações provenientes dos mil focos de cultura", cujo sentido era revelado, ou forjado, em todo caso, reconstituído, sim, pela leitura: "O leitor é o próprio espaço em que se inscrevem, sem que se perca nenhuma, todas as citações que constituem a escrita [...] a unidade do texto não está em sua origem, mas em seu destino".

Alguns meses mais tarde, diante de um público que incluía, entre outros, Jacques Lacan, Foucault começaria por questionar "o que é um autor?", para também questionar a posição a partir da qual a função autoral era exercida. Tentando responder a uma pergunta feita por Samuel Beckett, "importa quem fala?", Foucault desenvolveu uma análise crítica das condições – incluindo o significado do nome do autor, a relação de apropriação entre autor e linguagem, bem como a relação de atribuição entre autor e texto – que permitiram que a figura do sujeito aparecesse como o "fundamento originário" dos discursos, em vez de ser uma função variável e complexa destes. Não importava quem falasse, era de esperar que Foucault chegasse a essa conclusão, o que importava era – e é – questionar-se em relação aos discursos circundantes: "Como, segundo quais condições e sob que formas algo como um sujeito pode aparecer na ordem dos discursos? Que lugar pode ocupar em cada tipo de discurso, que funções pode exercer, e isso, obedecendo a quais regras?".

Para David Markson, um autor experimental dos Estados Unidos, atento leitor de Thomas Pynchon e William Gaddis, e autor, entre outros, de *Wittgenstein's Mistress*, um romance que foi rejeitado cerca de cinquenta vezes antes de ser publicado pela Dalkey Archive Press em 1988, era preocupante a morte do autor[2]. Literalmente. Em suas últimas novelas, especialmente na série que se inicia com *Reader's Block*, mas que compreende mais três romances, *This is Not a Novel*, *Vanishing Point* e *The Last Novel*, o narrador em terceira pessoa costuma ser também um personagem, talvez o principal, e em algumas ocasiões é chamado precisamente de Autor[3]. Em outros momentos, responde pelo nome de Leitor, por exemplo. Em todos os casos, no entanto, o Autor morre. Ler a sua morte, testemunhar a sua morte, tornar-se talvez cúmplice dessa morte, é o que cabe aos leitores desses livros.

A pergunta, então, é apropriada ou urgente: se o autor – que aparece como narrador ou personagem com o nome de Autor em um romance – morre, então quem ou o que morre na realidade? Outra maneira de formular a mesma pergunta é questionar se o autor pode, de fato, morrer duas vezes, uma como autor e outra como Autor, por exemplo. E, se o autor morre duas vezes, isso significa que a segunda morte invalida a primeira, ressuscitando-o de alguma forma e colocando-o assim em um estado de, digamos, desmorte? Ou isso significa que a segunda morte valida a primeira, promovendo desta vez o luto real e, se possível, a sepultura final?

Passou o tempo – de fato, passou todo o século XX – em que a morte do autor, que preocupou, embora com diferentes nomes, modernistas estadunidenses e vanguardistas e neovanguardistas latino-americanos por igual, somou filósofos e narradores às suas fileiras. Os elementos básicos da narrativa do século XIX, aqueles dos quais são feitos os manuais de ficção, por exemplo, não saíram ilesos. Nem a posição do autor, nem a do narrador, nem a do personagem jamais voltarão a ter a aura do óbvio ou a postura do inevitável. Como expressou David Foster Wallace sobre *Wittgenstein's Mistress*, este constitui "nada mais, nada menos, que o ponto mais alto da ficção experimental neste país"[4]. Precedendo em muito o surgimento da literatura conceitual do início do século XXI e escrito, de fato, ao mesmo tempo que um grupo de poetas e teóricos, congregados nas páginas da revista *L=A=N=G=U=A=G=E*, uniram o marxismo e a teoria francesa para dinamitar a cultura do verso, a obra de Markson não apenas questiona os elementos básicos da ficção, colocando em dúvida com singular eficácia a posição do autor e do leitor, mas também coloca em jogo uma sintaxe singular que privilegia o uso, por exemplo, de frases subordinadas, as quais costuma apresentar sem seu antecedente, justo no início da oração, produzindo um efeito de sutil estranheza na leitura. Isso que Charles Bernstein, poeta exemplar da corrente Language, chamou de estranhar (*make strange*) a linguagem, para destacá-la como campo de ação e não como mero veículo de anedota ou sentimento, é certamente parte fundamental da assinatura de Markson[5]. Também leva a sua marca o entrelaçamento de parágrafos curtos, às vezes tão curtos quanto um versículo, cuja relação entre si, mais exposta que posta, fica nas mãos do leitor, concebido aqui como produtor mais do que como consumidor de significado. Que esses parágrafos curtos sejam feitos, sobretudo em seus últimos livros, de pedaços de texto de outros, citações textuais, frequentemente apócrifas e, em outros tantos casos, incluindo informações confusas ou imprecisas, apenas contribui para minar ainda mais a já tênue figura do autor como eixo e reitor dos significados de um livro, levando-os assim para fora do domínio da propriedade.

Se todas as citações da escrita são convocadas na leitura, então o autor, que já está morto há tanto tempo, pode, sem dúvida, percorrer o caminho de volta. A leitura que convoca – e que convoca sobretudo os mortos – não economiza. Ela também convoca o autor morto. A função autoral é assim convidada a ocupar um espaço liminar entre algo que já não é a morte propriamente dita nem a vida propriamente dita. O autor retorna, sim, dos mortos, porém não para reivindicar um império perdido para sempre nas imediações do texto, mas, muito provavelmente, para continuar questionando sua relação ambígua, dinâmica, especular consigo mesmo. O autor retorna dos mortos não para viver, mas para desviver, ou até, por mais paradoxal que pareça, para se desviver.

Embora em uma de suas últimas acepções, o prefixo *des-* (confluência do significado dos prefixos latinos *de-*, *ex-*, *dis-* e às vezes *e-*) denote, às vezes, afirmação, como em seu uso dentro da palavra *despavorido*, geralmente *des-* é um prefixo que: "1. Denota negação ou inversão do significado do simples, como nos verbos *desconfiar* ou *desfazer*. Também, em certas circunstâncias, 2. Indica privação, como no caso da palavra *desabelhar*, ou 3. Significa fora de, como nos termos *descaminho* ou *desora*". Não existe, é claro, o substantivo *desvida*, mas existe o verbo *desviverse*; um verbo pronominal que significa em espanhol "mostrar incessante e vivo interesse, solicitude ou amor por algo ou alguém". Talvez a lógica sugerisse que *desvivirse* estaria mais próximo, ou ainda ser sinônimo, de morrer*, mas é a gramática que indica que um prefixo que normalmente tira, aqui concede. Aquele que se "desvive" é aquele que mostra, certamente, um interesse muito vivo. Aquele que se "desvive" foi lido.

Tanto como tema quanto como preocupação formal, a morte marksoniana do autor constitui, sem dúvida, um movimento irônico, mais um aceno do que um gesto redondo e completo em

---

* O que ocorre em português com o verbo desviver. [N. do T.]

si, em relação a muitas teorias que alimentam uma série de textos apenas vagamente unidos por um arco narrativo baseado em uma anedota bastante básica: a morte de alguém que escreve. Estruturados a partir de breves citações que, por sua extensão, assemelham-se a versículos, mas por sua posição no texto parecem parágrafos, esses romances marksonianos se apresentam inicialmente como textos híbridos cujos elementos, mesmo os mais mínimos, questionam e subvertem a delimitação estrita dos gêneros literários que convocam e dos quais se servem. Nas páginas 12 e 13 de *Vanishing Point*, o livro que Markson publicou em 2004, o autor declara como que do nada: "Não linear. Descontínuo. Como uma colagem. Uma montagem. Como já é mais do que óbvio". Em seguida, continua: "Um romance de referência e alusão intelectual, por assim dizer, mas sem muito de romance. Isso também já é mais do que evidente por agora."[6] Depois, à medida que o corpo do Autor começa a decair, ao mesmo tempo que sua linguagem, a conexão se estabelece. O Autor está morrendo diante dos olhos do Leitor. Autor e Leitor participam dessa morte, se desvivendo para continuar ali, na leitura que, pelo menos momentaneamente, os ressuscita. Autor se desvive assim. Leitor também.

Completamente autobiográfico

> Os fabricantes de espelhos conhecem o segredo
> – não se faz um espelho para se assemelhar
> a uma pessoa, e sim trazer uma pessoa para o espelho.
> JACK SPICER, *Admonitions (first letter)*, 1958

Não muitos usariam o adjetivo "autobiográfico" para qualificar *Wittgenstein's Mistress*, o romance que David Markson publicou em 1988 pela Dalkey Archive Press, depois de ser rejeitado por 54 editoras. A Dalkey Archive Press é uma casa editorial que inclui entre seus autores Witold Gombrowicz, Severo Sarduy, Gertrude Stein, Luisa Valenzuela, Anne Carson, entre outros poetas e narradores caracterizados por arriscar em suas abordagens com a linguagem. Mas essa é a palavra, precedida pelo advérbio "completamente", que Kate, a protagonista de uma história que começa um tempo depois – nem a protagonista nem o leitor têm certeza de quanto exatamente – de se tornar a única pessoa no planeta Terra, usa para descrever o objetivo final de sua escrita solitária. Kate, a última mulher em um mundo literalmente pós-humano, passa seus dias, de fato, escrevendo sua autobiografia. O que a palavra "autobiografia" pode significar para o último sobrevivente da espécie?

Depois de descartar a ideia de escrever um romance – porque "as pessoas que escrevem romances só os escrevem quando têm muito pouco para escrever" e porque "os romances tratam sobre pessoas, muitas pessoas" –, Kate chega à conclusão, quase no final do livro, de que precisa escrever um romance "completamente autobiográfico"; um relato minucioso que registre tudo o que passa pela mente de uma mulher que "acordou numa quarta ou quinta-feira para descobrir que aparentemente não havia mais ninguém na Terra. Vamos lá, nem mesmo uma gaivota". Referindo-se a si mesma pela primeira vez na terceira pessoa do singular e desassociando assim o eu narrativo do eu autoral, Kate reflete sobre o que a narradora desse relato completamente autobiográfico poderia ou não poderia saber. Saberia, por exemplo, que

> uma coisa curiosa que cedo ou tarde cruzaria por sua mente seria que, paradoxalmente, ela tinha estado quase tão sozinha antes de

tudo acontecer quanto estava agora, incidentalmente. Vamos lá, sendo este um romance autobiográfico, posso confirmar de modo categórico que uma coisa assim cruzaria por sua mente mais cedo ou mais tarde, de fato.

O relato "completamente autobiográfico" com o qual o leitor se depara aqui difere muito dos esquemas que começam o registro de uma vida logo no início – com o nascimento, por exemplo – e continuam com estratégias lineares de acumulação, geralmente progressivas, que convergem no ponto da escrita do relato como momento de sua autovalidação. O relato completamente autobiográfico passou, certamente, pela morte e desmorte do autor. O filósofo alemão Peter Sloterdijk, por exemplo, recorre ao conceito de escrita nervosa – uma escrita marcada por tatuagens emocionais, também conhecidas como engramas, que "nenhuma educação é capaz de cobrir completamente e nenhuma conversa consegue esconder totalmente" –, para argumentar, apoiando-se na célebre citação de Paul Celan, que "a poesia não se impõe, se expõe"[7]. E o expor-se, pelo menos no caso de Sloterdijk, que escreveu essa lição em Frankfurt intitulada "A vida tatuada", certamente envolve o gesto de autodesnudamento que põe em jogo a tatuagem original e que é, desde o início,

> um gesto de abertura, uma vitória sobre a asfixia, um passo à frente, uma exposição de si, uma manifestação e se fazer ouvir, um sacrifício da intimidade em prol da publicidade, uma renúncia à noite e à névoa da privacidade em benefício de uma exposição sob um céu comum.

Na arte, continua Sloterdijk, primeiro vem o testemunho (a expressão) e depois a criação (a produção), pois, de outra forma, ou seja, sem essa tatuagem primordial que põe a linguagem em movimento, que "abala" a linguagem, a arte só "será exemplo de transmissão de uma miséria brilhante", ou seja, uma impostura. Afinal, a poesia se expõe para renovar um compromisso contra "a falsa sublimidade", e se expõe "contra os entendidos de cima, contra a autocomplacência, contra o esteticismo, contra as senhoras e senhores da cultura e contra essa cultura jornalística, com todas as suas posses e regras de mensuração".

Um filósofo de ascendência tão distinta como Michel Onfray parece advogar por algo semelhante quando decidiu concluir sua *Teoria do corpo amoroso* com uma coda intitulada "Por um romance autobiográfico."[8] Servindo-se da obra de Luciano de Samósata, o filósofo que guerreia contra os dogmáticos à força do sarcasmo, Onfray traz à tona duas lições, a saber, que "os filósofos manifestam um talento verdadeiro para construir mundos extraordinários, mas inabitáveis" e que "os filósofos mostram virtudes que muitos evitam praticar. Vendem morais que reconhecem ser incapazes de ativar". Daí que o pensador francês declare sem rodeios que "uma existência deve produzir uma obra exatamente da mesma forma que, por sua vez, uma obra deve gerar uma existência". Dar conta de si mesmo, neste caso, não constitui um ato supérfluo de exposição pessoal, mas uma estratégia retórica e moral que liga, dir-se-ia que de maneira indissolúvel, a ideia professada e a vida vivida. A lição que podemos reter dos doxógrafos antigos continua sendo importante, argumenta Onfray, quando a vida e a obra funcionam como o anverso e o reverso da mesma moeda, quando, de maneira fractal, cada detalhe informa sobre a natureza do todo, quando uma anedota recapitula toda uma trajetória, quando a vida filosófica requer, e até exige, o romance autobiográfico, quando uma obra apresenta interesse somente se produz efeitos no real imediato, visível e reparável.

Dar conta de si mesmo é contar uma história do eu, de fato, mas também é, acima de tudo, e por isso mesmo, contar uma história do tu. O eu, argumenta a pensadora estadunidense Judith Butler em seu tratado de filosofia moral *Relatar a si mesmo: crítica da violência ética*, um livro composto de uma série de palestras oferecidas na Universidade de Amsterdã, dificilmente é essa estrutura unitária e hermética que faz parte de um contexto mais ou menos estático dentro do qual gravita, roçando apenas outras entidades semelhantes[9]. Seguindo Adriana Cavarero e contrastando com uma visão nietzschiana da vida, Butler estabelece que

> eu existo em grande medida para ti, em virtude da tua existência. Se eu perder de vista o destinatário, se não tiver um tu a quem aludir, então eu me perdi. É possível contar uma autobiografia apenas para o outro, e é possível referenciar um "eu" apenas em relação a um "tu": sem o tu, minha história é impossível.

Mas estar precedido e, em seguida, constituído pelo outro não apenas estabelece um vínculo de inescapável dependência com o tu – contigo –, mas também constitui um testemunho da radical opacidade do eu para consigo mesmo. Daí que o eu, mais do que uma entidade, seja na verdade uma ruptura.

Uma autobiografia, um relato de si mesmo, teria necessariamente que ser enunciada em uma forma narrativa que testemunhasse essa condição relacional da vulnerabilidade humana. Uma autobiografia, nesse sentido, teria que ser, antes de tudo, o testemunho de um desconhecimento. Uma autobiografia, nesse sentido, teria que ser sempre uma biografia do outro, tal como aparece, de modo enigmático, em mim. E isso, e não outra coisa, seria uma autobiografia despossuída do domínio do próprio.

Três títulos para consideração: *Autobiografia de Alice B. Toklas*, de Gertrude Stein; *Autobiografia de minha mãe*, de Jamaica Kincaid; *Autobiografia do vermelho: um romance em versos*, de Anne Carson[10]. As autobiografias de supermercado – esses relatos lineares que detectam de forma evolutiva a formação de um eu excepcional e isolado – definitivamente escapam dessa noção de escrita simultaneamente íntima e alheia daquele estranho que se aproxima.

O escritor de autobiografias, o autor de relatos do eu que são na verdade relatos refratados do tu, enfrenta desafios que são estéticos, mas também – porque se originam nessa articulação fantasmagórica entre o eu e o tu que lhes dá forma – fundamentalmente políticos. Por um lado, a rasgadura que é o eu, argumenta Butler, não é narrável. Não é possível dar conta dessa rasgadura, apesar de, ou precisamente por conta de, ela estruturar qualquer relato possível do eu. As normas que me tornam legível perante os outros não são inteiramente minhas, e sua temporalidade não coincide com a da minha vida. Da mesma forma, a temporalidade do discurso com o qual, ou dentro do qual, se pretende enunciar uma vida não se encaixa na da vida que é vivida como tal. Este descompasso, que é na verdade uma interrupção, faz da minha vida, e do relato da minha vida, algo possível. Trazer essa interrupção para a narrativa do eu, para o relato de si mesmo, constitui, sem dúvida, um desafio estético. Butler expressa isso da seguinte forma:

> A vida é constituída por meio de uma interrupção fundamental, sendo até interrompida antes de qualquer possibilidade de continuidade. Portanto, se uma reconstrução narrativa tem como objetivo se aproximar da vida que tenta transmitir, a narrativa deve ficar sujeita a essa interrupção.

Por outro lado, o relato do eu não seria um relato propriamente dito se não estivesse direcionado a outro: isso significa que o relato se completa se, e somente se, for efetivamente exportado e expropriado pelo outro. "É apenas na despossessão que posso e dou um relato de mim", assegura Butler. E se isso é verdade, e eu tendo a acreditar que é, então a autoridade narrativa desse relato do eu está em relação oposta com o eu que a narrativa mesma conjura. Impossível estruturalmente e alheia porque pertence estritamente a outro, toda narrativa do eu carece, em sentido estrito, singular, de autor. E esse ceder ao tu, ceder à minha opacidade e ao desconhecimento de mim, constitui, sem dúvida, um questionamento das hierarquias autorais do relato, que não é senão outra maneira de questionar as relações de poder que o tornam possível. Questão de política. Entendido dessa maneira, dar conta de si mesmo através de um relato do eu deixa de ser um exercício narcisista ligado à autenticidade da experiência, e a emoção da experiência, que o suscita, ou seja, o canto do eu lírico, torna-se uma excursão "ex-cêntrica" pela opacidade – esse coração das trevas – que és tu em mim.

O texto de Kate, é preciso notar, afasta-se daquele tipo de realismo liso e explicativo frequentemente associado ao gênero autobiográfico, e que Kathy Acker atacava veementemente em alguns de seus memoráveis ensaios incluídos em *Bodies of Work*[11]. Um verdadeiro realismo, um realismo radical, teria que realizar um registro minucioso do que acontece diante e dentro do sujeito em questão, afirmava Acker. Um realismo realista teria, por consequência, que estar muito próximo da experiência da loucura. E esse substantivo, aliás, aparece muito cedo no romance de Markson, seja como uma sombra, uma premonição ou algo inevitável. Porque estamos realmente prontos para acreditar que Kate é, de fato, a última pessoa viva no planeta?

David Markson não perde tempo investigando as possíveis causas do desaparecimento de todos-exceto-um dos seres humanos da Terra. Verificar ou rejeitar a materialidade dessa hipótese não constitui nem uma preocupação nem o cerne de um texto que, desde o início, vira as costas para as perguntas que impulsionam a grande maioria das narrativas sobre o fim do mundo. Pode-se dizer que se trata de um texto no domínio da pós-ficção científica. O tema, se houver um, será claramente enunciado pela protagonista no momento em que explica por que decidiu escrever um romance completamente autobiográfico: a solidão. Kate não é apenas uma pessoa solitária, mas se torna, ao longo de seu romance completamente autobiográfico, A Grande Solitária. E disso, da experiência da solidão, não dá conta um relato preciso – embora haja sugestões aqui e ali de que Kate perdeu um filho, talvez com sete anos, cujo nome ela tem quase certeza de que é, ou foi, Simon, e cujo túmulo ela visita, ou visitou, de vez em quando no México, entre todos os lugares possíveis –, tanto quanto o uso da linguagem em si. A solidão ou a perda, ou a solidão resultante da perda, não apenas é perceptível na forma como Kate organiza uma autobiografia que, afinal de contas, é um relato para si mesma, mas sobretudo na maneira como as sentenças desse texto estão escritas. A sintaxe de Kate é, por assim dizer, peculiar.

Estruturado através de "mensagens", que muitas vezes constituem "uma forma inventada de escrita que ninguém entende", seu texto completamente autobiográfico é dividido em pequenos parágrafos que assumem a aparência de versículos. De qualquer forma, são linhas nas quais escorrega um universo completo, cujo corte, frequentemente abrupto, interrompe o sentido da oração, assim como a noção de que uma deve seguir logicamente a anterior. Nesse sentido, não seria absurdo associar esse tipo de construção ao que Ron Silliman, referindo-se a Gertrude Stein, definiu como *a nova oração*[12]. Introduzidas frequentemente com pronomes e advérbios relativos (o que, onde, o qual), as frases de Markson são, na verdade, orações subordinadas que aparecem na página e no texto sem seu antecedente ou separadas desse antecedente, como se surgissem do silêncio ou do nada que, com sua presença entrecortada, as convidam ou até mesmo produzem.

> A maioria das coisas em latas parece comestível, aliás. É apenas nas coisas embaladas em papel que não confio mais.
> Embora eu daria agora quase tudo por dois ovos estrelados.
> Pelo que mais seriamente eu daria quase tudo, para dizer a verdade, seria entender como é que minha cabeça consegue pular de uma coisa para outra como faz.
> Por exemplo, agora estou pensando no castelo de La Mancha de novo.
> E por qual razão mundana estou também lembrando que foi Odisseu quem soube onde Aquiles estava, quando Aquiles se escondeu entre as mulheres para não ser obrigado a participar da batalha?

História natural da cultura

E como é o mundo depois do mundo? Quais são, exatamente, as nossas ruínas? Como lidar com a linguagem quando não há literalmente ninguém a quem se dirigir? O discurso interrompido e sincopado de Kate, a única protagonista de *Wittgenstein's Mistress*, parece se propor a lidar, de uma forma ou de outra, com essas perguntas. As referências a cidades paradigmáticas do mundo moderno e pós-moderno, assim como aos seus museus – instituições dedicadas à identificação e preservação do patrimônio cultural – são completamente relevantes nesse sentido. Kate inicia seu relato completamente autobiográfico afirmando que:

> No início, algumas vezes deixava mensagens na rua.
> Alguém está morando no Louvre, certas mensagens diriam. Ou na Galeria Nacional.
> Naturalmente, só podiam dizer isso quando estava em Paris ou em Londres. Alguém está morando no Museu Metropolitano, diziam quando ainda morava em Nova York.
> Ninguém veio, é claro. Eventualmente, desisti de deixar as mensagens.

Embora nunca esteja completamente certa sobre o tempo que passou desde aqueles dias em que ainda procurava por outros sobreviventes até a fase em que toda busca cessou – em algum momento ela aventura a cifra de dez anos –, Kate sabe que viajou bastante entre um ponto e outro no tempo. Suas jornadas, que vão da Turquia – o local original de Troia – a Paris, da Pensilvânia ao México, passando por Madri ou Roma, configuram uma espécie de mapa pós-humano do globo. Esse mapa, como todo mapa, não é aleatório, não é uma réplica em escala do-que-está-lá, mas uma seleção de deslocamentos que, no caso de Kate, são principalmente deslizamentos ao longo e dentro da cultura e seus artefatos. É assim que, com o mundo completamente vazio, com tudo estritamente à sua disposição, Kate opta por viver em museus e, finalmente, por viver deles (queimando algumas obras, por exemplo, para produzir calor).

Como em muitos de seus livros, Markson incorpora em *Wittgenstein's Mistress* uma abundância de referências literárias, artísticas e filosóficas que vão da época clássica aos primórdios da modernidade. A maneira como trabalha a mente de Kate na solidão mais absoluta, o enigma da memória que entrelaça e, frequentemente, confunde, evita que essas menções às Grandes Obras da Cultura se tornem simples evidências do *status quo* ou uma reafirmação banal do cânone ocidental. Kate não apenas confunde, e ao confundir questiona, autores e obras com grande facilidade – Anna Akhmátova, por exemplo, é uma personagem de *Anna Kariênina* –, ou peças originais com suas versões cinematográficas – é fácil passar de Hécuba para Katharine Hepburn, por exemplo –, mas também, com grande senso de humor, se apropria novamente de narrativas fundacionais do Ocidente. Tal é o caso da *Ilíada*. Não por acaso, uma de suas primeiras viagens no mundo pós-humano que habita a leva a Hisarlik, o nome contemporâneo da antiga Troia. E, também não por acaso, os nomes de Helena, Aquiles e Heitor aparecem aqui e ali, repetidamente, às vezes como fio condutor da narrativa, mas mais frequentemente como interrupção ao fio de outra narrativa. Assim, quando nas imediações do livro, Kate reúne Eurípides, Orestes, Clitemnestra, Helena, Cassandra e Agamemnon para recontar a história de Troia, desta vez em torno de temas como estupro, sequestro e relações familiares, é impossível não fazer comparações, talvez ingratas, com exercícios similares: *Homero, Ilíada*, de Alessandro Baricco, ou *Memorial. An Excavation of the Iliad*, da poeta britânica Alice Oswald[13].

Reversíveis e grotescos, necessários mas abertos, os artefatos da grande cultura, sem os quais o mundo pós-humano de Kate seria impensável, provocam assim mais ironia do que admiração, mais dúvida e tentativas do que validação. Kate, fica claro desde o início, é uma mulher atenta aos eventos da alta cultura, mas da forma como eles aparecem nos dicionários e nas contracapas de alguns livros e nas capas de certos discos – se Markson tivesse escrito este romance uma década mais tarde, Kate teria sido sem dúvida uma grande navegadora na internet.

Em *On Creaturely Life*, Eric Santner interpreta o conceito de história natural cunhado por Walter Benjamin da seguinte maneira:

> Na interpretação de Benjamin, a história natural refere-se à ideia de que as formas simbólicas que estruturam a vida humana podem perder sua vitalidade, esvaziar-se ou quebrar-se em significados enigmáticos que continuam a nos afetar, mesmo quando já não compreendemos completamente seu significado. É como se essas formas simbólicas se tornassem "hieróglifos" misteriosos que persistem em nos influenciar, ficando incrustados em nossa psique, apesar de termos perdido a chave para compreendê-los.[14]

Nesse sentido, na medida em que confronta os artefatos da cultura como formas vazias e enigmáticas que, no entanto, continuam dando sentido ao que ela pensa, faz e vê, Kate é uma espécie de Virgílio que nos guia, não sem grandes doses de senso de humor, pelo terreno da história natural da cultura.

Escrita como escultura

No final de *Wittgenstein's Mistress*, Kate opta por escrever um relato completamente autobiográfico. Esse, é claro, é o momento em que o romance se vira para si mesmo: é o momento em que o romance se expõe e, ao mesmo tempo, zomba de si mesmo. Ambas as coisas ao mesmo tempo. No entanto, o romance começa com uma referência explícita ao fato de que Kate, efetivamente, escreve. "No começo, às vezes deixava mensagens na rua", ela afirma. Ela também afirma que parou de escrevê-las. E, entre uma coisa e outra, escreveu na areia e até tentou escrever em grego:

> Bem, no que parecia ser grego, embora eu só estivesse inventando.
> O que eu escrevia eram mensagens, para dizer a verdade, como as que às vezes escrevia na rua.
> Alguém vive nesta praia, diria a mensagem.
> Obviamente naquele momento não importava que as mensagens fossem apenas uma escrita inventada que ninguém pudesse ler.

A relação problemática de Kate com essa escrita que ninguém entende ou que se desvanece constantemente na areia só se resolve quando ela começa a pressionar as teclas de uma máquina de escrever. No mundo pós-humano de Kate, escrever é, acima de tudo, datilografar. Porque esse e não outro é o verbo que ela usa repetidamente para descrever o que faz sem parar, sem descanso, sem trégua. Kate datilografa. Essa diferença entre escrever – a atividade criativa que uma visão romântica pode associar a atos de inspiração e genialidade – e datilografar – a atividade mecânica que envolve uma relação específica entre o corpo e a tecnologia, e que não pode ser reduzida nem aumentada com nenhum romantismo – não é de forma alguma gratuita. Kate, a datilógrafa extrema, está registrando processos mentais nos quais tenta, assim como Wittgenstein do *Tractatus logico-philosophicus*, curar a linguagem de sua própria doença: a imprecisão, que poderia muito bem ser outra forma de chamar seus significados. Não por acaso, então, Kate corrige sua escrita em várias ocasiões – tempos verbais, por exemplo, ou verbos corretos –, anunciando em cada uma delas que: "a linguagem de alguém é frequentemente imprecisa, isso eu descobri". Mas a datilógrafa extrema não apenas corrige: ela também é responsável por produzir uma realidade que é uma realidade textual, tanto para a narradora quanto para o leitor, por meio da qual sua vida em um mundo em que possivelmente não há mais ninguém parece, afinal, suportável.

Para corrigir ou tornar mais precisas suas próprias sentenças, Kate se dedica a modificar seus elementos, seja removendo-os ou adicionando novos. Portanto, em um romance repleto de referências culturais e artísticas, não é totalmente inócuo que a narradora explique explicitamente a diferença entre o processo de criação de uma escultura e o de uma pintura. "A escultura", ela escreve, "é a arte de remover o material supérfluo, disse Michelangelo em algum momento./ Ele também disse, pelo contrário, que a pintura é a arte de adicionar coisas". David Markson criou, através de Kate, uma escritora que, sendo uma datilógrafa, trabalha com o método de uma escultora. Em *Wittgenstein's Mistress*, de fato, tudo o que é supérfluo desapareceu: noções convencionais do que é, por exemplo, uma anedota, a construção de um personagem, o conceito de desenvolvimento e até mesmo a produção de um final. O que permanece no romance é o que permanece: a ruína e a pergunta sobre o que isso significa. Mas o romance também é escultural pelo cuidado quase físico com que cada uma de suas linhas é feita. E fazer, aqui, é o verbo preciso. A sintaxe que encarna a solidão de Kate, esse eco de estranheza que, no entanto, ainda permite sua legibilidade, é produto de um trabalho constante e, às vezes, violento com e contra a linguagem. Lá, por trás de tudo isso, há um escritor que usa a tecla como um cinzel. Há alguém que toca as palavras, sem dúvida. Nesse sentido, na maneira como o romancista utiliza os métodos de um escultor, este romance apropriadamente escultural é, por isso mesmo, uma escrita limítrofe.

Kate é uma mulher, escrevi isso várias vezes. Mas, em um mundo pós-humano, tal afirmação deveria causar mais ansiedade do que alívio. Faz sentido, em um globo terrestre sem ninguém, a distinção entre mulheres e homens? As referências abundantes de Kate ao próprio corpo contribuem para ampliar o alcance dessas perguntas em vez de resolvê-las. Logo no início do relato, Kate enfrenta a indeterminação de sua idade. Ela pode ter cinquenta anos, e suas mãos de fato indicam isso com manchas e rugas, mas ainda menstrua – e a ocorrência da menstruação, às vezes, serve para ela como uma maneira de contar o tempo. Poderia reagir de outras maneiras a um acidente, como uma torção no tornozelo, mas os hormônios – não é necessário dizer que são femininos, entende-se – não permitem. Em cada uma dessas cenas, a identidade de gênero transparece e se apaga, se afirma e se questiona. Mas o fato, no entanto, importa. Kate diz em mais de uma ocasião: "Não há naturalmente nada na *Ilíada*, ou em qualquer outra obra, sobre alguém que menstrue./ Ou na *Odisseia*. Assim, sem dúvida, uma mulher não escreveu isso, afinal". Tudo indica que, mesmo em um mundo sem homens e mulheres, importa ser mulher ou não. E importa pela simples ou complicada razão de que, mesmo nesse mundo pós-humano habitado apenas por Kate e a história natural de sua cultura, Kate tem um corpo e produz memória.

Ponto de fuga

Markson inicia a trajetória fragmentada de *Vanishing Point* com duas caixas de sapatos cheias de fichas bibliográficas e um personagem chamado Autor. São notas aparentemente desconectadas que incluem frases, seja dos próprios artistas ou sobre eles, a respeito de seus processos criativos, suas obras, seus tempos. Autor, de tempos em tempos, faz ouvir sua voz apenas para dizer que está cansado, que não se lembra se tirou ou não uma soneca, que seus tênis parecem levá-lo a lugares errados. Com uma linguagem enfaticamente estranha e uma memória bastante frágil de si mesmo, Markson cria um Autor, de fato, fora do domínio do próprio.

"Um decorador com traços de loucura, assim chamou a Harper's Weekly certa vez a Gauguin", escreve Markson. "Goethe escreveu *Werther* em quatro semanas. Schiller escreveu *Guilherme Tell* em seis", assegura Markson. "Gosto de uma boa vista, mas gosto de me sentar de costas para ela. Diz Gertrude Stein", diz Markson.

Autor sofre de uma leveza incomum na cabeça. Autor não se sente ele mesmo. Autor tropeça em objetos e paredes que, de outra forma ou anteriormente, lhe eram familiares.

Markson pergunta: "Foi *A obra de arte na era de sua reprodutibilidade* técnica o ensaio crítico mais citado na segunda metade do século XX?". Markson diz: "Terroristas. Que, de fato, foi o termo escolhido para categorizar as romancistas góticas do início do século XIX". Markson diz: "Tácito, quando jovem, defendendo outros artistas da Eterna Velha Guarda: O que é diferente não é necessariamente pior".

Na página 96: "Autor está experimentando manter-se fora disso tanto quanto pode. Por quê?/ Pode realmente dizer? Por que não tem a menor ideia de como ou para onde tudo isso está indo?/ Onde eventualmente este livro terminará sem ele?".

Enquanto isso, Autor continua batendo em paredes abruptas. Autor está cansado e suspeita que precisa visitar um neurocirurgião. Autor perde cada vez mais o controle, qualquer forma de controle, sobre o discurso.

"Nominativo. Genitivo. Dativo. Acusativo. Ablativo."

As citações textuais aparecem, cada vez com mais frequência, sem referência alguma. Cada vez há mais dados sobre os lugares onde outros autores morreram. A citação antitextual. A citação fora do texto.

"A ilusão de que o Azul Profundo era algo *pensante*."

Sobre Virginia Woolf e sobre Autor, sem nenhuma transição:

A experiência que nunca descreverei, assim Virginia Woolf chamou sua tentativa de suicídio.

Tenho a sensação de que ficarei louco. Ouço vozes e não consigo me concentrar no meu trabalho. Tenho lutado contra isso, mas não consigo mais lutar.

As lembranças matutinas do vazio do dia anterior.

Sua antecipação no vazio do dia que está por vir.

"Ravena, Dante morreu lá", escreve Markson. "Milão, Eugenio Montale morreu lá."

"Giuseppe Ungaretti *anche*."

Autor até encontra tempo para dar um aceno para *Wittgenstein's Mistress*: "Alguém vive nesta praia".

"*Sela⁻h*, que marca o final dos versos nos salmos, mas cujo significado hebraico é desconhecido.

E provavelmente não indica nada além de uma pausa ou descanso."

Sela⁻h.

Uma poeta folheia o livro e diz: versículos.

Uma narradora folheia o livro e diz: frases longas. Entre a poeta e a narradora: a silhueta da religião.

Um romance sem história. Um romance sem desenvolvimento linear. Um romance críptico. Autorreferencial. Esquizofrênico. Sábio. À beira da morte. Um romance. Uma pausa. Serão realmente versículos? Uma pausa *Sela⁻h*.

Um romance?

David Markson morreu no final de maio. De fato, havia escrito seu último romance. Tinha 82 anos.

2
Desapropriadamente: escrever entre/para os mortos

Reescrita, comunidade e desapropriação

Desapropriadamente

Reescrever é uma prática através da qual algo que já foi feito anteriormente é feito de novo, isso é verdade. Também é verdade que o processo de reescrita desfaz o que já foi feito, ou melhor, o transforma em um fato inacabado, ou acaba considerando-o como não feito em vez de feito; acaba, ainda mais, tornando-o por fazer. Reescrever, nesse sentido, é um trabalho principalmente com e no tempo. Reescrever, nesse sentido, é o tempo do fazer, principalmente com e no trabalho coletivo, poderíamos dizer, comunitário e historicamente determinado, que implica retroceder e avançar ao mesmo tempo: atualizar: produzir presente[1].

Quando um escritor decide utilizar alguma estratégia de apropriação – escavação, rasura ou cópia –, algo fica claro e em destaque: a função da leitura no processo de elaboração do próprio texto. Isso que a literatura preferiu guardar ou, simplesmente, ocultar sob o pretexto do gênio individual ou da criação solitária, a reescrita mostra abertamente, até de maneira altiva, e em todo caso produtiva. A leitura é desnudada aqui não como o consumo passivo de um cliente ou de um público (ou pior ainda: de uma ausência de público), mas como uma prática produtiva e relacional, ou seja, como uma questão de estar-com-outro que é a base de toda prática comunitária, enquanto essa comunidade produz um novo texto, por mais que pareça o mesmo. Já afirmava Gertrude Stein quando dizia "uma flor é uma flor é uma flor": a repetição sempre implica variações; não há repetição propriamente dita.

Quando isso acontece, quando a leitura se torna a força motriz explícita do texto, os mecanismos de transmissão que a cultura escrita usa e usou para sua reprodução e para seu aprimoramento social ao longo do tempo e do espaço são expostos. Atenção: a reescrita não descobre nem inventa esses mecanismos; a reescrita contribui para que eles sejam expostos, abertos à visão de todos, abertos também às habilidades e aos objetivos desses outros. Presa monumental. Um sistema como o literário, que tanto se beneficiou das hierarquias geradas pelo prestígio ou pelo mercado, em cuja base está a noção de autoria genial, só pode reagir a essa exibição intrinsecamente crítica com ansiedade generalizada e, em casos extremos, com ações judiciais para proteger a propriedade – entendida em seu sentido mais amplo, como propriedade econômica e moral. Boas maneiras e bom gosto, duas noções francamente classistas, pertencem, sem dúvida, ao reino da propriedade: aquilo que se comporta com propriedade; aquilo que é sempre apropriado.

Apropriar-se, entretanto, é apenas uma forma de reescrita. Como ficou claro nas acusações de plágio que já causaram tantos escândalos na Espanha ou no México, bem como na Colômbia, o apropriador, ou seja, aquele que faz do trabalho de outra pessoa o seu próprio trabalho, ainda não escapa – talvez em muitos casos ainda nem pense em escapar – dos processos de circulação de capital que facilitam e são, por sua vez, facilitados pela própria noção de uma autoria genial e solitária, ou seja, desconectada do trabalho da comunidade. Com frequência, as estratégias de apropriação, muitas delas projetadas e usadas para minar o monumento da autoria romântica, resultaram em uma confirmação, e não em uma subversão, desse monumento. O autor como DJ, o autor como sampleador, o autor que faz mixagem: todos novos estereótipos românticos, se não totalmente heroicos, de seu ofício.

O autor que pretende passar como seu o texto de autoria de outro deixou o sistema autoral intacto. Esse é o caso do plagiador. O autor que, com base em um sistema hierárquico, se apropria de textos de autoria não prestigiosa – como documentos de arquivo ou textos transcritos da tradição oral – sem sequer se preocupar em esclarecer que seu processo de escrita é produto de uma coautoria também deixou o sistema autoral intacto. Esse é o caso do apropriador. Por isso, é ainda mais relevante, e por razões tanto estéticas quanto políticas, que os autores interessados em explodir a própria base desses altos muros de hierarquia e privilégio por trás dos quais uma literatura mansa e adequada está abrigada devam agora aprender a tornar alheio seu próprio trabalho e, da mesma forma, tornar alheio o que é alheio.

Desapropriar significa, literalmente, despojar-se do domínio sobre o que é próprio. Há palavras-chave nessa definição real. Há, por um lado, as palavras que se referem, sem dúvida, às relações de poder que atravessam e marcam todo texto. Abrir mão do que se possui: isso significa despojar-se de si mesmo. Nesse caso, a desapropriação aponta não apenas para o objeto, mas também para a relação desigual que torna a posse possível em primeiro lugar: o domínio. Uma poética da desapropriação pode muito bem envolver estratégias de escrita que, assim como as apropriacionistas, desnudam os andaimes do tempo e do trabalho comunitário, tanto em termos de produção textual quanto de tempo de leitura, mas elas devem necessariamente ir além disso. Ir além significa, aqui, questionar o domínio que faz com que uma série de trabalhos comunitários – e todo trabalho com e na linguagem é, desde o início, um trabalho da comunidade – apareçam como individuais, apesar da ausência de propriedade. Apontar e problematizar processos coautorais específicos, sejam eles acompanhados pelos grandes nomes canônicos ou por autorias não prestigiadas pelo sistema literário, e promover formas de circulação que evitem ou até mesmo subvertam os circuitos do capital baseados na autoria individual, são apenas duas maneiras de colocar em prática uma poética da desapropriação. A outra maneira, a maneira básica, é desvendar criticamente as práticas de comunalidade que significam e dão sentido a todos os textos.

Comunidade e comunalidade

É oferecido a nós que a comunidade surja, que algo em comum nos aconteça. Isso, de acordo com o filósofo francês Jean-Luc Nancy, é a escrita[2]. Ao defini-la dessa maneira, ao colocar o ato de escrever e a experiência da comunidade em uma relação tensa e futura, sempre dependente de outro ("ela é oferecida a nós"), Nancy se inscreve de maneira singular naquela longa conversa por meio da qual leitores e autores analisam e questionam os laços que os unem e, ao uni-los, os tornam possíveis. Carne e osso. Presença. Afinal de contas, argumenta Nancy, "o escritor mais solitário escreve apenas para o outro. – Aquele que escreve para o mesmo, para si mesmo ou para o anônimo da massa indistinta não é um escritor"[3]. Ele insiste: "Ser como ser em comum é o ser (da) literatura."[4]

Não são poucos os autores contemporâneos que se preocupam com a relação entre a escrita e a comunidade. De fato, o interesse tende a emergir com mais frequência entre aqueles que fazem parte das propostas mais atentas às mudanças trazidas pela revolução digital, bem como entre os mais conscientes do contexto de necropolítica em que elas estão sendo realizadas atualmente. Entretanto, uma coisa é enunciar uma preocupação, outra é produzir textos que incorporem essa preocupação ou que contribuam, de forma crítica, para esse vínculo. Uma coisa é certa: longe da dicotomia que dominou e calcificou grande parte dessa conversa ao longo do século XX, os autores de hoje não falam mais de arte pela arte, por um lado, e de arte comprometida, por outro. Pelo contrário, o pensamento que liga a relação entre a escrita e a comunidade passa por pontes complexas que envolvem tanto a produção quanto a distribuição do texto, levantando questões que, não só com a subjetividade, atendem à comunalidade que o faz significar como tal, como texto; questões que são e continuam sendo de relevância estética e política hoje.

A própria definição de comunidade, embora implícita em muitos desses estudos, é, por outro lado, um mero mal-entendido. Há uma linha de argumentação, sim, que vai de Anderson e suas *Comunidades imaginadas* a Agamben e sua *Comunidade que vem*; de Maurice Blanchot e sua *Comunidade inconfessável* a Jean-Luc Nancy e sua *Comunidade inoperada*. É um pensamento que deixou para trás qualquer consideração sobre o indivíduo e entende os processos de subjetivação como práticas ativas de desidentificação, como argumentou Rancière, geralmente envolvendo resistência a identidades impostas pelo outro para formar um ser-em-comum tenso e dinâmico que é, de qualquer forma, inacabado. Pensar a comunidade, pensar o exterior do si-mesmo e a aparência do intermediário que nos torna nós e outros ao mesmo tempo é, sem dúvida, uma tarefa da escrita. Talvez essa seja, de fato, sua tarefa, ter uma. Sua razão de ser, ter apenas uma.

No entanto, poucos lugares nessa discussão filosófica sobre a comunidade que toca, e não tangencialmente, as práticas de escrita, trazem à tona os processos, tanto históricos quanto culturais, por meio dos quais essa comunidade é produzida. Essa, no entanto, tem sido uma das preocupações fundamentais de uma corrente de pensamento que emerge e questiona a comunidade criada e vivida durante séculos pelos povos indígenas da América Latina, especialmente na chamada Mesoamérica, dentro da qual se localiza o estado mexicano de Oaxaca. O objetivo deste texto é, portanto, aproximar o conceito e a experiência mixe da comunalidade da discussão que, no mundo europeu ocidental, explora criticamente as relações entre ela e a escrita. Faço isso porque um ponto nodal na produção da comunalidade entre os povos mesoamericanos é o conceito e a prática do trabalho coletivo, comumente conhecido como *tequio*; uma atividade que une a natureza aos seres humanos por meio de laços que vão da criação à recriação em contextos de posse mútua que, de forma radical, se opõem à propriedade e ao que é típico do capitalismo globalizado de hoje.

Algo semelhante, este é meu argumento, é proposto por certas escritas contemporâneas empenhadas em participar do fim do reinado do próprio por meio de estratégias de desapropriação textual que evitam ou, na verdade, impedem a circulação do texto (geralmente em forma de livro) no ciclo econômico e cultural do capitalismo global. Essas são formas politicamente relevantes de entender o trabalho do escritor como tal, ou seja, como trabalho; um trabalho que, tendo que lidar de perto com a linguagem comum, é responsável por produzir e reproduzir tanto o significado quanto o significante. Trata-se, então, de entender o trabalho de escrever como uma prática de ser-em-comum, na qual ou por meio da qual, para usar as palavras de Jean-Luc Nancy, as singularidades finitas que o compõem são expostas. Finalmente, trata-se de entender a escrita sempre como escrita, um exercício inacabado, um exercício de inacabamento que, ao produzir o ser-em-comum da comunalidade, também produz em seguida o senso crítico – que às vezes chamamos de imaginação – para recriá-lo de maneiras inéditas.

Ser-em-comum: comunidade e comunicação

Assim como a comunalidade dos povos mesoamericanos, a comunidade à qual Nancy se refere em *A comunidade inoperada* não é um mero acúmulo de individualidades (o indivíduo, deixou claro desde o início, nada mais é do que "o resíduo da experiência da dissolução da comunidade"), nem uma combinação histórica de território e cultura. A comunidade, pelo menos em seu sentido moderno, é "o espaçamento da experiência do exterior, do fora-de-si-mesmo". Seguindo Bataille de perto, mas afastando-se dele assim que a comunidade é reduzida à comunidade de amantes, Nancy se apressa em criar um eixo que vai da comunidade à comunicação (por meio do conceito de êxtase), da comunicação ao compartilhamento (por meio do texto) e daí à interrupção do mito que é toda escrita. Entre uma coisa e outra, há, é claro, a inoperância.

Pelo fato de a comunidade ser composta de singularidades, ou seja, de seres finitos, Nancy rejeita a possibilidade de fusão presente na comunhão e, em vez disso, enfatiza o lugar da comunicação, não entendida como um vínculo social intrassubjetivo (à maneira de Habermas, por exemplo), mas como o lugar da "com-parecência", que "consiste", diz ele, "na aparição do entre como tal: você e eu (o entre-nós), uma fórmula na qual o *e* não possui o valor de justaposição, mas de exposição"[5]. A experiência da comunidade é, portanto, uma experiência de finitude. E é por isso que a comunicação que faz a comunidade é seu compartilhamento, ou seja, sua maneira de interromper e interromper a si mesma, sua maneira de suspender a si mesma. Sua inoperância[6].

Embora Nancy troque com facilidade surpreendente as palavras escrita e literatura, fala e oralidade – elementos com os quais os pensadores mixe, por força de sua própria prática, têm sido muito mais cuidadosos –, em *A comunidade inoperada* o vínculo entre escrita e comunidade não é aleatório nem menor. A escrita, de fato, viria "para inscrever a duração coletiva e social no instante da comunicação, do compartilhamento"[7]. Assim, o que a escrita comunica nada mais é do que "a verdade do ser-em-comum"[8]. É uma inscrição do ser-em-comum, do ser para o outro e pelo outro e, portanto, ele acrescenta: "fazer, de qualquer maneira, a experiência da comunidade como comunicação: isso implica a escrita"[9].

Trabalhando em comum: comunalidade e escrita

Em várias ocasiões ao longo do artigo, Nancy insiste que a comunalidade não é produzida. A comunidade, diz, não é uma obra. A comunidade é vivenciada: aparece no limite de seu ser, que é ser-com-os-outros. "Não é uma questão de fazer, nem de produzir, nem de instalar uma comunidade", ele nos garante. "É uma questão de inacabar seu compartilhamento."[10] Mesmo mencionando *O Capital*, Nancy insiste que

> o que Marx designa aqui é a comunidade como formada por uma articulação de "particularidades", e não como fundada por uma essência autônoma que subsistiria por si mesma e que reabsorveria e assumiria em si os seres singulares. Se a comunidade "se estabelece antes da produção", não é como um ser comum que preexistiria às obras, e que teria de ser posto em funcionamento, mas como ser em comum com o ser singular.[11]

Portanto, em sua ontologia da comunidade como uma comunidade inoperada, o substrato final ou básico é a comunicação, a interrupção ou o suspense que expõe a finitude das singularidades que são compartilhadas. Isso fez com que muitos, especialmente Damián Tabarovsky em *Literatura de esquerda*, pensassem na escrita como uma comunidade negativa que mantém distância tanto da obra (a academia) quanto da circulação (o mercado) para se dedicar exclusivamente "à linguagem". É interessante notar que, em sua reenunciação da comunidade inoperada de Nancy, Tabarovsky privilegia os livros "sem público", um termo com o qual ele submete o leitor ao lugar do cliente, ou a um não lugar fora da comunidade, ali, em um circuito fora das singularidades finitas da comunidade interrompida e insuspeita que é a comunicação inoperada.

Os antropólogos da communalidade, que também se interessam pela escrita, mas sobretudo pela tradição oral, reconstroem a comunidade "como algo físico", ou seja, "o espaço em que as pessoas realizam ações de recriação e transformação da natureza, enquanto a relação primária é a da terra com as pessoas, por meio do trabalho"[12]. Além de ter e reproduzir uma forma de existência material, a comunidade também responde a uma existência espiritual, formando assim eixos horizontais ("1. Onde me sento e me levanto; 2. Na porção da Terra que ocupa a comunidade à qual pertenço para ser eu; 3. A Terra, como todos os seres vivos") e eixos verticais ("1. O universo; 2. A montanha; 3. Onde me sento e me levanto"). A comunidade se transforma em comunalidade com base em uma série de características que Floriberto Díaz chama de imanentes: uma relação com a terra que não é de propriedade, mas de pertencimento mútuo, baseada, além disso, no trabalho, entendido "como um trabalho de concretização, que, em última análise, também significa recriação do que foi criado"[13]. Como é o bem comum que define direitos e obrigações, o trabalho que sustenta a produção e a reprodução da comunidade como uma comunalidade é o trabalho coletivo, gratuito e obrigatório conhecido como *tequio*. Suas variações incluem: "trabalho físico direto, ajuda recíproca, participação em festas (onde o compartilhamento da comunidade é posto em jogo) e trabalho intelectual"[14]. Toda e qualquer forma desse trabalho coletivo constitui o que Nancy chamou de "a inscrição do ser-em-comum, ser para o outro e pelo outro". Assim, todas elas asseguram um lugar na comunidade por meio da obtenção de respeitabilidade, o que garante a possibilidade de participar de várias formas de serviço à comunidade, que são as formas de autoridade local e, por fim, como "cabeça de comando" nas assembleias comunitárias onde a organização e o sistema de justiça são realizados.

Regida pelo pertencimento mútuo, não pela propriedade, e sustentada pelo trabalho coletivo do qual dependem sua produção e reprodução, a comunalidade é, talvez logicamente, suspeita da capacidade da escrita de registrar o que Nancy chama de comunicação e seu compartilhamento. De fato, Díaz argumenta que "uma sociedade com uma linguagem falada parece ser mais aberta a mudanças, menos autoritária e dogmática, com capacidade de crítica", argumentando, ao mesmo tempo, que com a escrita "nem todos os sentimentos podem ser expressos, uma vez que a linguagem escrita é fria e, dependendo de cada leitor, um texto fará sentido ou não". Em seguida, ele acrescenta: "É a linguagem escrita que reforça e expressa um alto grau de dogmatismo, autoritarismo e controle do poder, já que seu uso e compreensão sempre estiveram nas mãos de poucos."[15]

No entanto, após debates acirrados na comunidade, foi preciso aceitar que a escrita das línguas indígenas

> aumenta as possibilidades de comunicação entre falantes do mesmo idioma [...] pode fortalecer a identidade como base da unidade; ou seja, a oralidade de nossos povos seria fortalecida pela escrita, com a qual nossas ideias e preocupações seriam intercambiadas e mais bem compreendidas [...] superando assim a atomização.[16]

Talvez como poucos outros exemplos, a discussão relativamente recente que ocorreu para produzir o mixe como um idioma escrito lança luz sobre o trabalho comunitário que dá origem à escrita. Na verdade, foi somente em 1983, nos seminários chamados *Vida y lengua mixes*, realizados em Tlahuitoltepec, que surgiu "a proposta de escrever todas as variantes de nosso idioma em um único formato. Para fazer isso, teríamos que concordar com um alfabeto o mais amplo possível"[17].

Trata-se, é claro, de um ato, como Díaz o chama, de muitos. É também um ato na história e com a história, em que os missionários e falantes do século XVIII ocupam um lugar privilegiado ao lado dos promotores culturais e tradutores de livros religiosos, especialmente a Bíblia, em tempos mais recentes. Trata-se do trabalho dos falantes da comunidade e da série de articulações que foram capazes de estabelecer com antropólogos e linguistas, com agências estatais e organizações independentes, para criar, dessa forma, um alfabeto, bem como as formas concretas e localmente determinadas de sua transmissão e ensino. Trata-se do caminho longo, dinâmico, desarmônico e comunitário que a letra escrita percorre ao se tornar, com o passar da prática e do uso coletivo, uma atividade cotidiana com a aparência de ser, em sociedades já dominadas pela cultura escrita, algo não apenas natural, mas também, talvez acima de tudo, individual.

Essa dissociação, que é histórica e política, está no coração de uma escrita que se percebe fora da comunidade, como uma torre de marfim da qual um vigia privilegiado observa o passado e o futuro. Essa dissociação que produz a impressão de individualidade – de autoria genial – talvez seja o que Ulises Carrión também atacou quando, na década de 1970, se propôs a lembrar os escritores de sua responsabilidade em "todo o processo" da produção de livros, ou seja, no processo da produção da linguagem escrita. "Na velha arte, o escritor acredita que é inocente do livro real", afirmou Carrión, dando ênfase especial à marca de classe, à marca hierárquica, que tal decisão implicava, e ainda implica: "Ele escreve o texto. O resto é feito pelos lacaios, os artesãos, os trabalhadores, os outros. Na nova arte, a escrita do texto é apenas o primeiro elo da cadeia que vai do escritor ao leitor. Na nova arte, o escritor assume a responsabilidade por todo o processo."[18]

A reescrita, especialmente a reescrita desapropriada, de fato manifesta e problematiza esse "processo inteiro", essa "responsabilidade".

Desapropriação: uma poética da comunalidade

Até não muito tempo atrás, era comum perguntar, ao analisar um texto, sobre o processo de subjetivação que lhe dava significado. Com essa pergunta, os analistas mais contemporâneos deixaram para trás uma busca muitas vezes rígida por inscrições de identidade – de classe, gênero, raça ou geração – para dar lugar a uma exploração que envolvia acima de tudo, e aqui sigo Jacques Rancière de perto, a luta dinâmica que o sujeito empreendia contra as identidades impostas: um processo conhecido como desidentificação ou, em termos mais caseiros, desclassificação[19].

Uma poética de desapropriação nos convida a fazer esse e, acima de tudo, outros tipos de perguntas. Uma vez que o texto desapropriado carrega consigo as marcas do tempo e do trabalho de outros, do trabalho de produção e do trabalho de distribuição de outros, isto é, do trabalho coletivo feito em conjunto com outros na linguagem que nos diz como outros, e nos diz, pelo mesmo motivo, como comunidade, é justo que a pergunta que busca elucidar a força motriz que torna um texto significativo não se refira apenas aos processos de subjetivação, mas, mais importante, aos processos de comunalidade que permitem que ele enuncie e nos enuncie em virtude de sua ex/existência. Esclareço: uso o termo "comunalidade", em vez de "comunidade", porque o primeiro enfatiza as relações de trabalho coletivo – conhecido entre os povos mesoamericanos como *tequio* –, que está no cerne de sua existência como um fora-de-si-mesmo e como uma forma básica de um ser-com-os-outros. Isso é, sem dúvida, o que o torna ameaçador para sistemas fechados e hierárquicos que vivem e pregam o privilégio, o prestígio e o mercado. Lucro em vez de compartilhamento.

Formular os eixos de tais questões certamente exigirá outro livro. Mas adianto aqui o que posso adiantar: que as perguntas irão além da mera biografia intelectual do autor – os livros que ele leu, as universidades ou reuniões que frequentou, a música que ele considera mais influente, os nomes de seus amigos mais renomados – para se concentrar nas práticas materiais que o ligaram ao texto: desde seu "meio de vida", seu "como" do trabalho cotidiano, até o sistema pessoal de decisões estéticas e políticas que lhe permitiram produzir este e nenhum outro livro, este e nenhum outro artefato da cultura. Imagino que as perguntas não tentarão apenas elucidar as relações específicas do corpo material da escritora em seu ser-com-os-outros – os dados bastante identitários de classe, raça, gênero e geração, entre outros –, mas irão além: irão até as últimas fendas onde a bebida de sua comunalidade é preparada. Uma das primeiras perguntas nesse sentido será, sem dúvida, sobre o trabalho comunitário (gratuito, obrigatório, na linguagem comum) que dá ao texto sua existência fora de si mesmo. É uma história da leitura, sim, mas na realidade já estamos falando de outra coisa, como diria Volodine. Mais uma vez, a questão terá de escapar do domínio da mera história das ideias ou da biografia intelectual. Em vez disso, ela levará à inscrição de dados da história social e, é claro, comunitária do livro. Se a leitura, como tenho repetido com frequência, não é um ato de consumo passivo, mas uma prática de compartilhamento mútuo, um ato minúsculo de produção coletiva, então não são apenas os livros lidos que estão em jogo, mas, acima de tudo, os livros interpretados: os livros reescritos, seja na imaginação pessoal ou na conversa, essa forma de imaginação coletiva. Já aqui, será necessário fazer perguntas para tornar visíveis os rastros que esses outros deixaram, de uma forma ou de outra, nas reescritas e depois na versão final – que é a forma interrompida – do próprio livro. Tenho alguma ideia de quais serão essas perguntas, mas precisarei de outro livro para compartilhá-las ao longo do tempo.

O que está se tornando cada vez mais claro para mim, no entanto, é que a escrita de livros em comunidade terá de lidar – e lidar explicitamente – com a encenação da autoria plural. Como as figuras do narrador, do ponto de vista ou do arco narrativo, por exemplo, terão de atestar a presença generativa de outros em sua própria existência? Como o chamado aparato crítico se acostumará melhor com a revelação contínua do palimpsesto e da justaposição intrínseca a cada processo de escrita, e como cada frase, e até mesmo cada palavra, terá de dar conta de seu ser plural e pluralisticamente concebido?

Talvez não seja descabido pensar desde já em livros cuja seção de agradecimentos – o lugar por ora destinado a reconhecer o trabalho do outro na produção do livro – seja ainda maior do que, além de entrelaçada com, a seção ainda conhecida como corpo do livro. Talvez na escrita que, a partir da comunalidade, é colocada à frente das vicissitudes da necropolítica não seja impensável conceber livros que sejam, e de forma aberta, exatamente isso: um puro reconhecimento, que é um puro questionamento crítico, da relação dinâmica e plural que torna sua existência possível em primeiro lugar.

E o que mais é o reconhecimento senão pura gratidão?

Os mortos estão a cada dia mais indóceis.

Antes era fácil com eles:
lhes dávamos um colarinho duro uma flor
cantávamos seus nomes numa longa lista
que os recintos da pátria

que as sombras notáveis
que o mármore monstruoso

O cadáver assinava pela memória:
voltava às fileiras
e marchava ao compasso de nossa velha música.

Mas ora vá
os mortos
são outros desde então.

Hoje, fazem ironias
e perguntas

Parecem que percebem
que são cada vez mais a maioria.

ROQUE DALTON, "O descanso do guerreiro!"

Os sinais do aqui

Em um famoso ensaio sobre a obra de Alberto Giacometti, o escritor francês Jean Genet argumentou que uma verdadeira obra de arte teria necessariamente de ser dirigida aos mortos. Se a obra do escultor ou do escritor tivesse conseguido vislumbrar ou mal vislumbrar a solidão dos seres e das coisas, aquela "realeza secreta, aquela profunda incomunicabilidade, mas o conhecimento mais ou menos obscuro de uma inatacável singularidade", então seu fim não poderia ser o passado ou mesmo o futuro. Muito menos a posteridade. A obra artística não desliza, portanto, na direção das gerações vindouras, que Genet chama de "as gerações infantis", mas na direção da infinita aldeia dos mortos que, esperando em sua margem tranquila, reconhecerão, ou não, os sinais do aqui que constituem as verdadeiras obras. Parecia ao escritor que Jean-Paul Sartre canonizou em seu monumental *Saint Genet* que, para alcançar seu esplendor mais amplo, para se estender às suas "proporções mais grandiosas", uma obra teria de "descer os milênios, para se juntar, se possível, à noite imemorial povoada pelos mortos que vão se reconhecer nessa obra"[20].

Nada poderia soar mais apropriado no horrível crepúsculo da necropolítica, mas será que a proposta estética de Jean Genet pode realmente ser totalmente traduzida através do tempo e do espaço? O que ele quis dizer ao se dirigir ao "grande povo dos mortos" em 1957, data da publicação do ensaio, a partir dos terrenos da Europa, e o que ele quer dizer agora, no início da segunda década do novo século, para uma terra repleta de túmulos e semeada pelo horror diário? Será que nós, o santo ladrão de meados do século XX e os aterrorizados de hoje, estamos de fato falando dos mesmos mortos?

Genet começa esse ensaio, que Picasso viria a considerar como um dos melhores escritos sobre qualquer artista, com uma reflexão sobre o anseio por um universo no qual, despidos de si mesmos, os seres humanos pudessem descobrir "em nós mesmos, aquele lugar secreto a partir do qual uma aventura humana diferente teria sido possível"[21]. Uma aventura que, a propósito, Genet também considerava uma aventura moral. Nesse mundo, a arte alcançaria sua tarefa final: "liberar o objeto ou o ser escolhido de suas aparências utilitárias", retirando-o, por assim dizer, da circulação de mercadorias organizada pelo capital. Só assim, só dessa forma, a arte conseguiria "descobrir aquela ferida secreta de qualquer ser, e até mesmo de qualquer coisa, para poder iluminá-los"[22]. Essa ferida vital, essa ferida que nos determina como espécie, é a solidão; o lugar secreto, o refúgio, o que resta da incomunicabilidade e, portanto, o que contradiz a transação ou o comércio barato do utilitário.

Para entrar no domínio dos mortos, então, para "escorrer pelas paredes porosas do reino das sombras", era necessário, de acordo com Genet, primeiro usar o bisturi da solidão pessoal para direcionar a atenção para algo ou alguém a fim de separá-lo do mundo, evitando assim que esse algo ou esse alguém, esse fenômeno, fosse confundido com as coisas do mundo ou evadido "em significados cada vez mais difusos". A atenção estética, que por sua vez parte da solidão da atenção criativa e a multiplica, deve "recusar-se", afirmava Genet, "a ser histórica". A experiência estética privilegia, ou deveria privilegiar, em qualquer caso, a descontinuidade e não a continuidade. É por isso que Genet disse que todo objeto, toda obra de arte, e aqui a realidade do livro poderia ser incluída com alguma deliberação, "cria seu espaço infinito". A operação da arte, que é um momento de reconhecimento, é também, talvez acima de tudo, um momento de restituição. "A solidão original, essa 'nobreza real', nos é restituída e nós, que olhamos para ela a fim de percebê-la e sermos movidos por ela, devemos ter uma experiência do espaço, não de sua continuidade [de sua historicidade], mas de sua descontinuidade [de sua infinitude]."[23] A essa infinitude pertence, sem dúvida, o reino dos mortos. Os povos dos mortos são, em outras palavras, essa infinitude.

Genet conta que, em uma de suas visitas ao estúdio de Giacometti, o escultor lhe contou sobre seu desejo de modelar uma estátua apenas para ter o prazer ou o privilégio de enterrá-la. O que chamou a atenção do autor de romances paradigmáticos de meados do século XX, nos quais a materialidade da linguagem, por ser irredutível, talvez desempenhe o papel principal, foi o fato de Giacometti não querer que as estátuas enterradas fossem descobertas, nem naquele momento nem mais tarde, quando nem ele nem seu nome permaneceriam mais acima do solo. A pergunta de Genet, consequentemente, foi a seguinte: "Enterrá-la para oferecê-la aos mortos?"

Os mortos de Genet, como ele diz no mesmo ensaio, "nunca estiveram vivos" ou, ao contrário, "estavam vivos o suficiente para serem esquecidos, e para que sua vida tivesse a função de fazê-los passar para aquela margem tranquila onde esperam um sinal – vindo do aqui – e que eles reconhecem". Eles não são um conceito abstrato, mas são infinitos. Não são históricos no sentido estrito, mas, se são uma eternidade, são uma eternidade que passa. De fato, elas estão extintas, mas tradições inteiras de operações artísticas e escriturais dependem de suas reações. Em todo caso, é neles, em seu reconhecimento e aceitação, que a obra atinge seus limites mais extremos, aqueles em que a comunicabilidade e o utilitarismo não pesam mais, aqueles em que a materialidade da própria obra, em que sua comunalidade, reina imperturbável. Qual é esse sinal? Como podemos ter certeza de que estamos testemunhando, diante de uma obra que nada mais é do que uma oferenda, sua jornada de partida (fuga?) em destino a, e de retorno das, inúmeras pessoas dos mortos? Talvez não haja outro sinal senão a comoção provocada por uma solidão em outra. Esse eco. Uma reverberação. Genet disse sobre Giacometti: "uma arte de vagabundos superiores, tão puros que o que poderia uni-los seria o reconhecimento da solidão de qualquer ser e de qualquer objeto"[24].

San Diego, 2010 – Poitiers, outono de 2012 – Oaxaca, inverno de 2013

Escritas comunalistas

> Tornou-se um clichê os poetas colocarem em suas biografias todos os trabalhos braçais que tiveram. Não tenho certeza se isso se deve ao fato de a poesia parecer um não trabalho ou se os poetas querem parecer normais. No entanto, poesia também é trabalho, e isso se torna uma das tarefas do livro. O metatrabalho.
>
> ROSA ALCALÁ[25]

Desapropriação: uma prática de escrita que, reconhecendo a linguagem como trabalho, concentra-se em tornar visíveis as diferentes formas de trabalho coletivo que estruturam um texto, constituindo-o[26]. Com base no conceito de comunalidade do antropólogo mixe Floriberto Díaz – um conceito no qual o trabalho é central como produção e reprodução do real por meio de eixos verticais e horizontais que combinam as experiências espirituais e materiais de comunidades específicas –, terminei o último capítulo com uma previsão ao mesmo tempo rebuscada e rigorosa: os escritos do futuro, aqueles escritos verdadeiramente críticos que alguns chamam de vanguarda, outros de experimentais e outros ainda simplesmente de arriscados ou inovadores, logo seriam "pura gratidão"[27]. Eu não estava me referindo ao ato meramente paternalista de enumerar a participação de outro ou outros em uma prática de escrita, nem ao ato de policiamento que, em vez de favorecer o compartilhamento de obras em circuitos não comerciais, exige um comparecimento diante de poderes fortuitos. Eu disse lá, e repito agora, que esse "agradecimento" era uma forma de reconhecer materialmente, ou seja, de tornar visível aos outros e para os outros, a raiz plural de todo ato de escrita como uma prática estética e política. Não à toa, até mesmo o *Diccionario de la lengua española* define o ato de agradecer como "3. tr. Dito de uma coisa: corresponder ao trabalho empregado para conservá-la ou melhorá-la". Ao contrário da literatura – que vive escondendo o trabalho comunitário da linguagem através do parapeito do autor e que se concentra na produção de objetos comerciais conhecidos até agora como livros –, uma escrita comunitária produziria não "o objeto [a mercadoria], mas o mundo no qual o objeto existe, nem geraria o sujeito [o trabalhador e o consumidor], mas o mundo no qual o sujeito existe.[28]" Assim, seria possível dizer (ou observar) que esses escritos estariam comprometidos com a construção de um outro mundo: o mundo no qual tanto a escrita quanto seu processo de produção existem e existirão. Em vez de serem consumidores isolados e passivos, os leitores terão necessariamente de fazer parte dessa assembleia onde, de acordo com Gladys Tzul Tzul, eles decidem o que e como a própria comunidade será produzida e reproduzida[29].

Talvez nisso, como em tantas outras coisas, a história da arte e seus vários modernismos nos ofereçam lições relevantes. Rancière não foi o único a apontar as raízes populares de muitas das peças fundamentais da arte moderna, mas talvez tenha sido um dos poucos a documentar – por meio de catorze cenas detalhadas e analisadas minuciosamente – a negociação e, muitas vezes, a oposição direta que permeou esse processo. Da mesma forma que a literatura ocultou a troca tensa e vertiginosa entre a vida e a produção textual sob a armadura do autor, Rancière afirma que o que chamamos de arte é também a ocultação do conflito social e da tensão coletiva que moldam e constituem certas obras agora chamadas de obras-primas. John Roberts, por outro lado, analisou a arte moderna em termos da relação dinâmica e tensa entre o trabalho qualificado e o não qualificado no contexto da crescente hegemonia do trabalho imaterial na economia pós-fordista ou, em outras palavras, da financeirização da economia[30]. Ao diferenciar cuidadosamente o trabalho artesanal do trabalho concentrado da técnica, Roberts consegue se distanciar das acusações contra a arte moderna como obras que não contêm trabalho especializado. Além de se estender naturalmente para a arte contemporânea, esse argumento pode ser igualmente útil em análises de escritos que fazem uso da tecnologia digital e se desenvolvem dentro de uma estética de citação em que prevaleçam o *copy-paste* e a colagem, a escavação e a reciclagem. O que essas duas perspectivas – materiais, historicamente determinadas e baseadas em uma teoria do trabalho coletivo em contextos concretos de crescente financeirização e precariedade – nos convidam a considerar sob uma nova luz é a dissociação – que alguns apresentam como natural – entre a arte (ou a escrita) de vanguarda e a política radical. Esse é o tema das três seções às quais me detenho a seguir.

A arte é a des/apropriação (do que não é arte)

Certa visão elitista e autossatisfeita da história da arte situa suas origens nas próprias origens da humanidade, como se fosse uma emanação concomitante da condição humana, ou seja, como se o regime da criação artística fosse a-histórico e, portanto, quase natural. Cada relato de obras-primas, organizado em graus variados – mas sempre ascendentes – de perfeição, corresponde mais ou menos a essa perspectiva. Quando o assunto se limita à história da arte moderna, a situação não varia muito. Em geral, os vários modernismos (ou vanguardas, como costumam ser chamados na América Latina para distingui-los do modernismo propriamente dito) são apresentados como o triunfo da crescente autonomia da arte, ou seja, da especialização sobre a interdisciplinaridade e o intercâmbio, e da separação da produção artística das questões da experiência cotidiana. Em sua contranarrativa do modernismo, Jacques Rancière está pronto para apresentar uma visão oposta da história da arte, pelo menos a que vai, em seu livro, do século XVIII ao início do século XX.

Em *Aisthesis: cenas do regime estético da arte*, Rancière apresenta e analisa detalhadamente catorze cenas que demonstram como o contato e a incorporação de experiências não artísticas marcam o início do que chamamos de arte hoje em dia[31].

O livro argumenta, passo a passo, que o "regime de percepção, sensação e interpretação da arte é constituído e transformado pela incorporação de imagens, objetos e performances que pareciam ser o oposto da ideia de belas-artes". Daí o interesse do autor em investigar não os grandes momentos endossados pelas histórias oficiais e oficialistas, mas aqueles pequenos instantes em que ocorreu o interesse, a sedução, o contato e, por fim, a incorporação. Desde o momento em que o antiquário e historiador Joachim Winchelmann decidiu apresentar a inútil estátua de Hércules como um exemplo irrefutável de uma nova arte, em Dresden, em 1764, até o minuto em que um James Agee apaixonado e supercomprometido incorporou suas descrições extremamente detalhadas dos objetos que compõem a vida dos camponeses pobres do Alabama, em 1936, ao seu agora aclamado livro *Elogiemos os homens ilustres*, Rancière persegue aquele livro que ninguém leu na época, a performance que todos criticaram como popular ou brega, as pinturas que a maioria não gostou por ingenuidade ou falta de perícia, para iluminar, uma a uma, as cenas constitutivas do modo de experiência que chamamos de arte[32]. É um argumento material, certamente, pois analisa as formas de produção e distribuição desse trabalho, mas também é um argumento sobre "modos de percepção e regimes de emoção, as categorias que os identificam e os padrões de pensamento que os categorizam e interpretam".

Embora Rancière o declare de forma clara e até mesmo amigável, seu argumento vai contra o cerne de muitas interpretações dos modernismos do século XX:

> o movimento que pertence ao regime estético, aquele que sustentou os sonhos de novidade artística e a fusão entre arte e vida, que está subsumida na própria ideia de modernidade, tende a apagar as especificidades das artes e a desfazer as fronteiras que as separavam umas das outras e da experiência comum da vida.

Contaminação, então. Troca constante. Apropriação. Um processo de circulação que vai desde as tarefas básicas do cotidiano das classes populares até os corredores do que mais tarde, em livros cabeçudos em busca de autoconfirmação, será chamado de arte, ocultando assim o conflito social e a tensão coletiva em uma série de obras posteriormente reconhecidas como ruptura, ou seja, exemplares.

Um exemplo. Rancière segue Mallarmé, um modernista por excelência, mas, em vez de analisar mais uma vez os dados que jogam com o acaso e a representação, opta por evocar um texto singular, mas menos importante, sobre uma dançarina peculiar: Loïe Fuller. Como alguns outros críticos culturais da época, Mallarmé se aproximou do Folies Bergère, "um lugar que até então fora deixado para o desfrute de um público vulgar", como alguém que se aproxima de um renascimento estético a contragosto. Em contato e incorporando atividades na época aceitas por poucos como propriamente artísticas, o artigo de Mallarmé mostra a construção de seus conceitos de figura, local e ficção. "A figura é o potencial que marca um local e o constrói como um lugar propício a aparições, suas metamorfoses e sua evaporação. A ficção é a exibição regularizada dessas aparições." Vista dessa forma, a história do simbolismo – e, em um capítulo adjacente, do transcendentalismo – é, na verdade, uma história da apropriação de atividades e ideias que inicialmente faziam parte tanto da vida cotidiana quanto das formas de produção e entretenimento das classes populares.

Por acreditar que o surgimento das artes no Ocidente ocorreu precisamente quando as hierarquias estabelecidas entre as artes mecânicas (artesanais) e as belas-artes (o passatempo dos homens livres) começaram a se enfraquecer, Rancière procura esse momento, ou o eco desse momento, em cada cena analisada. Essa não é a visão de alguém que persegue o marginal ou raro por seu valor exótico, mas de alguém que busca colocá-lo em seu devido lugar: onde foi decidido, pouco a pouco e em contextos de grande tensão social e cultural, o que é arte ou que tipo de práticas e conhecimento chamaríamos de arte ao longo do tempo.

As figuras vulgares de pinturas menores, a exaltação das atividades mais prosaicas em versos livres de métrica, os números do *music-hall*, os edifícios industriais e os ritmos das máquinas, a fumaça de trens e navios reproduzidos mecanicamente, os extravagantes inventários dos objetos da vida dos pobres.

Tudo isso chama a nossa atenção não como raros exemplos do que permaneceu no passado, mas como aqueles instantes em que a experiência do sensível é desafiada e transformada, as maneiras pelas quais percebemos e somos afetados pelo que percebemos. Trata-se de uma história alternativa, de fato. Uma história alternativa que, como diria Benjamin, não pode nos dizer com certeza o que aconteceu, mas pode iluminar o que aconteceu, pois é importante para nós agora, neste momento de perigo.

O ready-made e o trabalho

Uma das formas mais simples e difundidas de questionar o valor estético de grande parte da arte contemporânea é questionar a quantidade e a qualidade do trabalho necessário para produzi-la. De fato, qualquer pessoa que já tenha exclamado o proverbial "mas até eu poderia fazer isso" ao se deparar com uma obra de arte que não baseia seu valor no uso das habilidades manuais associadas à artesania, quer saiba disso ou não, somou-se a esse grande contingente. O que realmente queremos dizer quando afirmamos que uma obra que usa montagem, reprodução literal ou a citação e recontextualização de textos/imagens de outros não incorpora trabalho?

De acordo com John Roberts, autor de *The Intangibilities of Form. Skill and Deskilling in Art after the Readymade*, dizemos que desconhecemos o lugar e a função do trabalho, especialmente do trabalho artístico como produtivo em seu modo imaterial na produção de obras de arte, pelo menos desde que os ready-mades de Duchamp nos convidaram a considerar o trabalho artístico não como um reflexo da habilidade manual de alguns, mas como o lugar do encontro (seu famoso conceito de rendez-vous) entre os limites da artesania e a expansão do uso da técnica e dos processos tecnológicos da produção capitalista[33].

Dizemos, então, que apesar de séculos de dominação pela produção industrial – e, pelo menos desde a década de 1970, pela produção pós-industrial – ainda acreditamos que a única forma válida de trabalho artístico é o artesanato. Dizemos que estamos preparados para qualificar como artístico apenas aquele trabalho que, sob a pretensão de autenticidade, escapa à capacidade de reprodução das formas tecnológicas que, pelo menos desde meados do século XIX e cada vez mais ao longo do século XX, tornaram-se formas hegemônicas de produção. Dizemos, então, que estamos dispostos a ignorar o fato de que a arte, como trabalho produtivo, estabelece relações materiais e práticas com suas comunidades de origem e recepção, especialmente no que diz respeito às transformações nas relações de trabalho por meio das quais produzimos valor, estético ou não.

É por isso que, ao perguntar o que o espectador viu quando, em 1913, Duchamp pôs uma roda de bicicleta sobre uma banqueta de cozinha e a chamou de arte, Roberts se recusa a aceitar que, embora claramente alimentado por um espírito rebelde e brincalhão, o espetáculo foi apenas mais uma encenação, uma piada inventada por um espertalhão ansioso para detonar uma bomba-relógio entre as fileiras do *establishment*. Ele também se recusa a ver ali, nessa teia de objetos produzidos pelo trabalho alienado da produção taylorista, apenas um consumidor seduzido pelo poder absoluto das mercadorias e pelo desejo nunca satisfeito que elas provocam. O que o espectador viu em 1913, e é isso que Roberts argumenta com base na teoria marxista do trabalho, foi "a ausência palpável do trabalho artístico, a presença palpável do trabalho de outros e a presença do trabalho imaterial ou intelectual". E é exatamente nesse triângulo que se move ao mesmo tempo em três direções que Roberts encontra a proposta mais radical de Duchamp:

em primeiro lugar, o ready-made desafia o lugar privilegiado do artesanato na produção artística; em segundo lugar, revela o lugar do trabalho produtivo no trabalho artístico; e, por fim, expõe a capacidade das mercadorias de mudar sua própria identidade por meio do processo de troca.

Os primeiros ready-mades de Duchamp, nos quais a participação da mão e do trabalho manual ainda não é preponderante – como seria mais tarde em *A câmara verde* ou *O grande vidro*, suas obras da década de 1930 – mostram, de forma radicalmente transparente, o processo pelo qual uma mercadoria (o resultado do trabalho produtivo alienado característico da produção capitalista) é transformada em outro tipo de mercadoria (trabalho produtivo artístico)[34]. E fazem isso tanto como um reconhecimento explícito das transformações materiais do ambiente que produz a obra de arte (a crescente desqualificação do trabalho artesanal) quanto como uma leitura crítica e potencialmente libertária dessas condições marcadas pela exploração e pela desigualdade.

Assim, da mesma forma que o ready-made questionou o império das habilidades manuais na produção de arte – daí a declaração de Duchamp de que a pintura estava morta, por exemplo –, ao mesmo tempo exigiu implicitamente a consideração de um novo tipo de habilidade, na qual a relação entre o olho e a mão não respondia a princípios imitativos ou miméticos. A era da reprodução mecânica, e depois digital, veio com seu próprio conjunto de processos práticos que, por sua vez, exigiam e valorizavam novas habilidades artísticas: as habilidades do trabalho imaterial. E é aí, nesse domínio, que, de acordo com Roberts, ocorre o processo de requalificação do trabalho artístico, a partir do qual é possível pensar em movimentos inteiros, como a arte conceitual, a partir de sua raiz mais material: o trabalho que os torna possíveis e lhes dá significado cultural. Levar em conta essa economia política das práticas artísticas não apenas nos permite ir além das avaliações baseadas no gosto ao lidar com questões estéticas, mas também convida, em seus momentos mais críticos, a uma reconsideração radical do trabalho artístico e do trabalho assalariado/produtivo com o qual ele está entrelaçado, de maneiras que são política e esteticamente relevantes. Um gesto nada pequeno em 1913, assim como agora, cem anos depois.

Um modernismo radical

Jacques Rancière conta como, em 1939, a *Partisan Review* rejeitou um texto do jornalista americano James Agee, que tinha claras convicções comunistas, mas na edição seguinte publicou o artigo que catapultou Clement Greenberg para se tornar um dos críticos de arte mais influentes de seu tempo. O texto de Greenberg, que como Agee respondia a uma série de perguntas sobre as condições predominantes da arte e sua relação com a sociedade capitalista, é o agora famoso "Avant-Garde and Kitsch", que serviu para avaliar o movimento duplo por meio do qual certa arte contemporânea se afastou conscientemente de sua relação com a experiência direta e, ao mesmo tempo, se voltou contra si mesma, ou seja, contra seus meios. Não é à toa que Greenberg é geralmente reconhecido como o criador, e não o comentarista, da arte abstrata.

A arte difícil, a arte culta e para os cultos, no entanto, tinha um grande inimigo a vencer, segundo Greenberg: o kitsch, a produção cultural que o capitalismo industrial e a reprodução mecânica haviam colocado ao alcance das massas semianalfabetas, fazendo-se passar por arte e fazendo com que elas, as massas, passassem por cidadãos capazes de reconhecer uma obra de arte. Uma dupla farsa. Um Rancière desconfiado – que em catorze capítulos de seu livro *Aisthesis*, analisou em detalhes obsessivos pelo menos catorze cenas que traçam as origens populares, depois tensas e conflituosas, da arte moderna – interpreta as declarações de Greenberg como o momento em que o modernismo não apenas dá as costas às classes trabalhadoras, mas as declara, além disso, como seu principal inimigo.

Na competição pelo dinheiro dos poderosos (as palavras são de Greenberg, não de Rancière) já era perceptível que "aquela arte e literatura comercial e popular" – que agora, como naquela época, inclui tudo, desde filmes de Hollywood a baladas românticas e, de acordo com Greenberg, "cromotipia, capas de revistas, ilustrações, anúncios, publicações brilhantes, histórias em quadrinhos e sapateado" – estava ganhando o jogo. E de goleada. A solução, que para Greenberg, um crítico marxista de sua época, a propósito, parece quase natural, é (na interpretação de Rancière) "deixar para trás uma certa América, a América da arte errante e politicamente engajada que caracterizou a era do New Deal e, mais profundamente, a arte da democracia cultural que começa com Whitman". Rancière, por sua vez, interpreta essa virada como o momento em que o modernismo trai sua herança histórica, a saber:

> a ideia de uma arte em sincronia com todas as vibrações da vida universal; uma arte capaz de lidar com os ritmos rápidos da indústria, da sociedade e da vida urbana e, ao mesmo tempo, de dar ressonância aos minutos mais comuns da vida cotidiana.

A ironia, é claro, e com essa linha *Aisthesis* termina, é que "a posteridade deu o mesmo nome a essa vontade de encerrar um projeto e à substância que estava tratando de destruir: o modernismo".

Essa tremenda ambivalência e essa luta renhida no campo da percepção, da sensibilidade e da interpretação, presentes em todo regime estético, são particularmente evidentes no capítulo que Rancière dedica a James Agee e seu *Elogiemos os homens ilustres* – uma reportagem que logo se tornou um livro arriscado, demente e apaixonante. Na verdade, a revista *Fortune* encomendou uma história para uma seção dedicada a explorar a maneira como o americano médio vivia, intitulada "The Life and Circumstances of..." [A vida e as circunstâncias de...]. Agee, junto com o fotógrafo Walker Evans, foi para o Alabama em 1936 e investigou a vida de meeiros pobres em uma região especialmente atingida pela crise da década de 1930. O resultado foi um livro inclassificável, no qual Agee questionou a capacidade do texto de enunciar de forma crítica e radical a experiência dessas vidas em condições extremas. Influenciado por uma poética objetivista que devia tanto a Whitman quanto a Proust, Agee não apenas descreveu em detalhes quase essenciais os objetos e outros elementos sensoriais que distinguiam os lares desses homens e mulheres brutalmente explorados pelo capitalismo, mas o fez sem cair nas tentações do sentimentalismo ou da condescendência, usando, em vez disso, estratégias sintáticas peculiares em um livro estruturado com pouca consideração pelas noções convencionais de narrativa e reportagem. E fez isso porque, na visão do comunista Agee, o que ele estava contando era:

> a atitude do olhar e o discurso que não é propiciado por nenhuma autoridade e que, por sua vez, não propicia nenhuma autoridade; tal estado de consciência que rejeita qualquer especialização para si mesmo e também deve rejeitar qualquer direito de selecionar o

que convém ao seu ponto de vista no ambiente dos meeiros despossuídos, a fim de se concentrar no fato essencial de que cada uma dessas coisas faz parte de uma existência que é tremendamente real, inevitável e irrepetível.

O dilema de James Agee, que morreu em 1955, aos 45 anos de idade, em um táxi em Nova York, é o dilema mais humano e mais político no coração do modernismo. Sua derrota, como parece indicar a leitura que Rancière faz de sua obra seminal, é a derrota da legitimidade de uma arte esteticamente relevante e politicamente engajada. Ambos ao mesmo tempo. O que se seguiu mais tarde, ou seja, o que Greenberg inaugurou com seu argumento muito elitista em favor de uma arte culta em relação àquela arte falsa, isto é, popular, que ele chamou de kitsch, é a versão conservadora que ainda sustenta tanta discussão sobre a autonomia da arte e sua separação "natural" da experiência cotidiana e popular, ou seja, política, na qual – e aqui estou com Rancière – ela se origina.

Um discurso que não é propiciado por nenhuma autoridade e que por sua vez não propicia nenhuma autoridade

Então, a próxima pergunta é: uma escrita comunalista pode ser formalmente arriscada e reivindicar uma conexão orgânica com a comunidade que a funda e lhe dá significado? Minha resposta é outra pergunta: mas é realmente possível que seja de outra maneira? Penso na escritas comunalistas seguindo o caminho trilhado por James Agee há tantos anos. Querem ser políticas – ou seja, ligadas às suas comunidades de produção e recepção –, mas sem se resignar a ser transparentes ou diretas. Sabem que são arriscadas e abertas, mas para afetar mais, não para afetar menos. Não são escritas cult nem de devoção acrítica. Se o *establishment* literário conseguiu bifurcar essas duas energias a fim de neutralizar o poder emancipatório da arte e da escrita, os contextos de violência terrível nos quais luta o mundo contemporâneo – incluindo a escrita – exigem seu entrelaçamento tanto quanto sua dispersão.

Quando uma escrita explora caminhos formais pouco trilhados, talvez não o faça para escapar da realidade ou para embarcar numa jornada em direção a si mesma, mas para encontrar a articulação precisa com o trabalho coletivo – o trabalho da linguagem e da vida que molda comunidades específicas – que lhe dará significado. Talvez o que mova um escritor que investiga o caminho de outras formas não seja a simples capitalização do prestígio ou a investidura comercial de quem assume riscos, mas as maneiras pelas quais essa escrita pode se conectar organicamente com as linguagens que a produzem e desintegram no todo social. E como podemos ter certeza disso? Muitos discursaram sobre essa ligação complicada entre o trabalho e a vida cotidiana, mas agora citarei (ou seja, invocarei) Michel Onfray, que concluiu sua *Teoria do corpo amoroso: para uma erótica solar* com um apêndice intitulado "Coda manifesto para o romance autobiográfico."[35] Baseando-se na obra de Luciano de Samósata, Onfray traz duas lições, a saber, que "os filósofos demonstram um verdadeiro talento para construir mundos extraordinários, mas inabitáveis!" e que "os filósofos ensinam virtudes que têm muito cuidado para não praticar. Vendem morais vistas como impossíveis de ativar!"[36]. Fazer um relato de si mesmo, nesse caso, não é um ato supérfluo de exibição pessoal, mas uma estratégia retórica e ética que vincula a ideia professada e a vida vivida. "A lição que podemos reter dos antigos doxógrafos continua sendo importante", argumenta Onfray, "quando a vida filosófica precisa, e até exige, o romance autobiográfico, quando uma obra só tem interesse se produzir efeitos no real imediato, visível e reparável."[37]

Como escritas expropriadas, as escritas comunalistas não fazem parte da economia do dom ou da dádiva, mas – como trabalho e, mais ainda, trabalho produtivo e coletivo – da economia como tal. O escritor não "devolve" "algo" que "tirou" da comunidade, mas se devolve a si mesmo como parte orgânica dela, como mais um componente do complexo sistema de trabalho – produtivo e improdutivo, cognitivo ou de serviço, mas sempre coletivo – que, com todo o poder da linguagem do comum, pode finalmente contribuir para a produção desse outro mundo por sua nova linguagem. Se, como argumenta Saúl Hernández Vargas, a comunalidade não é uma essência, milenar ou não, mas uma tecnologia da qual as comunidades precárias de nosso presente fazem uso para garantir sua sobrevivência, então é possível vislumbrar a escrita como uma das ferramentas que nos permite articular a técnica com o discurso e, então, com a prática crítica[38].

Desapropriação para iniciantes

Já falei em vários fóruns sobre o conceito de desapropriação. Entre uma conversa e outra, no decorrer de diálogos resultantes de perguntas incisivas, alertas e sugestões diversas, fui forjando uma versão mais concisa, talvez um pouco mais clara, embora sempre inacabada[39]. Já no dicionário, a definição básica do termo – desapropriação: Dito de uma pessoa: Despojar-se do domínio do que é seu – exige ação. Tratava-se e trata-se de renunciar criticamente ao que a Literatura (com L maiúsculo) faz e tem feito: apropriar-se das experiências e vozes dos outros em benefício próprio e de suas próprias hierarquias de influência.

Tratava-se e trata-se de deixar claros os mecanismos que permitem uma transferência desigual do trabalho com a linguagem, da experiência coletiva para a apropriação individual do autor. Tudo isso para retornar à origem plural de toda escrita e, assim, construir horizontes para o futuro em que a escrita se encontre com a assembleia e possa participar e contribuir para o bem comum.

No início, portanto, o termo pretendia descrever o tipo de escrita que, em uma época marcada pela violência espetacular da chamada Guerra às Drogas, estava aberta a incluir, de forma evidente e criativa, as vozes dos outros, tomando o cuidado de evitar os riscos óbvios: submetê-las à esfera do próprio autor ou reificá-las em trocas desiguais marcadas pelo lucro ou pelo prestígio. Crítica e festiva, sempre com os outros, a desapropriação faz – a partir da escrita – um alerta para o que está em jogo: a construção de horizontes populares-comunitários que garantam a reapropriação coletiva da riqueza material disponível, como argumentou Raquel Gutiérrez[40].

Mas toda essa estrutura de ideias precisa ser desmembrada. De um movimento calmo. Daí esta versão. Eu a chamo de "para iniciantes" para reproduzir, em um eco jocoso, os títulos dos muitos e variados manuais que nos prometem, muitas vezes de modo verdadeiro, que todos podemos usar suas instruções e conhecimentos para o bem. Também a chamo de "para iniciantes" porque, a rigor, é isso que todos nós somos quando, com um pouco de sorte, aprendemos uns com os outros.

A escrita é um trabalho

A escrita não é o resultado de uma inspiração tão inexplicável quanto individual, mas uma forma de trabalho material de corpos concretos em contato – tenso, volátil, não resolvido – com outros corpos em tempos e lugares específicos. As escritas, em outras palavras, são corpos em contextos. Em seu contato com o bem comum que é a linguagem, o trabalho de escrever participa de diferentes processos de produção e reprodução da riqueza social. Quem escreve, nesse sentido, não representa a realidade, mas a apresenta, ou seja, a produz, em relação às tradições literárias, ou não, para sua futura reprodução na forma de leitura.

Literatura é apropriação do que não é literatura

Assim como Jacques Rancière argumentou que toda arte é, adequadamente estudada, uma forma de apropriação do que não é arte, é possível dizer que toda literatura é uma forma de apropriação do que não é literatura. De fato, em *Aisthesis: cenas do regime estético da arte*, Rancière analisa detalhadamente catorze cenas que demonstram como o contato e a incorporação de experiências não artísticas marcam o início do que chamamos de arte, ou o regime estético da arte, hoje em dia[41]. Por acreditar que o surgimento das artes no Ocidente ocorre precisamente quando as hierarquias estabelecidas entre as artes mecânicas (artesanais) e as belas-artes (o passatempo dos homens livres) começam a vacilar, Rancière procura esse momento, ou o eco desse momento, em cada cena analisada. Essa não é a visão de alguém que persegue o marginal ou raro por seu valor exótico, mas de alguém que busca colocá-lo em seu devido lugar: lá onde foi decidido, pouco a pouco e em contextos de grande tensão social e cultural, o que é arte ou que tipo de práticas e saberes chamaríamos de arte com o passar do tempo.

As figuras vulgares de pinturas menores, a exaltação das atividades mais prosaicas em versos livres de métrica, os números do *music-hall*, os edifícios industriais e os ritmos das máquinas, a fumaça de trens e navios reproduzidos mecanicamente, os extravagantes inventários dos objetos da vida dos pobres.

Tudo isso atrai nossa atenção não como raros exemplos do que permaneceu no passado, mas como exemplos dos momentos em que a experiência do sensível é desafiada e transformada, bem como as maneiras pelas quais percebemos e somos afetados pelo que percebemos. É uma história alternativa, se não oposta, aos relatos que apresentam a crescente autonomia da arte como um desenvolvimento natural e, portanto, inescapável. Uma história semelhante está começando a ser contada a partir das perspectivas das literaturas pós-autônomas, entre elas a de Josefina Ludmer, que já escaparam do fascínio ditado pela produção espontânea, desencarnada e puramente individual da literatura[42].

Materiais alheios

Mesmo que, ao escrever, falemos de nós mesmos, já estamos, no ato de escrever, falando de outras pessoas. Não há relato do eu que não seja, ao mesmo tempo e necessariamente, um relato do tu, lembrou-nos Judith Butler em *Relatar a si mesmo: crítica da violência ética*[43]. Não apenas é verdade que a linguagem com a qual escrevemos é uma linguagem com história e conflito – uma linguagem à qual chegamos e que chega até nós carregada de experiência e tempo –, mas as histórias contadas nela, ou melhor, incorporadas, pertencem a outros: desde as famosas histórias das avós até as histórias ouvidas de passagem e os relatos de outros livros. A figura solitária do autor, com suas práticas de devorador e seu status de consumidor genial, ocultou uma série de relações complexas de troca e compartilhamento a partir das quais são geradas as diferentes formas de escrita, que então assina como próprias. O autor que se apropria é, portanto, um ocultador no sentido literal, e não necessariamente moral, do termo. Desvendar as materialidades imersas nessas assinaturas autorais é a tarefa da apropriação.

Escritas geológicas

A desapropriação torna a apropriação autoral visível, ou melhor, tangível, e, ao fazê-lo, torna o trabalho dos praticantes de uma linguagem perceptível quando outros, alguns entre eles, o transformam em escrita. A desapropriação, portanto, revela a pluralidade que precede o individual no processo criativo. Ao fazer isso, a desapropriação expõe o trabalho comunitário dos praticantes de uma língua como a base inescapável do trabalho criativo. Assim, ela deixa para trás as formas de autoprodução e os fios comuns dos sujeitos coletivos da enunciação. Em vez de denunciar a apropriação de um discurso adjacente – muitas vezes baseado na mesma lógica de apropriação –, a desapropriação a anuncia, ou seja, a revela de maneiras esteticamente relevantes. Longe de ser uma polícia à caça de várias apropriações, a estética da desapropriação produz estratégias de escrita que abraçam e acolhem as escritas de outros em seu interior de forma aberta, lúdica e contestatória. Ao gerar, assim, camadas e mais camadas de relação com as linguagens mediadas pelos corpos e experiências de outros, as escritas desapropriadoras são escritas geológicas[44]. Assim, sua forma de "aparecer" é frequentemente alcançada por meio de várias estratégias de reescrita, entre as quais podem ser contadas as chamadas escavação, reciclagem e justaposição. Enquanto os protocolos acadêmicos fazem uso de aspas e aparato bibliográfico para dar conta da apropriação de seus discursos por meio de citações textuais, a estética desapropriadora faz uso de recursos mais amplos e diversificados, ligados ou não a tradições literárias específicas e, mais frequentemente, também ligados à tecnologia digital.

A dívida impagável

A dívida é a base do capitalismo pós-financeiro em que vivemos. A dívida que, de acordo com Nietzsche, nos tornou sociais nos persegue como um cão faminto em cada esquina. Nascemos com uma dívida e, ao longo da vida, só a aumentamos. Se há algo que a faculdade ensina com seus altos custos, especialmente nos Estados Unidos, é que a dívida nunca para de crescer. Ao exigir o pagamento, ela nos prende, determinando todas as decisões da vida adulta. De roupas a um carro e a uma casa, os objetos que nos tornam sujeitos da dívida nos aprisionam. É por isso que, em vez de cobrir a dívida, Fred Moten e Stefano Harney propõem o oposto. Em *The Undercommons: Fugitive Planning & Black Study*, propõem aumentar a dívida, torná-la tão grande que se torne impagável[45]. Quando a apropriação se propõe a expor os laços de dívida que prendem a escrita aos praticantes de um idioma, o que ela faz, na verdade, é dar o calote. O escritor não tem uma responsabilidade para com os outros; ele tem uma dívida para com os outros. A dívida não é moral, mas material (escrever é trabalho). Mais do que a prova dessa dívida, a escrita em sua forma desapropriadora é a própria dívida, a dívida em si. Quanto maior, mais longa e inaudita for a escrita, maior, mais longa e inaudita será a dívida. Quando escrevemos de forma desapropriadora, dizemos que não (en)cobriremos a dívida, que a descobriremos.

O livro comunitarista

No centro da teoria da comunalidade de Floriberto Díaz palpita a energia e o desgaste do trabalho que produz e reproduz a riqueza social. Não se trata aqui de trabalho assalariado, por meio do qual a energia corporal é trocada por dinheiro, mas daquela outra forma de trabalho obrigatório, de serviço, que é o *tequio*. Assim, para existir e ser contado, o "eu" de Díaz requer não apenas o "tu" mencionado por Butler, mas o "nós" incorporado em uma comunidade em que o *tequio* e a assembleia são inevitáveis. Articulado ao longo de eixos horizontais e verticais, um relato do eu no modo comunal – um livro comunal – teria por força de estar materialmente localizado ao longo daquele eixo horizontal que aponta: "1. Onde me sento e me levanto; 2. Na porção da Terra ocupada pela comunidade à qual pertenço para ser eu; 3. A Terra, como todos os seres vivos". O livro comunal do eu retornaria então ao longo de eixos verticais: "3. O universo; 2. A montanha; 1. Onde sento e permaneço". Como outros teóricos da comunalidade, Díaz aborda a comunidade "como algo físico", ou seja, "o espaço no qual as pessoas realizam ações de recriação e transformação da natureza, enquanto a relação primária é a da terra com as pessoas, por meio do trabalho"[46]. A comunidade se torna comunalidade com base em uma série de características que Díaz chama de imanentes: uma relação com a terra que não é de propriedade, mas de pertencimento mútuo, baseado, além disso, no trabalho, entendido "como um trabalho de concretização, que, em última análise, também significa recriação do que é criado"[47]. O comum, portanto, não é o objeto livro, a coisa livro, mas o processo de produção, reapropriação e desapropriação por meio do qual é gerado, em contato corpóreo e constante, o próprio livro. O livro comunalista tem uma assinatura, mas não a do autor-apropriador que oculta o processo de produção do texto, mas a da autora em dívida, a autora que defende as decisões de escrita que formam a trama do texto que entrega. A autora desapropriadora também não se esconde atrás da máscara do anonimato, ou seja, também não esconde, com o anonimato, a trama comum de trabalho e desejo que constitui e estrutura o texto.

O que nos preocupa porque nos afeta

A escritora desapropiadora trabalha com o que Raquel Gutiérrez chamou de horizontes internos: "os conteúdos mais íntimos das propostas daqueles que lutam". Componentes, por sua vez, dos horizontes instáveis marcados pelo conflito e pela destotalização, esses horizontes internos são:

> contraditórios, são apenas parcialmente exibidos, ou podem ser encontrados, em vez de em formulações positivas, no conjunto de lacunas e rupturas entre o que é dito e o que é feito, entre o que não é dito e o que é feito, na forma como os desejos são expressos e nas capacidades sociais que estão disponíveis.[48]

Por isso, tendo sido gerado nesse contato comunitário-popular, composto de pedaços de linguagem que, camada sobre camada, apresentam um mundo, cabe ao escritor desapropriador levar seu texto de volta ao seu contexto, dessa vez convertido na assembleia de leitura onde tudo é discutido porque tudo nos afeta. Assim, embora o texto desapropriador possa cair nas mãos daqueles tenazes funcionários da Literatura que são os críticos e/ou especialistas, ele seguirá seu caminho até chegar ao lugar de seu destinatário: a leitura da assembleia. Se uma assembleia "dispersa o poder na medida em que permite a reapropriação da palavra e a decisão coletiva sobre assuntos que dizem respeito a todos porque afetam todos", então, ao chegar à assembleia, o texto desapropriador realmente chega ao lugar onde nasceu[49]. O diálogo que ele provoca e a polêmica ou o debate que ele gera apenas constituem a continuação do livro por outros e em outras mídias.

Compartilhamento

De acordo com o antropólogo Jaime Luna, o compartilhamento garante uma produção e distribuição horizontal de conhecimento entre iguais[50]. Longe da imposição e de mãos dadas com a resistência, o compartilhamento, que está presente tanto na sala de aula quanto na festa, também é um elemento fundamental da leitura. Não cabe apenas à escritora desapropriadora decidir sobre as estratégias de produção de seus textos em relação aos outros, mas também decidir e participar dos processos de sua reprodução e distribuição. Assim como o produtor de livros (e não apenas de textos) de Ulises Carrión, a escritora desapropriadora precisa mesclar trabalho intelectual e manual e participar ativamente dos processos de produção, reprodução e distribuição desses livros. As decisões são muitas e nem todas elas são estruturadas verticalmente, seguindo uma lógica em que o topo determina a base. Publicar um texto em uma editora independente para subverter a circulação puramente comercial de livros? Publicar um texto em uma editora independente cujos leitores já estão convencidos de seu conteúdo? Publicar um texto em uma editora comercial como uma provocação para subverter uma conversa acrítica? Essas e muitas outras combinações são possíveis, se não desejáveis. O livro publicado – seja por editoras comerciais ou independentes – que começa seu movimento dentro dos circuitos do capital não precisa necessariamente ser subsumido ou limitado a eles. Quando a distribuição de livros publicados dessa forma é articulada com o *tequio*, por exemplo, ocorrem sutis contratempos, mas importantes: a mercadoria livro escapa ou se desvia de seu objetivo final, que é o lucro, para participar, como texto, de estratégias para o bem comum. As licenças Creative Commons oferecem uma infinidade de possibilidades que garantem o compartilhamento do texto além dos interesses do lucro, ao mesmo tempo que asseguram uma troca comercial justa entre autores, editores e leitores[51].

O livro, no entanto, é apenas uma forma de captura momentânea da escrita, uma estação de passagem onde os escritores apropriadores costumam ficar e pela qual as escritoras desapropriadoras só passam a caminho das assembleias de leitura que são seu destino final. E, nesse caso, o que conta é a decisão dos que estão lutando. O caminho através desses horizontes internos que se transformam em horizontes instáveis, além dos eixos Estadocêntricos, é sempre marcado pelos passos de outros. Cabe à escritora desapropriadora ou comunitária pôr o pé nessas pegadas.

Kathy Acker em Tijuana

1. Sinônimo de cura

Antes de ser a capital do pecado na fronteira, antes de Cahuila e do Zacazonapan e da esculhambação, muito antes de os irmãos Arellano-Félix a colocarem no mapa do tráfico de drogas, Tijuana era uma fazenda famosa pelas propriedades curativas de suas fontes termais. Localizada a poucos quilômetros de onde ficava a alfândega, onde hoje se encontra a Universidade Metropolitana de Agua Caliente, as fontes termais transformaram essa fazenda fronteiriça em um destino de turismo de saúde. No final do século XIX, diz Arturo Fierros Hernández em *Historia de la salud pública en el Distrito Norte de la Baja California 1888--1923*, era comum que os investidores americanos publicassem anúncios no *San Diego Union Tribune* convidando pessoas que sofriam de várias doenças a mergulhar nas águas curativas do balneário. A cidade "era sinônimo de cura de diferentes tipos de doenças para muitos americanos que chegavam de trem de vários pontos da Califórnia a fim de viajar de carroça até Tijuana, buscando a cura de suas várias enfermidades"[52].

Depois de se tornar a capital do pecado na fronteira, depois de Cahuila, Zacazonapan e a esculhambação, muito depois de os irmãos Arellano-Félix colocarem a cidade no mapa do tráfico de drogas, Tijuana continuou a atrair americanos doentes em busca de remédios baratos, dentistas e cirurgiões plásticos acessíveis. A ausência de um sistema de saúde pública que garanta atendimento médico para a maioria da população – uma questão que continua a ser tema de debates entre os candidatos à Presidência dos Estados Unidos – ainda leva muitos americanos a buscar atendimento paliativo em uma cidade que, apesar de sua reputação pecaminosa, continua a oferecer diversas curas para um número crescente de doenças.

2. Apropriação em San Diego

Chris Kraus conta como, depois de se casar com Bob Acker em Nova York, Kathy Acker veio morar em San Diego, Califórnia, em 1966, onde o casal se instalou em uma grande casa vitoriana na C Street, bem no centro da cidade litorânea[53]. Kathy terminou sua graduação na UCSD em maio de 1968 e, embora tenha feito algumas aulas de pós-graduação no Departamento de Literatura, nunca continuou com os estudos que pouco lhe interessavam. O que fez foi ter aulas com David Antin, que havia aceitado um cargo como diretor da galeria da universidade e como professor de algumas aulas de escrita criativa e arte. O campus da UCSD havia sido inaugurado apenas oito anos antes, em um terreno que havia pertencido ao Departamento de Defesa e, no processo de definição de sua identidade dentro do sistema da Universidade da Califórnia, estava realizando um trabalho de ponta tanto nas ciências quanto nas artes. Não era de surpreender, portanto, que além do próprio Antin a universidade oferecesse contratos a intelectuais como Herbert Marcuse e Jerome Rothenberg.

As aulas de David Antin foram fundamentais para o início da escrita de Kathy Acker. Embora já fosse uma grafômana talentosa, Acker encontrou a semente de sua estética apropriativa nas aulas em que David Antin, "relutante em ler centenas de poemas ruins de seus alunos", os incentivava a ir à biblioteca e roubar o que pudessem. "'Vão à biblioteca', dizia Antin a seus alunos, 'encontrem alguém que já tenha escrito sobre o assunto que lhes interessa de uma maneira muito melhor do que vocês poderiam fazer a essa altura de sua vida, e aqui veremos como juntamos todas essas peças como se fosse um filme'."[54]

Os resultados logo ficaram evidentes. Em vez de receberem poemas baseados em sua jovem experiência interior, os alunos da classe de Antin começaram a criar peças que justapunham materiais diferentes – por exemplo, "Ésquilo e um manual de encanamento" – de maneiras arriscadas e imaginativas. Mais do que um simples *copy-paste* ao acaso ou um *mash-up* sem sentido, a tarefa era buscar "as conexões entre realidades diferentes", explicou Kathy Acker, que nunca deixou de reconhecer a influência dessa pedagogia em seu próprio trabalho. Livre do fardo da autoria, especialmente o de um eu fixo e estreito, Acker começou a trabalhar com fúria singular naquela série de livros que daria à estética da apropriação seu selo de revolta contra o *status quo* e seu status de heroína da contracultura americana: *Politics*, em 1972; *A vida infantil da tarântula negra*, seu primeiro romance, em 1973; e *I Dreamt I Was a Nynphomaniac: Imagining*, em 1974[55].

Em *A vida infantil da tarântula negra*, por exemplo, Acker procurou dinamitar o velho deus da identidade compacta e contínua associada às noções convencionais de autoria e gênero literário. Ele descreveu seu método de trabalho para Barry Alpert em uma entrevista de 1976:

> Eu estava interessada nos diferentes usos do 'eu'. Então, fui à biblioteca da UCSD... e peguei todos os livros sobre mulheres assassinas que consegui... Basicamente, copiei... só que mudei a terceira pessoa para a primeira, para que parecessem ser sobre mim. E então criei algumas seções entre parênteses com seções dos meus diários. Então, eu tinha dois eus no livro... O que aconteceu foi que, gradualmente, os dois eus começaram a brincar um com o outro e se tornaram um só.[56]

De fato, Acker costumava substituir o "ele" ou "ela" nos textos originais por um "eu" que poderia se metamorfosear em outra coisa. Esse deslocamento, que correspondia não apenas ao personagem ou à voz narrativa, mas à noção de gênero literário como um todo, tornou-se sua assinatura. Influenciada também pelo *cut-and-paste* praticado em Nova York e pelas experiências de *cut-up* de William Burroughs, Kathy Acker estava pronta para se tornar a superestrela do feminismo punk anti-establishment. A apropriação literária que, portanto, emerge da distante SoCal* na década de 1970, entre um grupo de escritores brancos sem intenção de questionar a hegemonia do inglês na fronteira, tem desde o início a aura de rebelião e contestação contra um sistema literário rígido e opressivo. Esses escritores radicais de San Diego, que viviam em pequenas cidades costeiras sonolentas como Solana Beach, um lugar originalmente criado para acomodar trabalhadores migrantes, nunca olharam para o sul, para a Tijuana que acendia as luzes à noite do outro lado da fronteira.

3. Desapropriação

Muitos anos depois, diante de um pequeno público na Brown University, o gesto de apropriação que permitiu ao poeta Kenneth Goldsmith apresentar o relatório da autópsia de Michael Brown – o jovem afro-americano assassinado no verão anterior pelas mãos da polícia local – em uma leitura de poesia gerou reações muito diferentes. Já estava distante a aura de radicalismo que pairava sobre o que já era conhecido como conceitualismo, que Vanessa Place e Robert Fitterman haviam dominado bem em *Notes on Conceptualisms*[57]. Já era 2015 quando do Goldsmith leu em Brown, e uma nova geração de escritores-ativistas das mais variadas minorias nos Estados Unidos denunciou furiosamente o mecanismo colonial e a exploração subjetiva que permitiram a um homem branco de privilégio

---

* Refere-se à região sul da Califórnia - Southern California. [N. do E.]

indiscutível recitar palavras que expunham dolorosamente os resultados letais do racismo e do classismo na sociedade estadunidense, deixando-os intocados no campo da literatura experimental. Uma crítica semelhante foi feita após o trabalho de Vanessa Place, que, em um gesto provocativo, tomou para si a tarefa de copiar em sua conta do Twitter todas as frases do polêmico romance ... *E o vento levou*, no qual Margaret Mitchell reproduziu estereótipos degradantes da comunidade afro-americana, especialmente da escravidão durante a Guerra Civil, que muitos ainda consideram justificativas para o racismo. O fato de Place ter optado por usar como avatar a imagem de Mammy, a empregada doméstica que, de acordo com o ponto de vista do romance, talvez se sinta confortável demais em seu papel de escrava, gerou um mal-estar que logo se transformou em raiva generalizada. Não é exagero dizer que o conceitualismo e, especialmente, a operação estética e política conhecida como apropriação, morreu naquele momento.

Aqueles de nós que escreviam nos Estados Unidos, principalmente do sul da Costa Oeste, muito perto da fronteira mexicana, não podiam deixar de ouvir as intervenções que exigiam, de forma mais ou menos clara, mais ou menos veemente, uma nova poesia, uma nova escrita, uma nova sociedade. Os alunos da UCSD, onde Antin havia se dedicado às estratégias de apropriação de seu tempo, participaram com especial entusiasmo das discussões que, no meu caso, como professora de escrita criativa na mesma instituição por oito anos, me colocaram frente a frente com o conceito de desapropriação. Minha posição como escritora bilíngue, com sotaque, migrante, morena, latina e sempre olhando para Tijuana, assumiu, portanto, os desafios sempre abertos da experimentação, mas sem esquecer as disparidades de raça, gênero, classe, status migratório e língua materna que sempre se intrometem no trabalho com materiais estrangeiros que é toda escrita. Tornar visíveis, e até mesmo palpáveis, as palavras que, de outros e com outros, moldam nossos textos, e fazer isso de maneira estética e eticamente relevante, talvez seja o furo básico do desapropriador[58]. Embora nessas longas discussões o nome de Kathy Acker estivesse visivelmente ausente, sua presença especular nas salas de aula onde ela certamente havia pisado, levantado a mão e oferecido opiniões pairava, invisível, sobre nossas cabeças.

4. Expectativas que são atendidas

As fotografias de Kathy Acker fazem jus à sua fama. Com o cabelo curto e olhando diretamente para a câmera, exibindo suas tatuagens chamativas e usando sua jaqueta de couro característica, Acker parece a escritora punk e rebelde que sempre foi. Sua reputação como escritora a ser levada a sério cresceu quando a Printed Matter Books, a prestigiada editora fundada por Lucy Lippard e Sol LeWitt, decidiu publicar dois de seus livros – *A vida infantil da tarântula negra* e *Adult Life of Toulouse-Lautrec* – e foi consolidada alguns anos depois com a publicação de seu livro mais conhecido, *Great Expectations*, em 1983. Sua lenda, a essa altura, já estava caminhando sozinha de Nova York a Londres, até São Francisco e de volta. Como tudo isso aconteceu? Chris Kraus conta que, depois de deixar San Diego, Acker ficou famosa por ter voltado a morar em Nova York, onde as dificuldades de encontrar um emprego estável e sua decisão de dedicar o máximo de tempo possível à escrita a levaram a passar quatro meses trabalhando em um show de sexo explícito com o namorado, Len Neufeld, em um clube chamado Fun City, na 42nd Street. Grande parte de seus escritos posteriores – romances, ensaios, performances – foi influenciada por essa experiência fundamental, tanto no nível de anedota quanto em termos de reflexões críticas sobre um capitalismo galopante que ela sempre achou que reproduzia os mecanismos básicos da exploração sexual. Por exemplo, a noite em que Fun City foi fechado pela polícia e ela foi levada para a cadeia inspirou *The Whores in Jail at Night*, que foi publicado na cidade de Nova York em 1979[59].

Os livros não são feitos sozinhos, e os de Kathy Acker não são exceção. Assim como Antin desempenhou um papel fundamental no início de sua carreira, seu relacionamento com os poetas da corrente Language, que deixaram uma marca indelével na UCSD, acompanhou grande parte de sua escrita nos primeiros anos. Jerome Rotehenberg e Ron Silliman, por exemplo, foram seus leitores mais próximos quando estava escrevendo *Politics* e *Adult Life of Toulouse-Lautrec*, respectivamente. Embora compartilhassem interesses intelectuais e o gosto por certa estética experimental, Acker, que estava interessada em ter "suas ideias manifestadas em uma prosa que pudesse ser lida compulsivamente", gradualmente se voltou para o romance, onde, de fato, colheu seus maiores triunfos[60]. Suas relações com o mundo da arte e da performance, que cresceram junto com suas performances e publicações, logo lhe trouxeram novos companheiros de viagem: o escritor britânico Paul Buck acompanhou a escrita de *Great Expectations* e o cineasta Peter Wollen fez o mesmo com *Don Quixote*. Kathy Acker estava, portanto, cumprindo e muitas vezes superando as expectativas sobre si mesma à medida que o século XX chegava ao fim. Em 1978, no entanto, teve seu primeiro contato com o câncer. Um exame de rotina revelou um pequeno nódulo em um dos seios e, embora a biópsia tenha dado negativo, o choque foi grande o suficiente para forçá-la a se casar com Peter Gordon, seu parceiro de seis anos, com quem ela não estava mais morando na época. Embora os exames médicos ao longo dos anos continuassem a dar negativo, o câncer de mama estava lá com ela, acompanhando sua carreira crescente e todo o caminho até a fama.

5. O presente da doença

Ficar doente nos EUA não é uma questão simples, especialmente se você não tiver um emprego que ofereça plano de saúde. A pequena minoria que tem esse benefício pode ir ao médico e se submeter a uma cirurgia por uma fração do custo real, mas, para a grande maioria da população, uma doença, especialmente se for grave ou crônica, é uma sentença de morte. Não é coincidência, portanto, que as primeiras palavras de Kathy Acker ao ser diagnosticada com câncer de mama em abril de 1996 foram sobre as condições precárias de trabalho que não lhe garantiam um plano de saúde:

> Na época, eu estava trabalhando como professora convidada em uma escola de arte, portanto, não me qualificava para receber benefícios médicos. E, como não tinha plano de saúde, tive de pagar minhas próprias despesas. A radioterapia custava US$ 20.000; uma única mastectomia custa cerca de US$ 4.000. É claro que haveria despesas adicionais. Escolhi a mastectomia dupla, porque não queria ficar com apenas um seio. O preço era de US$ 7.000, eu podia pagar. Não estava interessada na reconstrução da mama, e ela não custava menos de US$ 20.000, assim como a quimioterapia.[61]

O terror no início e a confiança depois a levaram a dar um "salto de fé" em direção a formas alternativas de lidar com o câncer.

Acker já havia demonstrado interesse pelo budismo tibetano e consultava nutricionistas e astrólogos com frequência. Mas foi somente depois de sua mastectomia dupla e da crescente frustração com o que começou a chamar de indústria do câncer que ela começou a explorar sistematicamente o mundo da medicina alternativa não ocidental – das antigas culturas incas aos xamãs dos povos nativos americanos e aos herbalistas chineses. Kathy Acker nunca se submeteu à quimioterapia. Para a crescente preocupação de seus amigos, ela não apenas deu as costas ao hospital estadunidense como instituição, mas procurou um médium, Frank Molinaro, e, buscando a causa de sua doença no próprio passado, foi atrás de uma especialista em terapia de vidas passadas, Georgina Ritchie. Fazendo perguntas aqui e ali, pesquisando todos os métodos que apareciam, Acker encontrou pessoas que a convidaram a confrontar a si mesma: ela queria viver e, ao contrário do que a indústria do câncer lhe oferecia, queria acreditar na possibilidade de cura. Afinal, essa era a dádiva da doença: acreditar que poderia sarar e, acima de tudo, que poderia curar a si mesma, sem ter que confiar esse processo a outra pessoa. O retorno à saúde era sua própria responsabilidade. Enfrentar o câncer era uma forma de confrontar a si mesma, seu passado, seu corpo, sua história. Quando escreveu "The Gift of Disease", ela estava convencida de que o câncer havia desaparecido de seu corpo.

6. *Uma clínica em Tijuana*

Uma mulher nua. Uma matilha de cães brancos com o focinho arreganhado. Um homem em uma cadeira de rodas oferecendo poemas datilografados em troca de caridade. Compra: 18,30. Venda: 18,53. Mal olho para as ruas de Playa de Tijuana e a cidade está em cima de mim. Atrás de mim está o mar, iridescente, mas à minha frente Tijuana se desdobra com uma parcimônia que trai sua singularidade. Não há outra cidade como ela no mundo. Em um lado da fronteira mais movimentada do planeta, Tijuana é composta por muitos Méxicos, muitas Américas Centrais, muitas Áfricas e muitos Caribes em um só lugar. Os imigrantes que chegam aqui com o desejo de passar para o outro lado geralmente permanecem, e aqui reconstroem suas vidas. Um homem falando sozinho. Um pelotão de ciclistas ao longo do cais. Uma garota de 15 anos enfiando a cabeça para fora do teto de uma *hammer-limo* preta. Compra: 18,05. Venda: 18,56. Cacofônica, cheia de contrastes, Tijuana é uma cidade perfeita para os mundos criados por Kathy Acker. Tenho a sensação de que ela teria gostado. O santo sem o olho esquerdo na entrada da catedral. As escadas que levam ao mundo subterrâneo de Zacazonapan. A atmosfera sórdida da sexualidade e do comércio do Hong Kong. O balcão do El Fracaso. Todas as barracas de Tacos Varios. Os tacos de La Ermita. Os tacos do francês. O câncer, enfim, a trouxe aqui.

Foi com seu acupunturista que ela ficou sabendo sobre o método nutricional Gerson para curar o câncer. Soube que "em novembro de 1946, a American Medical Association atacou abertamente o Dr. Max B. Gerson, destruindo sua reputação profissional e negando-lhe seguro por negligência. Gerson foi forçado a se mudar para o México; hoje, o Gerson Institute, dirigido por sua filha Charoltte Gerson, funciona em parte em Bonita, Califórnia, e em parte em Tijuana, México"[62]. Acker se recusara a ser internada em um hospital convencional, mas quando o câncer se espalhou para pâncreas, pulmões, fígado, ossos e linfonodos, já em estado muito deteriorado, ela pediu para ser levada a Tijuana. O Gerson Institute recusou-se a interná-la devido à extensão da doença, mas Viegener, um de seus melhores amigos, conseguiu que ela fosse internada em outra clínica localizada ao lado da Aliança Francesa, a uma quadra do Hospital Del Prado: a American Biologics. Acker chegou lá no Dia dos Mortos e morreu em 30 de novembro de 1997. Viegener esperava que amigos de San Diego cruzassem a fronteira para visitá-la, "mas Tijuana parecia muito longe para eles, o que é verdade, pelo menos culturalmente"[63].

A poeta canadense Anne Michaels diz que não se é de onde se nasce, mas de onde se enterram os ossos. As cinzas de Kathy Acker foram espalhadas em vários lugares, como convinha à sua vida nômade entre cidades dos Estados Unidos e da Europa. Mas sua certidão de óbito foi emitida naquela cidade fronteiriça que, embora a apenas alguns quilômetros de San Diego, só chamou a sua atenção tarde demais. Que apropriado, no entanto, que ela tenha vindo para cá não em busca de farra, como tantos outros, mas em busca de uma cura. Como seus colegas do final do século XIX, que vieram para mergulhar nas fontes termais, e como aqueles que continuam a fugir de um sistema de saúde falido, Acker também buscou a saúde de seu corpo em Tijuana. Quero acreditar que também somos um pouco do lugar onde paramos de respirar, o lugar que viu nossos olhos se abrirem pela última vez, a língua que ouviu nossos últimos gemidos. Se isso for verdade, Kathy Acker – pelo menos a Kathy Acker que pulou no vazio quando sentiu terror e confiança, quando não tinha mais nada a perder – também é um pouco de Tijuana.

3
Usos do arquivo: do romance histórico à escrita documental

Os arquivos eufóricos

Em uma sequência intrigante do filme *Batman – O Cavaleiro das Trevas Ressurge*, de Christopher Nolan, a Mulher-Gato, a heroína do mal, é confrontada com o mal do arquivo. Seu principal problema é que não consegue apagar seu passado. Os rastros de sua experiência de fato a assombram. Literalmente. Como o que ela procura tão desesperadamente é um programa eletrônico capaz de apagar seus próprios traços, seu passado provavelmente foi inscrito em um arquivo aberto ao público sem restrições. Todos os olhos que puderem olhar para ele o verão. O arquivo, como Jacques Derrida corretamente apontou, implica acima de tudo uma domiciliação, a designação de um espaço institucional onde "a lei e a segurança se cruzam com o privilégio". Um arquivo consigna, ou seja, reúne sinais.

A *consignação* – afirmou Derrida em seu texto clássico sobre o arquivo moderno – tende a coordenar um único corpus em um sistema ou uma sincronia em que todos os elementos articulam a unidade de uma configuração ideal.[1]

O que a vida separa e centrifuga, o arquivo, reúne. Centrípeto. Mas "o arquivamento produz, tanto quanto registra, o acontecimento", acrescentou Derrida. "Mais trivialmente: não se vive da mesma maneira o que não é mais arquivado da mesma maneira. O significado arquivável permite a si mesmo, e antecipadamente, ser codeterminado pela estrutura de arquivamento." A Mulher-Gato não estava procurando, nesse sentido, um fluxo de papéis amarelados e cobertos de poeira pertencentes a algum arquivo real. Em vez disso, o que queria destruir eram os registros eletrônicos desses outros arquivos, desvinculados das obrigações de arquivamento do Estado, mas protegidos pelas empresas privadas que gradualmente tomaram conta do ciberespaço.

Considerando que o filme de Nolan é de 2012, em quantos lugares a experiência de vida da Mulher-Gato poderia ter sido registrada? Além dos registros civis em que os dados básicos de identificação – nome, data e local de nascimento, endereço – são mantidos, é totalmente concebível que a vida de uma criminosa como a Mulher-Gato também fizesse parte dos registros criminais do Estado. Não seria incomum para uma jovem do século XXI manter um blogue ou uma página no Facebook ou até mesmo sua própria conta no Twitter. O excesso de registros facilitaria, nesse caso, seguir suas pegadas no ciberespaço. Quantas mensagens teria mandado ao longo da vida? Independentemente do número e dos destinatários, todos os seus e-mails também são vítimas desse "ambiente artificial, gerado por meios informáticos". Antigamente, dizia-se que as pessoas viviam privilegiando o momento oral da memória, para contá-la. Hoje em dia, seria bastante viável dizer que se vive para registrá-la. Para arquivá-la. Para produzi-la como um evento arquivável.

Área por muito tempo consagrada à atenção de especialistas, particularmente historiadores, mas também bibliotecários, os arquivos têm encontrado igualmente leitores privilegiados entre os mais diversos escritores. Em *Le futur antérieur de l'archive*, Nathalie Piégay-Gros analisa, por exemplo, as muitas maneiras pelas quais o arquivo "é implantado na ficção". Em uma análise que vai de Sebald a Claude Simon, passando por Pierre Michon e Annie Ernaux, Piégay-Gros aponta para a proliferação do arquivo na vida moderna, especialmente os arquivos minúsculos da pequena memória, os arquivos ausentes e desaparecidos de vidas desordenadas, o arquivo irrelevante da experiência cotidiana. Ao se apropriar dos arquivos, argumenta, "a literatura também modifica as representações e as condições do processo de arquivamento"[2].

Embora o historiador seja frequentemente apontado como o culpado por trás de uma ideia totalizante e homogênea do material de arquivo, mais do que alguns escritores contribuíram para isso. Os praticantes do chamado romance histórico, aqueles que muitas vezes ocultam o trabalho de busca e descoberta dentro dos arquivos, transformando-os em arquivos fantasmas, muitas vezes eliminam as arestas do documento histórico, normalizando-o ao longo de narrativas predominantemente lineares ou introduzindo-o como um elemento de enredo. Embora interessados nos bastidores do poder, esses livros permanecem na órbita da pequena elite dos que escreveram memórias ou assinaram documentos oficiais. Os muitos romances sobre ditadores, presidentes (com um braço só ou não), esposas de presidentes, líderes rebeldes ou carismáticos ou mafiosos ricos pertencem, sem dúvida, a essa categoria.

Pouco a pouco, no entanto, à medida que os objetivos e métodos da história social – uma história, essencialmente, de baixo para cima – expandem sua área de influência, cada vez mais escritores parecem dispostos a incorporar o arquivo, materialmente, na própria estrutura de seus livros. Emulando, nesse sentido, o papel altamente relevante do arquivo nas artes visuais, nas quais ele deixou de ser um mero sistema de registro para se tornar uma obra por si só, alguns escritores buscam não apenas explorar anedotas interessantes ou anômalas, mas, acima de tudo, a estrutura porosa, incompleta, lacunar e frágil do arquivo na escrita de seus romances ou poemas. O arquivo, portanto, não dá origem ao romance; o romance, por outro lado, aspira a incorporar as vicissitudes do próprio sistema de registro, o que Derrida corretamente chamou de momento político do arquivamento como produtor de eventos. Longe de ser o momento anterior ao romance, agindo como um endosso didático ou de prestígio dele, o arquivo é, nessas obras de ficção documental, seu presente ou, como Piégay-Gros discute, seu futuro anterior. A vida de uma Mulher-Gato fugindo de seu passado sem dúvida seria melhor; viveria, de qualquer forma, dentro dessas estruturas móveis, interrompidas, atravessadas e vertiginosas que tão bem emulam os arquivos eufóricos do presente digital.

O material humano

Em "El exceso de pasado: la destrucción de manuscritos como liberación del autor", o autor argentino radicado em Madri Patricio Pron leva a cabo uma história material de seu processo de escrita. Ele não apenas relata as diferentes tecnologias que usou para escrever ao longo dos anos – do lápis ao computador, da folha de papel-ofício ao caderno ou ao arquivo digital –, mas também desenvolve sua complicada relação com os manuscritos e o processo de arquivá-los. Quando, em uma tarde, decidiu atear fogo em documentos que já havia esquecido, mas que ainda existiam no sótão da casa do pai, Pron tomou a precaução de fotografá-los digitalmente para salvá-los. Pron se referiu a esse processo da seguinte forma:

> De certa forma, ao fazer tudo isso, recuperei o passado, mas o desativei; ou seja, não perdi o passado, mas o preservei apenas como um monumento de algo irrepetível ao qual não posso me referir na busca do texto perfeito, algo semelhante ao que acontece com os livros inéditos.[3]

Bob Dylan defendeu sua ideia do disco como algo que "nada mais é do que o registro do que você estava fazendo naquele dia específico". Em ambos os casos, portanto, é a própria ideia da edição final ou definitiva, com sua auréola de imortalidade e sua ascensão nas hierarquias de prestígio, que é dinamitada. Em ambos os casos, o arquivo assume uma importância crescente, colocando a ênfase no aspecto processual de qualquer trabalho. O valor da publicação (ou do disco) não é outro senão deter, mesmo que ficticiamente, o tempo. Um registro entre muitos outros. Um momento multiplicado. Nada menos, mas nada mais.

O romance *O material humano*, de Rodrigo Rey Rosa, sem dúvida faz parte dessa segunda onda de livros que optaram por destacar o meio ou a mídia por intermédio da qual e na qual existem como tais: como livros[4]. Diferentemente de outros romances que também lidam com a existência dos documentos das guerras civis da América Central do final do século XX – e talvez seu oposto mais óbvio seja o romance *Insensatez*, do hondurenho Horacio Castellanos Moya –, Rey Rosa avança titubeante, seguindo de perto os rastros de palavras e frases e os formatos e sistemas de classificação de todo o arquivo. Longe de transformar o pesquisador/leitor/escritor em um herói unidimensional, esse leitor entra no arquivo sem saber ao certo o que encontrará e hesita quando encontra algo, se é que encontra. Entre uma coisa e outra, copia, ou seja, transcreve. Há anotações dos diários do arquivo combinadas com as anotações mais pessoais e austeras que documentam a vida privada do leitor dos documentos. O leitor e o lido adquirem, em momentos de franca incerteza, o mesmo status: ambos são apenas pedaços de linguagem transcrita. Reproduções escolhidas conscientemente, mas não necessariamente com o conhecimento de algo mais. De qualquer forma, é algo feito oficialmente: foi lido e escolhido, e depois passado a limpo. O livro não é a realidade, nem pretende ser, nem pretende se passar por ela. O livro é um livro. E raramente Perogrullo* causou um estupor tão grande. O grande benefício de enfatizar o meio – a linguagem, o arquivo, o documento – que compõe o universo do romance é questionar a noção muito comum de linguagem como um veículo neutro pelo qual circula o que é importante, ou seja, a anedota. Além do enredo, portanto, embora haja vários enredos dentro dele, o livro é, acima de tudo, um processo que, na fragilidade das anotações, na agudeza das descobertas, na ramificação de suas coincidências, na justaposição de um presente que se dilui e de um passado que não desaparece, entrelaça uma crítica acerba e frontal

---

* Pero (grafia antiga de Pedro) grullo (tosco, rústico) é um personagem da literatura. "Uma verdade de Perogrullo" é uma expressão popular que significa o óbvio, o comumente sabido por todos. [N. do E.]

ao meio que o produz. É, como Piégay-Gros apontou, o arquivo em sua forma mais minúscula e hesitante. Não é um arquivo a favor do prestígio e da validação, seja ele de direita ou de esquerda, mas um arquivo capaz de incorporar o material humano que guarda em si mesmo. Não o arquivo do realismo do século XIX ou do jornalismo, que pretendia dar conta *do que realmente aconteceu*, mas o arquivo do realismo extremo que ocorre quando o perigo do presente o protege com a luz de velas tremeluzentes ou com um relâmpago muito efêmero.

A melancolia do dossiê

Qualquer pessoa que tenha estado em um arquivo sabe bem disso: o encontro com o documento histórico é um instante que pode ser descrito como traumático. Comparo-o ao minuto, ou melhor, ao relâmpago (o lampejo, diria Benjamin) em que o escritor que lutou durante meses ou anos com um personagem, seja cortejando-o com dados ou torturando-o com perguntas constantes, finalmente ouve sua "voz". Em ambos os casos, embora cada um com as ferramentas de seu ofício, tanto o historiador quanto o escritor são confrontados, sempre pela primeira vez, com o momento em que aquilo que desvendaram, que lhes provocou pesadelos ou vários desejos, que aguçou sua intuição com promessas que muitas vezes parecem vãs, assumiu vida própria. Ou morte própria. Ambos os momentos são, nesse sentido, pontos de chegada, mas, acima de tudo e na realidade, pontos de partida. A partir de então, tanto o historiador quanto o escritor se dedicarão a seguir os ditames dessas vozes encontradas, fingindo, é claro, que estão no controle, de preferência total, sobre a maleável e densa matéria humana que enfrentam.

Apesar de toda a epifania que o envolve, apesar de toda a sensação de destino cumprido com que pesquisadores e escritores frequentemente recebem os ecos das vozes distantes que encontraram, o momento do encontro com o documento histórico é também, talvez acima de tudo, um desvio, ou melhor, uma interrupção.

Tal afirmação requer algum tipo de explicação, portanto, é melhor eu me explicar.

Vale a pena dizer, para começo de conversa, que quando digo "documento histórico" estou pensando sobretudo no tipo de documentos institucionais que envolvem a participação de um agente estatal por meio de perguntas organizadas em um formato burocrático e, acima de tudo, que também envolvem as respostas ou os dados gerados, ainda que de forma oblíqua ou tangencial, pelos cidadãos aos quais essas perguntas são endereçadas. Dialógico por natureza, esse tipo de dossiê responde às necessidades institucionais de produzir um registro que documente uma existência, de preferência traduzida em realizações, mas também envolve, e isso também por necessidade, as vozes dos sujeitos com quem a instituição, por sua vez, está em dívida. Por esse motivo, e não por outro, tendo a confrontar o dossiê que encontro com o tipo de espanto e curiosidade com que abro as cartas que chegam à minha caixa de correio, tanto físico quanto eletrônico, sem saber ao certo de onde vêm ou para onde vão.

Se em minha primeira afirmação falo de um desvio ou de uma interrupção, é porque acredito que o verdadeiro destinatário da missiva dialógica da qual participo graças ao encontro aleatório e, ainda assim, ineluctável que ocorre em um arquivo quando se tem sorte é sempre outra pessoa. Qualquer pessoa que tenha estado em um arquivo histórico deve ter se perguntado mais de uma vez – a quantidade de angústia ao fazer essas perguntas é, obviamente, aleatória e pessoal – a quem são realmente endereçados esses documentos que, em sua vida ativa, passaram de mão em mão, provando ou refutando vários argumentos. Uma vez que o documento é transferido para o arquivo morto de uma instituição, quando já faz parte daquela montanha de papéis que, devido ao seu volume, acabou se tornando um obstáculo ou um incômodo para os organizadores do espaço burocrático, o lugar do destinatário se torna um enigma crescente. Para onde ele realmente vai quando parece não se mover? Tenho uma suspeita, uma suspeita que certamente vem crescendo desde que comecei a visitar arquivos históricos, de que a trajetória real do documento que encontro e depois desvio não é outra senão a eternidade ou o esquecimento. Em resumo: os mortos.

Avançando sem se mover um centímetro em direção ao destinatário que o aguarda, o dossiê, então, consegue colocar o leitor que interrompe essa trajetória na posição equívoca daquela longa eternidade que é a morte. Eufórico ou meditativo, com a sensação de estar se intrometendo em algo que é, sem dúvida, muito mais complicado e obscuro do que ele originalmente acreditava ou suspeitava, o leitor de documentos históricos deve, naquele momento, experimentar a possibilidade mais artística: uma conexão frágil, mas real, com os mundos do além, desconhecidos e, talvez, incognoscíveis dos mortos. E ali, naquele momento que é indubitavelmente epifânico, embora por (essas) outras razões, também deve surgir o indício de melancolia: a melancolia de quem sabe, desde o início, que sua tarefa é impossível – fazer os mortos falarem –; a melancolia de quem, ciente dessa impossibilidade, continua a ler; e a melancolia, também, do próprio dossiê, talvez esquecido por anos, talvez imóvel, empoeirado, perdido, mas real. Um livro relacionado de uma ou mais maneiras com o dossiê deve ser capaz de incorporar essas melancolias, contendo-as, certamente, mas, na realidade, liberando-as.

O aceno do real

> ... alles Faktische schon Theorie ist.
> JOHANN WOLFGANG VON GOETHE,
> *Sprüche in Prosa: Maximen und Reflexionen*[5]

Oscar Wilde disse que o mistério do mundo não se encontrava no invisível, mas no visível: nas aparências. Gostaria de retomar essa crítica implícita contra uma visão dicotômica que separa e hierarquiza o invisível como o profundo e, portanto, superior, e o visível como o superficial e, como tal, de status inferior, a fim de formular um argumento a favor da forma peculiar de realismo que alimenta o que tem sido chamado em alguns casos de novo romance histórico, mas que nestas páginas recebe o nome de escrita documental. Para chegar a esse ponto, uso algumas das ideias de Walter Benjamin sobre a fotografia como um método de conhecimento histórico: uma forma de desmitificar e, ao mesmo tempo, reencantar o real; bem como algumas observações sobre o surgimento da história social e da nova história cultural. O que me interessa é examinar certas interconexões entre a fotografia e a narrativa que vão além dos produtos acabados – os artefatos que, de fato, recebem o nome de fotografia e narrativa – e, em vez disso, entram nos processos de conhecimento do real e de sua representação que ambos os campos compartilham. Se essas anotações forem minimamente bem-sucedidas, conseguirei pelo menos levantar algumas preocupações sobre o status de realismo que às vezes é fácil e acriticamente atribuído tanto ao trabalho fotográfico quanto ao romance histórico.

No mundo pós-industrial que nos cerca, onde todo ser pensante desconfia das metanarrativas e da própria possibilidade do real, é muito fácil atacar o realismo – uma certa forma de realismo. Entre as acusações mais comuns e válidas estão: a divisão entre sujeito e objeto de conhecimento; a suposição de que o sujeito tem acesso sensorial ao objeto e depois ao real; a crença de que a representação do objeto – que ocorre na consciência do sujeito – é, em geral, direta e mimética. Em seu conjunto, essas acusações atacam uma noção rígida e transparente de representação que logicamente contribui para criar, em termos sociais, o efeito da naturalidade do progresso, favorecendo, por sua vez, a elaboração de narrativas lineares no sentido aristotélico – com início, crise e resolução – que, ao refletirem esse "progresso", o validariam. É inegável que alguns romances históricos, em sua ânsia de reproduzir o que realmente aconteceu, sofreram desses e de outros males, multiplicando-os. Mas é igualmente inegável que há uma infinidade de ficções documentais cuja abordagem realista problematiza e escapa – escapa porque problematiza – de tais pressupostos. Refiro-me aos romances de Michael Ondaatje ou Anne Michaels – este último sugestivamente intitulado *Peças em fuga* – em que o regozijo realista com o detalhe e o fato histórico não produz, nem promove, narrativas lineares ou a aprovação de nenhum status quo. Esses romances, que se afastam do realismo mais repleto de evidências, levam à incerteza em vez de à corroboração. E conseguem isso porque, antes ou em vez de contar uma história da maneira como ela aconteceu, o fazem do ponto de vista do estado de emergência de tudo o que se deteriora e desaparece. Em outras palavras, fazem isso por trás da câmera, no exato momento de perigo que é toda a iluminação do *flash*. Essa forma de contar em um estado de emergência provocou mais reflexões sobre estilos narrativos; sobre o que realmente está envolvido em contar, ou, mais precisamente, em narrar uma história. Nesse sentido, não seria errado tratar esses romances, como fazem os teóricos pós-colonialistas, como meta-históricos.

A imagem do real: o que a fotografia sabe

Uma das preocupações mais óbvias nos escritos de Walter Benjamin foi tentar chegar ao que ele chamou de a mais suprema das concretudes ou o concreto supremo. Para isso, Benjamin se propôs a ler a linguagem dos objetos – uma linguagem que, sendo objetiva, como Goethe argumentou, já era teórica, uma afirmação com a qual ele liquidou a separação entre sujeito e objeto de estudo. Alcançar o real tornou-se então, pela mesma razão, uma tarefa árdua baseada mais na detenção do pensamento do que no desenvolvimento de uma ideia. É por isso que ele usou metáforas fotográficas em muitas ocasiões para explicar seu método de conhecimento. Uma explicação que, por sinal, também não era estranha a Juan Rulfo. Benjamin não estava interessado em conhecer o passado, ou o real, como ele havia acontecido; pelo contrário, seu interesse estava em capturá-lo – em retê-lo e atualizá-lo – no momento de perigo iluminado pelo flash. Em seus estudos sobre a reprodução mecânica da arte, nos quais privilegiou a fotografia como o momento inaugural da modernidade, Benjamin insistiu – como Roland Barthes faria mais tarde – que a fotografia não era uma reprodução do que estava lá, mas do que não estava lá. A fotografia conseguia capturar, de fato, o não-estar-aí das coisas. Em outras palavras: a imagem era um longo luto; a imagem era uma ausência; a imagem era uma saudade. Os estudiosos da obra de Benjamin chamaram seu processo de conhecimento de uma hermenêutica alternativa: é um processo que não busca o que está por baixo ou por trás do que aparece, mas tenta parar ali, naquela superfície nua e claramente objetiva, mesmo que, ou precisamente porque, aquele seja o lugar exato de seu desaparecimento.

Se a fotografia captura o que não está lá ou, para usar os próprios termos de Benjamin, captura o que sabemos que logo não estará lá; se, em vez de reproduzir, ela anuncia e, de fato, evoca a morte e a ausência do fotografado, então a imagem se torna o túmulo dos mortos-vivos e, como tal, conta sua história – uma história de fantasmas e sombras. Nesse sentido, o rastreamento do real que é frequentemente atribuído ao realismo narrativo e à fotografia torna-se a tarefa menos "realista" possível.

E, nisso, Benjamin é muito parecido com o Michel Foucault de *A arqueologia do saber*, que pede que nos debrucemos sobre as práticas discursivas – sobre o discurso tratado como e quando ele ocorre – em vez de rondar seus arredores, no mistério da origem, em busca de teleologias facilitadoras e totalizações totalitárias. E isso também se parece muito com o que Susan Sontag defendeu certa vez em seu ensaio *Contra a interpretação*, no qual pedia que as pessoas parassem de procurar o conteúdo misterioso da obra artística e prestassem um pouco de atenção na forma, que era de fato o registro mais preciso do que ela continha. A lista de teóricos poderia ser ampliada, mas o que interessa aqui é destacar essa contínua problematização do real como aquilo que aparece, aquilo que é visível, e as maneiras pelas quais alguns autores forneceram acesso a ele. Se a aparência é misteriosa, a reprodução dessa aparência não pode ser uma tarefa realista, nem na fotografia nem na literatura.

Contra o romance histórico

Os preparativos para as comemorações do Bicentenário da Independência Mexicana geraram uma proliferação desproporcional de livros sobre temas históricos. Não apenas as monografias acadêmicas sobre grandes personalidades ou acontecimentos nacionais aumentaram, mas também os chamados ensaios pessoais que, no contexto do aniversário, foram organizados em torno de temas históricos sobre os quais os autores haviam trabalhado com bastante antecedência. Poucos gêneros, no entanto, se multiplicaram tanto quanto o romance histórico. Não faltou incentivo, pois as editoras, bem como as instituições culturais estaduais e federais, estabeleceram uma infinidade de prêmios especialmente criados para produzir e promover romances históricos. O fato de as quantias associadas a esses prêmios terem sido peculiarmente altas só serve para acentuar o lugar privilegiado que o romance histórico tem – ou recebeu – no mundo do livro atual.

Parece que tanto as iniciativas privadas quanto as públicas estão convencidas de que, em tempos que combinam as comemorações do Bicentenário com uma das mais sérias crises econômicas mundiais, o romance histórico pode se tornar uma espécie de campeão que salvará as vendas de livros e as práticas de leitura na nação vindoura. Ambas as entidades parecem contar com o poder de convocação que o romance histórico demonstrou ter historicamente.

Essas circunstâncias tornam necessário – de fato, imperativo, se não indispensável – falar do romance histórico e da ficção documental como dois lados, muitas vezes antitéticos, da mesma moeda. É importante, por razões estéticas e políticas, diferenciar os livros feitos para confirmar o estado das coisas dos livros feitos para questionar e, se necessário, subverter o estado das coisas. Essa é, em um primeiro momento, a mais básica das diferenças entre um e outro.

O leitor de romances históricos diz tudo quando confessa que lê esses livros para "aprender" alguma coisa. Supondo que a leitura em geral seja uma perda de tempo – o que de fato é, ou de qualquer forma deve ser –, o leitor confia que um livro baseado em eventos reais – como é chamada essa relação próxima com o referente – fornecerá a ele um conjunto de fatos, ou seja, certa forma de informação, que pode muito bem transformá-lo em um indivíduo instruído. Sem se tornar um erudito enfadonho, o leitor "produtivo" pode aproveitar esse tempo de ócio para se tornar alguém com quem se pode conversar no final do jantar, por exemplo, ou durante os difíceis mas certamente prazerosos estágios iniciais do namoro. A esse tipo de leitor deve ser acrescentada a figura igualmente relevante do leitor "perverso" que, em uma pose meio "prafrentex", afirma ler romances históricos para se afastar do cânone da História Oficial (com letras maiúsculas) e, assim, entrar na complexa vida cotidiana dos grandes personagens. Esse leitor sabe que "roupa suja se lava em casa", mas, espectador assíduo de programas de entrevistas e do Big Brother, aborda o livro como alguém que vai aos bastidores em busca dos porquês e dos comos dos triunfos ou infortúnios dos outros. Nisso, como em tantas outras coisas, as estratégias da ficção – a atenção aos detalhes, a capacidade de mostrar em vez de contar, o apelo aos sentidos, a combinação de pontos de vista – são de grande utilidade para um produto que, longe de questionar, reafirma o status quo. O romancista histórico está preocupado, acima de tudo, em reproduzir fielmente um mundo que constrói com base em dados de documentos que ele geralmente oculta. Lembre-se de que somente o historiador é obrigado a documentar suas fontes e usar as famosas notas de rodapé para provar que o fez. Em vez de se basear em um documento, o romancista histórico se baseia nas informações contidas no documento, presumindo que ele é temporal e não histórico, assim como as informações que gera.

Mas o passado, como todos nós sabemos, está sempre prestes a acontecer. E é isso que Milorad Pavić disse de forma memorável naquele romance maravilhoso, *Paisagem pintada com chá*. A história, quero dizer com Pavić, dificilmente é uma coisa do passado. A história, que pode ser muitas coisas, pode, no entanto, ser uma leitura contextualizada de documentos de arquivo. Os escritores que "con-ficcionalizam" livros de escrita documental sabem bem disso e, por saberem disso, transformam o documento – a materialidade do documento, sua estrutura, o processo de sua produção e sua descoberta – no verdadeiro eixo de seu texto. Longe de se concentrar apenas nas informações contidas no documento, a ficção com documentos questiona, viola, usa, recontextualiza, pirotecniza, transgride a forma e o conteúdo do documento. Em vez de reproduzir uma época ou revelar uma série de segredos preferencialmente escandalosos, a escrita documental, seja em prosa ou verso, traz para o presente um passado que está prestes a estar aqui. Agora. Isso é feito por autores tão diversos quanto, por exemplo, Michael Ondaatje em *The Complete Works of Billy the Kid* ou Theresa Cha em *Dictee* ou Marguerite Duras em *A amante inglesa*. Em termos de enredo, esses livros se afastam dos grandes personagens, sejam eles homens ou mulheres, optando, em vez disso, pelos andarilhos anônimos das ruas cotidianas. Mas a intenção não é tanto resgatar vozes, e sim aceitar a autoria de textos escritos por outros e, melhor ainda: trabalhar em conjunto com a outra autoria. Trata-se, portanto, de uma troca entre autores e escritas, sistemas de representação e margens. Longe da metáfora da voz que viaja pelo tempo para ser "ouvida", ou seja, normalizada pela escrita, a ficção documental confronta os sistemas de escrita em um presente que a arranca do tempo por meio do ato de escrever, que é tão político quanto lúdico. Nesse sentido, a ficção documental não resgata vozes, mas revela – e produz ao revelar – autores. Ou melhor: autorias. Talvez aí esteja a razão pela qual a ficção documental não consegue confirmar nosso presente. Intimamente relacionada tanto à forma quanto ao conteúdo do documento, fazendo do documento e de seu contexto a própria fonte do questionamento que os produz no presente, a ficção documental é perturbadora.

A escrita documental

Há uma longa tradição de poesia documental na escrita estadunidense. No contexto do ativismo social que se desenvolveu durante a década de 1930 – logo após a crise de 1929 e no início da Grande Depressão, quando Roosevelt estabeleceu o pacto que assegurava a intervenção do Estado na economia nacional, mais conhecido como New Deal –, alguns poetas se afastaram da prática da lírica íntima ou pessoal para dedicar atenção especial tanto ao seu ambiente social quanto às formas usadas para se envolver com ele. Trata-se, portanto, de uma poesia essencialmente política que não é, entretanto, convencional ou simplista. Pelo menos no que diz respeito ao temperamento, é mais Nicanor Parra do que Ernesto Cardenal, para falar em termos latino-americanos. Mais Raúl Zurita, embora não em estilo ou método. São poetas que se aproveitaram das práticas e dos ensinamentos do modernismo estadunidense – entre eles a ruptura da linearidade na forma – para incluir o documento histórico, a citação textual, a história oral, o folclore e até mesmo a publicidade comercial na formulação de textos híbridos marcados por uma pluralidade de vozes e, portanto, por uma subjetividade múltipla. De acordo com o ensaio de Michael Davidson sobre a obra *Testimony*, de Charles Reznikoff (1894-1976), o que realmente diferencia os poetas documentaristas dos experimentos de colagem e pastiche do surrealismo ou dadaísmo de épocas anteriores é que os primeiros estavam interessados em questionar o registro social mantido por várias agências públicas ou governamentais. Assim, continua Davidson, os documentaristas conseguiram redirecionar a ênfase dos modernistas "da materialidade da linguagem estética para a materialidade do discurso social".

Os grandes romances sociais do período, incluindo os de John Dos Passos, são bem conhecidos em espanhol e em português. Além disso, embora menos facilmente distribuídos, temos os textos, as anotações e as fotografias que compõem *Elogiemos os homens ilustres*, o livro que o narrador James Agee e o fotógrafo Walker Evans publicaram em 1941 com base nas oito semanas que passaram no Alabama, entrevistando os brancos pobres da região. Menos conhecidos são os grandes poemas documentais de Muriel Rukeyser, *The Book of the Dead*, e o já mencionado *Testimony*, de Charles Reznikoff. Longe do gesto imperialista de tentar suplantar a voz dos outros com a própria voz, esses poetas se dedicaram à tarefa de documentar as lutas e os sofrimentos de vastos setores da classe trabalhadora estadunidense, incorporando suas vozes conforme apareciam em documentos oficiais, entrevistas orais ou registros de jornais. Rejeitando por inteiro o papel do poeta guru que orienta de modo visionário os despossuídos, Rukeyser e Reznikoff pesquisaram e entrevistaram as pessoas diretamente envolvidas nas lutas e tragédias diárias do capitalismo em que viviam e, em seguida, incorporaram seus depoimentos a textos que eram forçosamente interrompidos, perturbados, intervindos. Muriel Rukeyser – que, aliás, já foi tradutora de Paz – estava convencida de que o verdadeiro poema exigia uma "resposta total" do leitor. Em *The Life of Poetry*, um livro que ficou fora de catálogo por mais de vinte anos antes de ser reeditado em 1996, Rukeyser afirmou:

> Um poema convida. Um poema exige. Mas a que um poema convida? Um poema convida você a sentir. Mais do que isso: ele convida você a responder. Melhor ainda: um poema convida a uma resposta total. Essa resposta é total, de fato, mas formulada por meio de emoções. Um bom poema vai capturar sua imaginação intelectual – isso significa que, quando você o capturar, também o fará intelectualmente –, mas o caminho é por meio da emoção, por meio do que chamamos de sentimento.

Esse tipo de poética torna compreensível o interesse de Rukeyser pela tragédia ocorrida na construção de uma usina hidrelétrica em West Virginia, mais especificamente na Gauley Bridge. Ali, sob a terra, um grupo de mineiros que, obedecendo a ordens, estava quebrando a rocha que impedia a passagem contraiu a silicose que os mataria em grande número. *The Book of the Dead*, publicado em 1938, trata desse evento: registra-o, questiona-o e o traz para o caso, espreme-o, em suma: faz com que doa. Mais ainda: que se condoa. Algo semelhante foi feito por Reznikoff, que, à maneira do novo historiador social ou cultural, usou a linguagem registrada em litígios legais para processar tanto o capitalismo quanto o sistema de jurisprudência de seu tempo em *Testimony*, publicado em 1934.

Embora a poesia estadunidense contemporânea pareça ser dominada pela devoção à epifania íntima da convencionalidade ou pelo apego ao experimento linguístico da era pós-linguagem, há, contra todas as probabilidades, um espaço para o poema documentário. Talvez esse legado modernista seja mais evidente no trabalho poético e político de Mark Nowak. Em seu recente *Coal Mountain Elementary* (2009), Nowak une forças com o fotógrafo Ian Teh para documentar as circunstâncias extremas em que vivem e morrem os trabalhadores das minas de carvão, dos Estados Unidos à China. Evitando sua própria voz e na forma de DJ, Nowak utiliza textos de jornais nos quais as vozes dos enlutados foram registradas, parágrafos de documentos oficiais das empresas em questão e até mesmo lições escolares de um livro didático sobre certas atividades diárias dos mineiros. Assim, em um trabalho de constante justaposição, Nowak consegue eliminar a "naturalidade" da linguagem pública do testemunho ou da imprensa e questionar as relações de exploração que dominam o trabalho dos mineiros de hoje.

Em *Memorial. An Excavation of the Iliad*, a poeta britânica Alice Oswald descartou cerca de sete oitavos do texto de Homero para resgatar, como fósseis vivos, as mortes de cerca de duzentos soldados, todos caídos na Guerra de Troia. Trata-se, nas palavras da própria poeta, de uma reescrita que tenta resgatar a *enérgeia*, aquela "realidade luminosa e insuportável" do poema homérico. É, portanto, em primeira instância, uma pilhagem. A poesia olha de soslaio para a história e, com o bisturi na mão, retira do pântano de dados e anedotas o momento único e indivisível em que um ser humano perde sua vida. Afinal, isso é a guerra; é disso que se trata a guerra: como seres humanos de carne e osso perdem suas vidas violentamente. Armado, então, com os instrumentos da poesia, Oswald arranca essa perda que é a morte do acúmulo de dados ou de sangue que tantas vezes leva à indiferença, à insensibilidade ou a leituras desconexas. Se "o luto é negro", se é "feito de terra", se "entra nas fendas dos olhos/ e deposita seu nó na garganta", o que esse longo poema carrega no ombro, não de forma furtiva para não ser notado, mas de forma espetacular, para torná-lo mais visível, é a própria morte, somente a morte: a morte sombria, anônima e violenta da guerra.

Aí está, na escavação poética de Oswald, no luto em que nos convida a participar através do tempo e do espaço, iridescente para sempre, a morte de Protésilas: "o homem concentrado que se precipitou na escuridão com quarenta navios negros, deixando para trás a sua terra", aquele que "morreu no ar, ao saltar para chegar primeiro à costa". E há também, no gerúndio da eternidade, a morte de Ifidamante, "o rapaz ambicioso/ Na idade de dezoito anos até a idade da prudência", aquele que até mesmo "em sua noite de núpcias/ Parecia estar usando uma armadura", o "rancoroso trabalhador do campo que foi dado como justo por Agamemnon", e que caiu "curvado como chumbo e perdeu". E há Cinon, seu irmão, o irmão de Ifidamante: "Quando um homem vê seu irmão caído no chão/ ele enlouquece, vem correndo como se viesse do nada/ atacando sem ver, foi assim que Cinon morreu". A cabeça separada do corpo pela espada de Agamemnon: "e foi isso/ Dois irmãos mortos na mesma manhã, pelo mesmo homem/ Essa foi a luz deles que termina aqui".

Um após o outro, assim caem os duzentos soldados dos relatos homéricos. Um após o outro, em versos bem entrelaçados, muitas vezes coroados pelo canto repetido de um coro, eles morrem novamente. E mais uma vez. Agora, à luz de um sol contemporâneo, bem diante de nossos olhos. Um memorial é também um apelo. Era necessário que eles morressem novamente? A resposta é: sim. Era necessário esfregar os olhos mais uma vez e sofrer? A resposta é: sim. Quando lamentamos a morte do outro, aceitamos, argumentou Judith Butler em *Vida precária – o poder do luto e da violência*, que a perda nos mudará, esperamos que para sempre. O luto, o processo psicológico e social por meio do qual a perda do outro é reconhecida pública e privadamente, talvez seja o exemplo mais óbvio de nossa vulnerabilidade e, portanto, de nossa condição humana. Por essa razão, ele pode muito bem constituir uma base ética para repensar nossa responsabilidade coletiva e as teorias de poder que a atravessam. Quando não apenas algumas vidas forem dignas de luto público, quando o obituário se tornar uma casa plural e estender a mão para abrigar os sem nome e sem rosto, quando, como Antígona, formos capazes de enterrar o Outro ou, em outras palavras, de reconhecer a vida vivida desse Outro, mesmo a despeito e contra o veredito de Creonte ou de qualquer outra autoridade no cargo, então o luto público, ao nos tornar mais vulneráveis, terá a possibilidade de nos tornar mais humanos. É por isso que, mesmo que Protésilas tenha estado "sob a terra escura por milhares de anos", é necessário comparecer. É necessário ir ao seu encontro com a morte e compartilhar o luto depois. É preciso reler, por exemplo, o que Oswald reescreveu para atualizar a morte que passou, para que ela passe diante de nossos olhos, sobre nossas mãos, para que um dia não passe mais. Quantas vezes por dia nos esquecemos de que somos, antes de tudo e no fim das contas, mortais?

Estimulada pela guerra de Calderón, a nova poesia política que está sendo escrita no México faz essas e outras perguntas angustiantes, incômodas e urgentes. São questões relevantes do ponto de vista estético e político. Elas estão presentes no poema *Los muertos*, de María Rivera, mas também na escavação do Tratado de Libre Comércio por Hugo García Manríquez em seu *Anti-Humboldt*. Estão em *Hechos Diversos*, de Monica Nepote, e em *Querida fábrica*, de Dolores Dorantes. Estão em "Di/sentimientos de la nación", de Javier Raya, e em *Antígona González*, de Sara Uribe. Estão em muitos dos poemas incluídos em *País de sombra y fuego*, a antologia editada pelo poeta tapatío* Jorge Esquinca. Todos eles, toda essa *enérgeia*, está lá.

Luto

Em "Violência, luto, política", um dos ensaios que compõem a obra *Vida precária*, da renomada pensadora norte-americana Judith Butler, a autora explora, com a acuidade e a erudição que a caracterizam, e com a preocupação política e o rigor filosófico que lhe são próprios, as funções do medo em um mundo marcado por manifestações agudas e maciças de violência crescente. O evento que desencadeia a preocupação de Butler não é apenas o "11 de Setembro", como são chamados os ataques às Torres Gêmeas nos Estados Unidos, mas a manipulação política, especialmente a bushiana, que se propôs a transformar a raiva e a dor, ou seja, o luto público e internacional, em uma guerra sem fim contra um Outro permanentemente desumanizado. Por isso, Butler começou este ensaio, e também o terminou, com uma reflexão sobre o humano que, nestas páginas, mas também fora delas, é transformada em uma pergunta que, embora concreta, não deixa de ser enigmática: o que torna certas vidas dignas de lamento e outras não? Por que certas vidas são dignas de lamento e outras não? A resposta, é claro, não é simples. Além disso, a resposta nos convida, e de fato nos obriga, a entrelaçar e contrastar os elementos mais íntimos e, portanto, mais políticos de nossas vidas. Para entender a dinâmica do luto, Butler

---

* Refere-se ao natural da cidade de Guadalajara. [N. do E.]

propõe primeiro considerar a dependência central que liga o eu ao tu. Em vez de relacional, um termo que, embora apropriado e usual, parece bastante asséptico nesse caso, Butler descreve esses laços de dependência, essas relações humanas, como relações de *despossessão*, ou seja, relações que se baseiam em um acordo mais do que tácito com o pensador Emmanuel Lévinas: "em um ser para outro, em um ser como outro". Portanto, a vulnerabilidade constitui a mais básica e talvez a mais radical das condições verdadeiramente humanas, e é imperativo não apenas reconhecer essa vulnerabilidade a cada passo, mas também protegê-la e, mais ainda, preservá-la a todo custo. Para perpetuá-la. Somente na vulnerabilidade, no reconhecimento das diferentes maneiras pelas quais o outro me despoja de mim mesmo, convidando-me a renegar a mim mesmo, é que se pode entender que o eu nunca foi um começo e nem mesmo uma possibilidade. No início era o nós, Butler parece dizer, aquele nós que é a forma mais íntima e também mais política de acessar minha subjetividade.

O luto, o processo psicológico e social pelo qual a perda do outro é reconhecida pública e privadamente, talvez seja o exemplo mais óbvio de nossa vulnerabilidade e, portanto, de nossa condição humana. "Talvez o luto tenha a ver com a aceitação dessa transformação", diz Judith Butler, "(talvez devêssemos dizer *passar por* essa transformação), cujos resultados completos são impossíveis de conhecer antecipadamente". Porque se o eu e o tu estão ligados por essas relações de despossessão, a perda do outro "nos confronta com um enigma: algo está oculto na perda, algo está perdido nos próprios resíduos da perda". A perda – tanto quanto o desejo – "contém a possibilidade de apreender um modo de despossessão que é fundamental para quem eu sou [porque é aí] que meu desconhecimento de mim mesmo, a marca inconsciente de minha socialidade primária, é revelada". Ao perder o outro, então, "não apenas sofro com a perda, mas também me torno inescrutável para mim mesmo". Butler sustenta, ou quer acreditar, que o reconhecimento dessas formas básicas de vulnerabilidade e incognoscibilidade constitui uma base fundamentalmente ética para repensar uma teoria do poder e da responsabilidade coletiva. Quando não apenas algumas vidas forem dignas de luto público, quando o obituário chegar aos sem nome e sem rosto, quando, como Antígona, formos capazes de enterrar o Outro ou, em outras palavras, de reconhecer a vida vivida desse Outro, mesmo a despeito e contra o veredito de Creonte ou de qualquer outra autoridade no cargo, então o luto público, ao nos tornar mais vulneráveis, nos tornará mais humanos. Quando toda vida é uma vida digna de lamentação. Esse tipo de estrutura teórica, diz ela, pode nos ajudar a não reagir violentamente ao mal que os outros nos infligem, limitando, por sua vez, a possibilidade, sempre latente, do mal que nós mesmos infligimos. E termino agora como Butler termina um de seus ensaios, dizendo: "Você é o que eu ganho com essa desorientação e essa perda. É assim que o humano é criado, repetidamente, como aquilo que ainda não conhecemos."

Coda para historiadores: o modo etnográfico de historicizar

Desde que comecei a escrever história, ou seja, muito tempo depois de começar a escrever romances, tenho suspeitado que o público em geral não lê livros de história porque a grande maioria deles, independentemente do assunto que abordam ou da anedota que tentam desenvolver, é escrita da mesma maneira. Estou me referindo, é claro, aos livros acadêmicos de história, aos livros didáticos de história, que muitas vezes exploram, a propósito, tópicos e anedotas interessantes, sejam eles divertidos ou escandalosos. No entanto, organizados de acordo com os princípios incutidos, sub-repticiamente ou abertamente, por livros de regras metodológicas ou livros de conselhos sobre como escrever uma tese, muitos desses textos estão em conformidade com – e incidentalmente confirmam – uma narrativa linear à moda aristotélica, que inclui, a saber, três etapas: a elaboração de um contexto estável e devidamente documentado; a descrição, de preferência bem detalhada, do conflito ou evento que ocorre nesse contexto; e a produção de uma resolução ou lição final, de preferência vinculada a uma linguagem teórica que inclua grandes conceitos. Essa narrativa, que tende a reproduzir uma ideia linear, ou seja, sequencial, ou seja, visual do que é narrado, tem o efeito de ocultar o senso de impermanência e simultaneidade tão associado ao funcionamento da audição e da presença. A escrita histórica no modo etnográfico, portanto, exigirá estratégias narrativas que neutralizem esse fenômeno e abram as possibilidades dialógicas do texto. E é aqui que os conselhos de Walter Benjamin e suas notas peculiares para uma filosofia da história voltam a aparecer: a colagem como estratégia para compor uma página de alto contraste, cujo resultado é o conhecimento não como uma explicação do "objeto de estudo", mas como sua redenção.

Na verdade, alguns registros históricos geralmente seguem uma composição baseada em um princípio semelhante. Estou me referindo, é claro, aos registros médicos. Embora assinado por um médico, o diagnóstico raramente é linear ou definitivo. Muito pelo contrário: uma leitura detalhada desse material textual revela que o diagnóstico, como o próprio arquivo, é uma construção multivocal e, além disso, contraditória. Por exemplo, aqui está mais uma vez o arquivo do caso de Matilda Burgos (nome fictício), a mulher doente que falava muito e que, como resultado, tornou-se o personagem central de um livro que publiquei anos atrás: *Nadie me verá llorar* [Ninguém me verá chorar]. No formulário de admissão, a primeira página do arquivo de Matilda Burgos, a pergunta sobre a causa de sua admissão é respondida com as duas alternativas a seguir: "Confusão mental, amoralidade. Demência hebefrênica precoce." A primeira dessas anotações está visível e significativamente riscada. À maneira de um palimpsesto ou de uma camada geológica, o dossiê acomoda essa e outras revisões, mas sem apagar as anotações anteriores e, o que é mais importante para o leitor no modo etno-historiográfico, sem incorporar as novas versões às anteriores, ou seja, sem padronizá-las. O texto, nesse sentido, não é apenas uma coleção de marcas, mas uma coleção de marcas ou inscrições em competição permanente e perpétua. Uma escrita histórica que se considerasse antes de tudo como escrita teria que se propor o desafio de incorporar na página do livro esse senso de composição competitivo e tenso, essa estrutura dialógica própria e interna ao próprio documento. A colagem, portanto, não seria uma medida de representação arbitrária ou externa ao documento, mas uma estratégia que, em certos casos, como o de Matilda Burgos, contribuiria para trazer ao papel sua história e a maneira como essa história foi composta no início do século XX dentro das instalações do Asilo General La Castañeda, onde ela se encontrava. Portanto, não é suficiente identificar "todas" as versões possíveis e rejeitar apenas uma, a versão final, mas é necessário mostrá-las. A função da colagem é sustentar o maior número possível de versões, colocando-as tão próximas umas das outras que provoquem contraste, espanto, alegria; aquele conhecimento produzido pela epifania não enunciada, mas composta ou fabricada pelo número disposto no texto, por sua arquitetura.

O que isso significa em termos da posição do autor dentro do texto, especialmente em uma era de experimentos com a morte do autor, é importante. O historiador no modo etnográfico que escreve de acordo com os princípios da colagem não pode preservar sua posição hermenêutica como intérprete de documentos ou decifrador de sinais; esse não é um historiador em busca da verdade oculta das coisas. Esse outro historiador, e aqui estou usando um símile do mundo da música contemporânea, desempenhará as funções de um compositor ou, melhor ainda, de um regente de orquestra gestual, bem ao estilo de Boulez. Eu o cito:

> O maestro deve ter o desenho do arranjo instantaneamente disponível em sua cabeça o tempo todo, ainda mais porque os eventos a serem acionados não ocorrem como resultado de uma sequência fixa, ou porque a sequência pode ser improvisada e pode mudar a qualquer momento. Os músicos devem ser "tocados", como se fossem as teclas de um piano.[6]

Os documentos precisam ser "tocados", parafraseio, como se fossem as teclas de um piano. E isso é algo que tanto o historiador quanto o escritor de livros documentais devem saber.

4
Minha passagem pelo trânscrito: planetários, esporádicos, exofônicos

A consagração de Pangea: o sujeito planetário em uma terra existencial

Um "aglomerado de palavras" está agora passando sobre a página. Pela janela, é possível ver o "monumental M" da montanha. A tempestade que se aproxima será, sem dúvida, "uma precipitação de palavras fundamentais". A península é um tumor. Então, quando tudo acabar, permanecerá "a mancha no asfalto. Fora de foco/ lubrificando a visão do mecânico". O firmamento, acima; a fragrância de certos jardins, abaixo; no meio: aquele estado de espírito no qual a visão emerge com uma definitividade imprudente: "a distância entre Liechtenstein e o Uzbequistão é um mar".

De cá para lá: o olhar no telescópio.
De lá para cá: o olhar no microscópio.
No meio: a tecnologia da linguagem sideral.

Começar um capítulo sobre os desafios da escrita planetária em um mundo globalizado a partir da poesia não é mera coincidência. Talvez como poucos, os poetas – aqueles que usam a linguagem para investigar o que acontece na e com a linguagem, como diria Lyn Hejinian – nos lembram que a escrita está ligada à Terra, que a escrita é, para não deixar para trás o mundo da necropolítica, "en-terrada". Por exemplo, da cintura do continente até o registro das crateras que contêm "a alma lunar", a *Transterra* do poeta tapatío Gerardo Villanueva abraça o globo em sua amplitude mais majestosa e também mais humana[1]. Ativam o olho, é verdade, mas suas palavras são dirigidas, acima de tudo, ao pé. Levante-se e caminhe, murmura seu Lázaro particular. Toque. Perceba. Levante-se e depois afunde-se aqui, nade. Turvação variável. Sobreviver. Esta é uma fenda. Uma cartografia particular se abre aqui. O meridiano da ansiedade está escrito assim. A altitude. O vento. As fronteiras. Você sente a palpitação da geografia na palma de sua mão ou no canto de seu olho? Mais do que um agente globalizador, esse Lázaro que vaga iconoclasticamente pelas páginas transterrestres de Villanueva – e aqui, entre tantos outros errantes, caberiam muito bem os poemas que compõem *Los planetas*, o livro do jovem poeta mexicano Yaxkin Melchy – é, para usar a terminologia da teórica e crítica literária Gayatri Spivak, um sujeito planetário[2]. A diferença entre um e outro é estética, certamente, mas também política. A diferença, em todo caso, vai além da terminologia e tem a ver com os laços que ligam – seja com melancolia ou silêncio, seja com celebração ou movimento – um ao outro; um ao outro: natureza e consciência, paisagem e cidade, história e cosmos. O corpo está bem no centro de tudo isso.

Em *Transterra*, portanto, os grandes desvios não são abstratos. Aqui a história é escrita com a letra maiúscula das dimensões estelares e com a letra minúscula do corpo. Telescópio e microscópio ao mesmo tempo, o sujeito planetário entende que a alteridade, de fato, "nos contém e nos joga para fora de nós mesmos" ao mesmo tempo; que, como Spivak também afirmou, "o que está acima e além do nosso alcance não é nem um *continuum* conosco nem é, de fato, uma descontinuidade". Aqui o sujeito, de fato, sujeita-se: à superfície da terra, ao devir da história, à memória pessoal, ao outro. O ser é uma criatura, aqui. A força da gravidade. Ao mesmo tempo divino e terreno, em contínua retroalimentação com seu entorno, o sujeito planetário desliza com poderes singulares de percepção sobre essa "terra existencial", como o crítico social Mike Davis a chamou: "moldada pela energia criativa de suas catástrofes"[3].

Atenta à superfície da Terra e a seus fenômenos, tanto naturais quanto humanos, a poesia de Villanueva e Melchy ecoa os postulados de uma geologia contemporânea enraizada em uma reconsideração pontual da catástrofe. Ao contrário dos universos isolados e previsíveis que moldaram a imaginação de Newton, Darwin e Lyell, a Terra imaginada por alguns cientistas conhecidos como neocatastrofistas – incluindo Kenneth Hsu, na Suíça, e Mineo Kumazawa, na Universidade de Nagoya – não é de forma alguma imune ao caos astronômico. Pelo contrário, parte única de um sistema solar histórico que não parece estar prenhe de vida à menor provocação, a Terra é a crosta para onde convergem eventos terrestres e processos extraterrestres, embora de forma contínua e em diferentes escalas de tempo, cuja evidência mais dramática aparece precisamente na forma de impactos monumentais a partir dos quais são geradas as catástrofes.

Em *Transterra*, Gerardo Villanueva produz as palavras dessa geocosmologia: uma enorme amplitude, uma precisão quase científica, o aceno do humor, o fluxo constante. Seus náufragos "chegam às Ilhas Galápagos,/ encontram um nativo/ sem língua para celebrar/ a recepção./ Seus voyeuristas meditam: 'Aglomerados globulares vistos de longe/ parecem supernovas./ Seria um nó eletromagnético, um triângulo amoroso ou/ uma galáxia irreverente? Aqui, as leis de Kepler se emaranham, enquanto na televisão/ a pornografia continua'". Seus ouvintes (castelhanos ou pan-americanos ou simplesmente americanos) fazem um convite a Severo Sarduy: eu diria que Artaud foi à Serra Tarahumara para ouvir.

De um certo contracanto do Pacífico (Tijuana) à cintura do continente (Oaxaca), da urbe finissecular (Cidade do México) ao triângulo da Polinésia, o sujeito planetário transterra, que é apenas outra maneira de dizer, "move-se no lugar mais profundo que é o aqui". Fora, portanto, do discurso abstrato da globalidade e enraizado, ao contrário, na mais concreta das posições errantes, esse transterrar é um trânsito que atravessa e inventa um planeta que está nervoso e ferido, unido, minado. Vivo.

Neste planeta, entre seus súditos planetários, ocorrem inúmeras instâncias nas quais é reproduzida diariamente o que Juliana Spahr, referindo-se ao trabalho da poeta coreana Myung Mi Kim, chama de "a inquietante desorientação linguística da migração"[4].

Enfatizando o afastamento gradual do inglês-padrão que alguns poetas bilíngues ou multilíngues, dentro e fora dos Estados Unidos, fizeram durante a década de 1990, Spahr argumenta que, ao contrário das gerações anteriores, que trabalharam com uma definição identitária de linguagem – aqui a definição de Gloria Anzaldúa, "Eu sou a minha linguagem", me vem à mente –, alguns poetas mais contemporâneos, como Edwin Torres ou Harryette Mullen, tendem a estar menos interessados em "falar sobre sua identidade pessoal e mais [em] falar sobre o inglês e suas histórias [...] Em vez de dizer 'Eu sou minha língua', esses escritores estão dizendo algo sobre a própria língua, muitas vezes algo sobre a relação entre a língua e o imperialismo."[5] Esse afastamento do inglês-padrão não teme a distorção nem rejeita o que, na visão oficialista e estreita de alguns, é chamado de erro. Pelo contrário, abraçando a condição migrante do idioma, muitos escritores optaram por trabalhar fora dos perímetros da propriedade e da correção linguística, uma prática que Marjorie Perloff chamou de escrita exofônica[6]. A obra de Theresa Cha, *Dictee*, com seu uso delirante de inglês, francês, coreano, latim e grego, continua a ser considerada uma precursora nesse sentido. Entre outros, notável por seu uso perturbador do alemão, Yoko Tawada, a romancista japonesa que vive e leciona na Alemanha e escreve em seu segundo idioma, ressalta enfaticamente que "o ser humano hoje é o lugar onde diferentes idiomas coexistem em transformação mútua e não faz sentido aprisionar essa coabitação ou suprimir a distorção resultante"[7]. Nunca como no transterrar, que é algo que se faz como esporos, na oscilação das coisas apropriadamente esporádicas, a língua e seus usos parecem menos naturais. Falar é sempre falar em tradução, como bem sabem aqueles que passam, aqueles que vêm e vão. Hoje em dia, ninguém mais escreve em sua língua materna.

Que esse transterrar sirva, então, para abrir uma porta para a reflexão sobre a perambulação que vai do lugar para a escrita, e da escrita para o lugar, e vice-versa. Lembre-se: o lugar está cheio de buracos. No ar do lugar, você pode ouvir o zumbido das balas e o barulho da morte de quem descansa. Sem paz.

O lugar importa

Nobre e brutal

CONFISSÃO VERDADEIRA: Estou acostumada a ir embora.

É um hábito nobre, esse, o de ir embora. A gente se acostuma a levantar a mão e apagar, em um cauteloso movimento oscilatório, o que ficou para trás. Esquece-se, sempre com método. A fatia que interrompe a integridade da tangerina. O punho que se transforma em cinco dedos. A peça que, por estar ausente, força a imperfeição das máquinas ou aquela que, por não estar lá, contribui para o fluxo das águas. A pessoa jura. Vê-se a paisagem do outro lado da janela e descobre-se, então, o que é exatamente o verbo "extrañar" [ter saudades], o substantivo "nostalgia", o subjuntivo "si hubiera" [se tivesse], o futuro do condicional. Depois, no anonimato do outro lugar, prevarica-se. Inventa-se uma origem e um passado e, se possível, o que está por vir. Então, tudo o que resta é o arrebatamento que às vezes provoca aquela casca de árvore, aquela montanha, aquele pedaço de cidade, aquela luz.

Algo reverbera então.

O gesto fundador do sujeito, lembrou Žižek em *A visão em paralaxe*, consiste em submeter-se a si mesmo[8]. "Voluntariamente", acrescentou, submeter-se a.
    No nobre e no brutal, partir, que é sempre partir de um lugar, é muito parecido com escrever. Isso é verdade.

A relação imaginária

"O materialismo significa", Žižek também argumentou, "que a realidade que vejo nunca é total, não porque uma parte importante dela me escapa, mas porque contém uma mancha, um ponto cego, que marca minha inclusão nela." É por isso que o lugar é a única coisa que nunca consigo ver de fato. É por isso que o lugar me prende. É também por isso que me oponho a ele com minha subjetividade.

O lugar, então, é acima de tudo uma relação. Não é a geografia, mas uma aproximação a essa geografia; não é a cidade, mas a maneira como o corpo se move dentro da cidade; não é o livro, mas a leitura insubstituível do livro; não é um dado de nascimento, mas o próprio nascimento. Chamamos a relação com o lugar de paisagem. Por ser humana, essa relação é material: é um vínculo com o corpo, o suor, o sexo, a classe, a raça, a pobreza, a virilha, o cuspe, as unhas e até mesmo a sujeira sob as unhas. Quanto mais houver, mais denso e, portanto, mais opaco. Quanto mais profundo, de fato, mais adjetivado. Quanto mais aqui. Pela mesma razão, por ser humana, essa relação que é toda lugar também é, talvez em princípio, mas talvez também no final, uma relação imaginária. O lugar é pura escrita.

Ser do lugar

Uma visão bastante conservadora e rígida prescreve que a relação entre sujeito e lugar é, ou deveria ser, unívoca e, além disso, monogâmica. Diz-se que um sujeito deve ser de um lugar – de preferência, mas nem sempre, o lugar de nascimento. Qualquer outra coisa, diz-se, é traição ou, pior, perda de identidade. Mas nem tudo na vida, infelizmente ou felizmente, é unívoco, monogâmico ou pura perda. Afinal, passamos por muitos lugares e nos tornamos enraizados, se é que realmente passamos por eles. Magnífica apropriação. Árvore agreste da Arábia. Armastote. Armostrong. "Ninguém nasce apenas uma vez", afirmou a poeta canadense Anne Michaels naquele magnífico romance *Peças em fuga*. "Se você tiver sorte, emergirá mais uma vez nos braços de alguém; se não, acordará quando a longa cauda do terror tocar o interior de seu crânio."[9] O tempo é um guia cego. Passar por um lugar sempre tem consequências, entre muitas outras, por exemplo, a de fundá-lo. É por isso que o lugar é, na verdade, a própria história. É por isso que o lugar é, na verdade, os lugares. Uma coisa plural no caso da sorte. Questão de sorte. Às vezes.

Para aquele que parte, o lugar é tudo. Para quem parte, o lugar não é nada. Ambas as afirmações têm seu conteúdo de verdade. Em todo caso, para quem parte: o lugar. Melhor ainda: os lugares. Porque quantas vezes já não nascemos? A outra maneira de ver essa questão é: quantas vezes já não morremos? Há alguns anos, no vale por onde corre um rio chamado Bravo, ouvi as primeiras histórias das crianças. Lá, também, eu me perdi pela primeira vez. Foi lá que eu nasci, é verdade. No colo e na canção de ninar do algodão, depois do sorgo. E nasci novamente em algum lugar perto daqui, em algum lugar neste lugar onde agora digo "o lugar": Cola de Caballo, lagoa com peixes e patos, água com sal. Nas páginas de um livro, na nota musical, nas palavras compartilhadas em uma mesa cheia de restos de comida: todos esses são lugares de nascimento e muito mais.

Também se nasce, às vezes, com sorte, vendo o mar, ao lado de uma cerca originalmente feita de um material que não se pode atravessar. A guerra no Iraque.

A todos esses ciclos constantes, a toda essa aglomeração de raízes, eu chamo de Contrário ao Universal: essa é a constelação de Benjamin que, no dado mais concretamente material, no objeto saturado, vê todo o resto. Em movimento, sempre e incluindo a perspectiva daquele que vê, o lugar me marca, de fato, mas sempre de maneiras que não conheço.

Esporádicos

Definição negativa

Não são sedentários, isso está claro desde o início. São errantes, pelo menos em ambos os sentidos do termo, com os quais também teríamos que concordar desde o início. Mas, a rigor e ao pé da letra, eles não são errantes ou, pelo menos, seriam um certo tipo de errantes intermitentes, pois têm entre seus hábitos conhecidos o de permanecer por períodos (às vezes longos) em determinados lugares. Alguns até mesmo dedicam tempo para fazer amigos, adquirir mesas, cadeiras e camas ou construir as próprias casas, e alguns, movidos mais pela necessidade do que pela conveniência, até encontram empregos que mais tarde listarão em seus currículos imaginários como "todos os tipos de empregos". Não são desenraizados para sempre porque tendem a formar comunidades nos territórios pelos quais passam. São conhecidos, por exemplo, em certos bares ou cafés, nos corredores de certas bibliotecas silenciosas, nos telhados de certos edifícios sombrios ou nos quartos de hóspedes de certos amigos. Não são exilados, pelo menos no sentido político que o século XX deu ao termo, porque entram e saem mais ou menos de acordo com sua própria conveniência e com passaportes civis. Poderiam ser migrantes profissionais se tivessem a disposição ou o tempo para passar horas e horas na fila de diferentes escritórios do governo para assinar documentos que confirmem sua identidade.

Poderiam ser diaspóricos se a definição oficial – dispersão de grupos humanos que deixam seu local de origem – eliminasse a palavra *origem*, de modo que se pudesse dizer que são seres humanos que deixam lugares, sejam eles de origem ou não.

Passar por

Trata-se de escritores, é claro. Trata-se do problema (ou morbidez ou ânsia) de identificar e explorar o trabalho de uma série de escritores que passaram por territórios conhecidos como a América Latina durante o século XX. E "passar por" é uma combinação de palavras que levei muito tempo para selecionar. Não são escritores que são da América Latina, mas o fato de terem passado pela América Latina não elimina a possibilidade de terem nascido lá. Não são escritores que viajaram pela América Latina, embora passar pela América Latina exija mais de uma viagem. Poderiam ser Malcolm Lowry, Graham Green ou D. H. Lawrence, mas seriam mais como Witold Gombrowicz ou Leonora Carrington ou, de fato, Roberto Bolaño. Em suma, não são Vladimir Nabokov, Joseph Conrad ou Samuel Beckett, conhecidos, entre outras coisas, pelo uso versátil de um novo idioma, mas Gerardo Deniz ou María Negroni ou, de fato, Roberto Bolaño, escritores que, tendo passado pela América Latina, ainda escrevem em uma das formas do idioma em que cresceram. Mesmo que vivam nos Estados Unidos, onde grande parte da literatura latino-americana de nossos tempos é escrita em inglês, não são *US Latino writers*, nem *New Latino writers*, nem *US writers*. São escritores que passam pela América Latina fingindo ser muitas outras coisas também, abrindo assim a porta para a despersonalização e para a territorialização – que é apenas outra maneira de enunciar a forma fluida e incompleta das identidades contemporâneas. Eis a questão: trata-se de escritores que esporadicamente (mas não diasporicamente) habitam locais e idiomas com os quais desenvolvem uma relação de resistência dinâmica, em vez de uma acomodação gentil.

O X da questão

A tradução do latim para o inglês seria, de acordo com o dicionário da Real Academía: o X da questão. Era final da primavera e, ainda assim, a tarde deslizava cinzenta e lenta do outro lado das janelas quando, de repente, do nada, como costumam dizer, de algum lugar daquele céu cinzento veio um granizo estrondoso e muito branco que me fez levantar os olhos do livro que estava lendo apenas para pensar, literalmente do nada, como seria triste, como seria verdadeiramente triste ou, de qualquer forma, ligeiramente perturbador para Roberto Bolaño saber e testemunhar o enorme sucesso de seus livros traduzidos para o inglês. Suponho que o céu cinzento do final da primavera e a súbita aparição do granizo tenham algo a ver com o pensamento mórbido que me fez lembrar de um artigo escrito pela acadêmica Sarah Pollack, no qual ela explica a série de jogos de palavras culturais e políticos que, nos bastidores, mas nem tanto, ajudam a explicar a súbita e mais do que apressada "normalização" dos textos de Bolaño no mercado, e com isso se diz, para todos os efeitos, o mercado de livros nos Estados Unidos[10]. Qualquer outra pessoa teria ficado feliz, supõe-se, mas Bolaño, que, segundo todos os relatos, gostava de apresentar seus livros como as armas de um valente – e valente é uma palavra que ele frequentemente usava para qualificações literárias –, andarilho um tanto crepuscular, mas não menos apaixonado pela literatura "autêntica" e "verdadeira", teria que responder com pelo menos alguma incredulidade e, em seguida, alguma raiva compulsiva e, por que não, até mesmo uma rejeição ancestral. Nunca saberemos, é claro, o que ele teria feito – e é quase certo que seja melhor assim –, mas naquela tarde cinzenta de primavera, sombreada ainda pela irrupção do granizo muito branco – mas será que algo tão branco pode realmente "sombrear" uma tarde de primavera? –, não pude deixar de me perguntar como proteger o livro, o verdadeiro livro, o livro que é, no mínimo, dois livros – ambos com uma vantagem – da padronização do mercado, da vulgaridade da moda e da rude cascata de elogios que, no fim das contas, é mais cansativa do que elogiosa. Não estou totalmente satisfeita com a resposta que dei a mim mesma em frente à janela do ônibus do meio-dia – porque era, além do final da primavera, na verdade, um pouco depois do meio-dia –, mas foi esta: Bolaño deve ser pensado não como uma exceção exótica – e concêntrica –, é claro, mas como parte de uma saga de escritores que andam por aí, passando esporadicamente pelos lugares e pelas línguas da América Latina, desenvolvendo, enquanto isso, no próprio transe da passagem, uma relação de resistência dinâmica em vez de uma acomodação agradável com aquele acúmulo de coisas que, por falta de um termo melhor, acabamos nomeando não raro como "o ambiente". Existe realmente um fio condutor entre aqueles 24 anos que Witold Gombrowicz passou na Argentina e, por exemplo, Lina Meruane, aquela escritora chilena que vive e produz uma obra em espanhol na Nova York de nossos tempos? Existe um fio, ainda que estético, entre os livros de Horacio Castellanos Moya, o centro-americano que passa longos períodos tanto nos Estados Unidos quanto na Europa, e, digamos, Eunice Odio, a poeta costa-riquenha que morreu no México? São Unidades de Dispersão de escritores de origem tão diferente quanto o peruano César Moro e o centro-americano Rodrigo Rey Rosa?

Alfabetos exofônicos I: adotando um novo idioma

Em uma edição recente da revista *Granta*, a escritora sul-africana Elizabeth Lowry faz um relato das experiências de vida e intelectuais que a levaram a escolher o inglês como idioma de seus textos. Lowry nasceu e foi criada como africâner em Pretória e, graças à profissão diplomática de seu pai, em várias capitais importantes do mundo, comunicou-se desde o início de seus dias e da mesma forma com seus compatriotas em africâner. No entanto, apesar das críticas de sua família, em pouco tempo, após uma estada educacional em Londres, adotou o inglês como língua materna.

> É impossível – afirma a autora em seu breve depoimento – adotar um novo idioma quando criança sem se tornar também uma nova pessoa. O idioma que falamos, com suas adaptações compactas à história, suas sutilezas de significado e suposições culturais implícitas, na verdade fala conosco.

Diz também que "J. M. Coetzee certa vez caracterizou a literatura sul-africana na era do apartheid como 'uma literatura menos que humana, antinaturalmente preocupada com o poder'. Esse não era o tipo de livro que eu queria escrever". Claramente, se Lowry estivesse analisando as razões pelas quais escolheu o inglês em vez de, digamos, o francês ou até mesmo o alemão, seus comentários se assemelhariam a muitos que foram e estão sendo feitos levianamente, no reino do absoluto sobre-entendimento, em relação aos crescentes casos de bilinguismo ou multilinguismo que povoam o mundo. Afinal de contas, vivemos na era global, uma testemunha plurivocal do deslizamento humano pelo planeta. Mas Lowry, em um inglês sem nenhum traço de sentimentalismo, em um inglês austero e até contido, sabe muito bem que está falando do africâner, a língua do apartheid, e sabe também que está falando do inglês britânico. E, nesse contexto, as frases "adotar um novo idioma", "se tornar uma nova pessoa" e "não era o tipo de livro que eu queria escrever" assumem ecos – não significados, porque a escritora os protege ao se abster de comentários políticos explícitos – que ressoam, se não com gravidade em si, pelo menos com um peso enorme. Lowry sabe que a decisão de escrever em um idioma que não seja o africâner, sendo africâner, é uma decisão de vida ou morte.

São também as condições extremas que justificam que Jakob, o personagem principal de *Peças fugitivas*, romance publicado pela canadense Anne Michaels em 1996, adote o inglês não apenas como idioma de comunicação cotidiana, mas, sobretudo, como ferramenta de escrita. Nascido nos Estados Unidos como sobrevivente do Holocausto – milagrosamente salvo por um cientista grego –, o futuro poeta descreve seu contato ambivalente com a outra língua, a língua que acabaria se tornando sua: "O inglês era comida. Coloquei-o em minha boca, faminto por ele. Uma onda de calor invadiu meu corpo, mas também de pânico porque, a cada garfada, o passado ficava mais silencioso." Em um dos registros mais detalhadamente humanos do tipo de ações microscópicas que ocorrem quando alguém "decide" escrever em um idioma com o qual não nasceu, Michaels inclui: "Linguagem. A língua dormente adere, órfã, a qualquer som: ela gruda, a língua no metal. Então, finalmente, muitos anos depois, ela se desprende dolorosamente e se liberta." E então, como o próprio Jakob finalmente reconhece, a descoberta acontece: "E então, quando comecei a escrever os eventos da minha infância em um idioma no qual eles não aconteceram, veio a revelação: o inglês poderia me proteger; um alfabeto sem memória."

É, sem dúvida, uma revelação sagrada. É comum apontar, com maior ou menor grau de amargura, as limitações impostas pelo uso de um idioma com o qual não se cresceu. Há várias imagens: o falante que se move apenas timidamente dentro da casa do segundo idioma; o ouvinte que, em um terreno movediço, está sempre prestes a ser engolido pelo absurdo ou o deslocado; o falante que, desejando expressar algo, só consegue abrir os lábios para sentir a corrente seca do ar. É muito menos comum apontar, como fazem Lowry, a escritora, e Jakob, o personagem de outra escritora, cada uma à sua maneira, que essa incerteza, essa falta de segurança, essa tentativa perene de domínio destinada ao fracasso, também traz consigo um componente paradoxal de proteção, e outro, talvez mais inebriante, de liberdade. Nisso reside, em sua totalidade, a possibilidade de reconstruir a si mesmo a partir do zero. Ali está, também completa, a possibilidade de ouvir aquela outra maneira pela qual a linguagem "fala conosco" e então, depois, nos inventa. Vida acentuada. O alfabeto sem memória ou, para ser mais preciso, o alfabeto com a memória mais recente torna real a possibilidade de ser aquela outra pessoa que acabou de dobrar a esquina e desapareceu, com um pouco de sorte, para sempre.

Alfabetos exofônicos II: o segundo idioma

O número dois

Sempre achei o segundo lugar mais conveniente. Também tenho a tendência de acreditar que as coisas mais importantes, tanto nos livros quanto na vida, acontecem com uma frequência surpreendente no penúltimo parágrafo, capítulo, cena, andar. Entre o bombástico início inaugural e a parcimoniosa conclusão final está, para o bem de todos nós, o número dois: a porta de entrada para a procrastinação, o prolongamento, a interrupção ou a dúvida. Talvez seja por isso que, em vez do primeiro, eu prefira falar do (no? para?) segundo idioma. Há certo ar de liberdade em torno dele. O cheiro de algo aberto. Aquilo que subjuga.

Então

A rigor, é claro, todo idioma é um segundo idioma. A rigor, quero dizer, o idioma que nos acolhe e nos abriga desde o ventre materno já é, por si só, um idioma madrasta. Mesmo sabendo disso, no entanto, gosto de chamá-lo assim: O Segundo Idioma. Há certo senso de estranheza e certo senso de consequente falta de importância que me faz sentir bem com isso. Certamente não é meu lar, nem é outro lar. É, de qualquer forma, a intempérie. Não é o que se encarrega de manter as aparências – o original ou o primordial ou o natural –, mas o outro, o que, pelo simples fato de existir, consegue colocar tudo – o original e o primordial e o não natural – em dúvida. O da pergunta difícil e do sotaque estranho. Aquele que não se encaixa e, portanto, não domina. Aquele que veio depois e, ao fazê-lo, anuncia que pode haver ainda mais. Não é a casa, como dizia, mas a estrada que me aproxima ou me afasta, dependendo se subo ou desço a colina, como Juan Preciado já disse em seu caminho para Comala, para aquela casa.
    Aí vai Guillermo.

Mal-entendido

Há um eco dentro da cabeça. Um leve zumbido. Um estertor. Tudo o que chamei durante anos de O Segundo Idioma. Um ruído sujo. Uma leve tontura que se assemelhava a uma levitação vital. O nome que eu dava ao véu que não me permitia ver as coisas com clareza ou que, bem examinado, me convidava a ver as coisas de forma diferente. Uma distorção, de fato. Uma alteração alterada. A iminência de um mal-entendido, que é o outro nome da invenção.

A outra forma

Muitas vezes acontece assim: todos falam uma língua em torno de uma mesa e, sem planejar, sem sequer pensar nisso, o Segundo Idioma aparece. Às vezes, é apenas o pequeno indício de uma palavra subitamente intraduzível e, às vezes, o silêncio no qual ocorre o processo pontual de tradução. Às vezes, é apenas um leve gaguejo e, às vezes, ainda mais, o sotaque que sela o que vem de longe. Ele está lá, digo a mim mesmo, para me lembrar de que em todas as circunstâncias, mesmo nas felizes, é importante falar de forma diferente. Está lá para me confirmar que sempre sou, pelo menos, duas.

O que não é o mesmo, mas é o mesmo

No passado, eu achava que sabia o que era o quê. Vivi por muitos anos na terra do Segundo Idioma e lá, como não poderia deixar de ser, cercado de nostalgia e cânfora e de uma necessidade aguda da Grande Narrativa, surgiu o mito do Primeiro. Lá (que, a propósito, neste momento é Aqui), eu conduzia meus assuntos terrenos no Segundo, e os divinos, que são os mais íntimos, no Primeiro. Uma questão de simetria. Uma questão de clareza. E tudo teria corrido bem se não fosse pela proverbial noite do proverbial dia em que tive o proverbial sonho no Segundo Idioma. Não me lembro da história do sonho (embora tenha certeza de que havia um trem nele), mas me lembro, quase perfeitamente, do despertar repentino. Então, eu me perguntei: o Segundo já é o Primeiro? Estava muito ensolarado lá fora e tudo teria ficado bem mais uma vez se eu não tivesse me mudado para a terra do Primeiro, onde o Segundo retornou, não sem relutância, não sem aquele relinchar que muitas vezes me acorda em noites sem sonhos, para seu devido lugar. Exceto que, de acordo com as simetrias que têm o infortúnio ou a virtude – dependendo de como você as vê – de serem estruturais, comecei a conduzir meus assuntos terrenos no Primeiro, deixando, então, tudo o que era privado, que é, como eu disse, a coisa mais próxima até mesmo de certo conceito de sagrado, nas mãos do Segundo. Uma coisa de divindade. Desde então, só falo de amor em uma língua com a qual não nasci.

A liberdade do Segundo Idioma

Com ela, posso xingar à vontade, cortar frases onde bem entender, fazer declarações escandalosas, mudar os pontos de lugar, tergiversar, o que é quase o mesmo que mentir, cometer erros em detalhes, abaixar a voz até que ela atinja o grau zero de si mesma, me dizer e me desdizer com a mesma convicção solitária, oferecer condolências e prometer o impossível, o que talvez seja apenas outra forma de beijar. Como se eu e o Primeiro fôssemos atacados por uma súbita modéstia quando estamos próximos, há coisas que não consigo sequer conceber em sua presença. Como se já tivéssemos passado por muita coisa juntos. Como se tudo nos machucasse. Mas com o Segundo posso contar piadas de mau gosto, dizer palavras de amor, revelar um segredo há muito guardado, dizer adeus, discutir política.

Manifesto popular

Independentemente do idioma em que aparece, a escrita é sempre feita no Segundo Idioma.

**Alfabetos exofônicos III:
minha passagem pelo trânscrito**

A cena é repetida com uma frequência chocante, embora, para ser justo, a cada vez ela incorpore pequenas variações que a tornam interessante ou, pelo menos, reconhecível como uma repetição variada de outra coisa. O roteiro básico da cena compreende dois falantes envolvidos em um diálogo cotidiano, cujo fluxo é interrompido pela aparição de O Sotaque. Para um espectador fora do contexto dos dois falantes, deve estar claro que ambos têm sotaque, ou seja, ambos enunciam palavras com um tom de voz e com ritmo e velocidade peculiares. Para um espectador mais próximo do contexto em que ocorre o diálogo entre os dois falantes, no entanto, fica claro que um deles tem um sotaque que, em sua semelhança com a fala de muitos ao redor, tornou-se transparente e, portanto, passa despercebido, enquanto o sotaque do segundo falante é marcado por sinais de volume, ritmo e dicção que o tornam distinto. Esse diálogo é mais perceptível quando ocorre entre falantes de dois idiomas diferentes, embora também ocorra com frequência entre falantes de um idioma comum. Vejamos.

FALANTE 1: Diz *algo*.
FALANTE 2: Não entende o que foi dito e interrompe o diálogo com uma interjeição.
https://pt.wikipedia.org/wiki/Interjeição.

FALANTE 1: Reage à interjeição e, em seguida, repete rapidamente, quase sem pensar no fato, o que foi dito anteriormente. De agora em diante, chamaremos essa anterioridade de origem ou original.
FALANTE 2: Não entende o enunciado e, então, pede expressa e literalmente que o repita.
FALANTE 1: Repete o enunciado original, mas agora em uma velocidade muito lenta.
FALANTE 2: Não entende e pede que o enunciado seja soletrado.

[1. intr. Pronunciar separadamente as letras de cada sílaba, as sílabas de cada palavra e depois a palavra inteira; por exemplo, *b*, *o*, *bo*, *c*, *a*, *ca*; *boca*. 2. tr. Pronunciar as letras de uma ou mais palavras separadamente e de forma isolada. 3. tr. Adivinhar, interpretar o que é obscuro e difícil de entender].

FALANTE 1: Soletra o *algo* que foi enunciado no início. Imagem: os gestos exaltados dos lábios, o erguer de sobrancelhas ou as mãos no processo de troca.
FALANTE 2: Mantém-se em silêncio, ouve cada uma das letras enunciadas, vê-as literalmente passar diante de seus olhos enquanto são introduzidas muito lentamente em seus ouvidos. Está lendo, isso está claro. Lê dessa maneira e depois, somente depois, responde.
FALANTE 1: Continua a conversa original até que a cena, que é esta cena, seja repetida mais uma vez.

CONFISSÃO TRISTÍSSIMA: Eu tenho sotaque, é verdade. Nada do que estou dizendo aqui faria muito sentido se o processo de migração que me levou do México para os Estados Unidos há alguns anos não tivesse marcado meus hábitos de enunciação nos dois idiomas que uso predominantemente para falar, trabalhar e criar. Nunca tentei não ter um sotaque, mas também não imaginei que adquiriria dois com o tempo. Não sei agora como seria ter uma vida sem sotaque. Não sei como me sentiria se meu modo de falar não deixasse todos em alerta: ela não é daqui. Tenho poucas lembranças de quando meu sotaque foi confundido com a chamada normalidade. Como explica Yoko Tawada em um texto cujo título corresponde à palavra exofônica, "seguir os sotaques de alguém e o que eles trazem pode se tornar uma questão de criação literária".

[A referência ao texto foi retirada de "A língua nas migrações: multilinguismo e escrita exofônica nas novas poéticas", em *O gênio não original: poesia por outros meios no novo século*, de Marjorie Perloff].

Sobre sua transição do japonês para o alemão, idioma no qual também escreveu poesias e romances, Tawada diz, e aqui eu traduzo do inglês:

As pessoas dizem que minhas frases em alemão são muito claras e fáceis de ouvir, mas que elas ainda são "incomuns" e, em certo sentido, desviantes. Não é de admirar, porque as frases são o resultado que eu, como um corpo individual, absorvi e acumulei ao viver em um mundo multilíngue [...] O ser humano hoje é o lugar onde coexistem diferentes idiomas que se transformam mutuamente e não faz sentido cancelar essa coabitação ou suprimir a distorção resultante.

Vamos voltar à cena original. Sabemos que algo aconteceu entre o Falante 1 e o Falante 2 porque a conversa, cuja natureza é fluir, parou. Certamente um elemento estranho, ou um elemento não reconhecido como repetição de outra coisa, foi incorporado à conversa e isso provocou o comentário. A passagem de uma margem para a outra costuma ser realmente lenta. O Falante 1 e o Falante 2 talvez tenham atravessado alguma coisa. Vamos nos perguntar: por que o Falante 1, sem entender algo, precisa ouvi-lo soletrado? O que realmente significa pronunciar as letras, como a RAE define: "isoladas e separadamente"? Além disso, como é possível que soletrar também seja "adivinhar, interpretar o que é obscuro e difícil de entender"?

Na última vez que me envolvi em uma cena como a que estou descrevendo, notei algo que até então, certamente por ser óbvio, havia escapado à minha atenção. Ao observar meu interlocutor fazendo um esforço quase palpável para ver as letras que ele estava soletrando em seu idioma "isolada e separadamente", eu sabia que ele não estava me ouvindo, mas lendo o que era dito. Soletrar é uma forma de ler no ar. O locutor estava, na verdade, transcrevendo minha fala. Enquanto eu estava soletrando, o interlocutor estava transformando o som da minha voz em uma caligrafia abafada, certificando-se de que, na transição da oralidade para a ortografia, o efeito da distorção diminuísse; quando conseguiu, quando finalmente foi capaz de entender e depois participar ativamente da continuação do diálogo, a expressão de felicidade não estava de forma alguma relacionada ao conteúdo da troca, mas ao processo bem-sucedido de transcrição.

Na ocasião, pensei que nós dois éramos praticantes de um idioma que estava passando por um processo de antiextinção: o trânscrito.

https://pt.wikipedia.org/wiki/Sânscrito

Isso mesmo, é uma linguagem cerimonial usada principalmente por leitores de tela multilíngues com uma propensão para *copy--paste* e justaposição, para quem a audição e as funções da oralidade são um risco ou, mais frequentemente, um além do qual não é possível nunca mais voltar. É, em alguns casos, o último reduto da página silenciosa, tornando-se, também com certa frequência, o padrão do olho contra o ouvido. É praticado na tundra siberiana, é claro.

>SEGUNDA CONFISSÃO TRISTÍSSIMA: Eu só sei que quero escrever um livro em trânscrito.

O caso mais estranho

A revelação

Foi somente alguns anos depois de aceitar um novo emprego na seção de Escrita Criativa do Departamento de Literatura da Universidade da Califórnia, em San Diego, que percebi como a situação era incomum. Lá estava eu, essa escritora que nasceu e cresceu falando espanhol e que, até hoje, escreve em sua língua materna, lendo e comentando cuidadosamente textos, tanto narrativos quanto poéticos, embora mais frequentemente textos que desafiavam qualquer distinção estrita entre gêneros, escritos por jovens estudantes para os quais esse idioma, o inglês, era e é sua língua materna.

O que as fricativas me proporcionaram

Como todas as revelações, a minha surgiu com certa violência e passou a questionar o estado das coisas. O que estou fazendo aqui, perguntei a mim mesma mais de uma vez. E mergulhei, como dizem, na mais pueril, se não a mais adolescente, perplexidade. Minhas estantes no escritório da universidade são ocupadas, de fato, por quantidades semelhantes de livros em espanhol e inglês – com uma pequena coleção de livros franceses e italianos, que, para dizer a verdade, eu geralmente evito. Já escrevi em inglês, é verdade, mas principalmente em meu trabalho acadêmico, relacionado à parte da minha vida em que minha identidade profissional era, acima de tudo, a de uma historiadora. E, embora uma ânsia bastante lúdica, se não aventureira, tenha me levado a escrever alguns artigos em inglês, não estou muito preocupada com sua publicação, nem tenho a menor intenção de deixar o espanhol para trás na produção de meus livros. Para piorar a situação, como sempre passo uma quantidade exagerada de material de leitura obrigatória em minhas oficinas, raramente posso recorrer aos escritores mais contemporâneos de minha língua materna, pois as traduções, como é sabido, demoram a chegar. Resumindo, para que fique claro: dou oficinas de redação – não aulas de literatura – em meu segundo idioma para grupos de alunos, em sua maioria monolíngues, para os quais as tradições literárias de fora dos Estados Unidos são distantes. Escrevo isso agora e digo a mim mesma que somente uma distração estratégica ou algo ainda mais perverso poderia ter adiado por tanto tempo o surgimento da pergunta "o que diabos estou fazendo aqui?". Não foram anos fáceis, acrescento para aqueles que estiverem se perguntando. Mas foram anos interessantes. Nem todo mundo tem a oportunidade (o privilégio?) de renegar radicalmente a si mesmo bem no meio da jornada da vida. Foi isso que eu disse a mim mesma para compensar.

O que o falante/escritor de um segundo idioma pode realmente oferecer a um falante/escritor de uma língua materna? Essa pergunta, que, a rigor, já é muito mais produtiva do que a primeira, surgiu no dia proverbial em que a discussão de um manuscrito "naturalmente" levou a uma conversa sobre a natureza estética e política das fricativas no discurso falado e escrito. E o que dizer da análise comparativa da função do adjetivo em ambos os idiomas, e como descrever a longa conversa, em um exame profissional de graduação, sobre os efeitos de velocidade e espaçamento do uso do ponto e vírgula em espanhol e inglês? Sei que nunca abordarei meu segundo idioma com a familiaridade com a qual me aproximo do primeiro, mas também sei que conheço meu segundo idioma com uma minúcia e atenção que raramente dedico ao primeiro. Há uma intimidade linguística que não se baseia, como eu a entendo, na familiaridade, mas, ao contrário, na estranheza. É uma intimidade cautelosa, que não exclui necessariamente a distância exata da observação mais intensa. Não somos mais verdadeiros quando estamos mais vulneráveis, e não somos mais vulneráveis quando estamos fora do lugar?

As múltiplas combinações

Não é comum, mas também não é incomum, que um escritor acabe escrevendo em um idioma diferente de sua língua materna. Casos famosos incluem, é claro, Joseph Conrad, Vladimir Nabokov, César Moro, entre outros. Tampouco é tão estranho que alguns deles tenham lecionado em universidades em seus novos locais de residência, embora geralmente essas aulas tenham sido de literatura, não de escrita, e tenham sido naturalmente ministradas em sua língua materna como modo de comunicação. Entre muitos outros, registro o caso do escritor boliviano Edmundo Paz Soldán, que leciona literatura em espanhol na Cornell há alguns anos. A abertura de pelo menos dois programas de criação literária em espanhol permitiu que escritores como Luis Arturo Ramos, o narrador mexicano, ou María Negroni, a poeta argentina, dessem oficinas de escrita em sua língua materna na Universidade do Texas em El Paso e na Universidade de Nova York, respectivamente. Pelo que sei, as oficinas literárias que Mayra Santos-Febres ministra na Universidade de Porto Rico são oficinas em espanhol. Por outro lado, há alguns casos de profissionais de língua espanhola que, após o doutorado, foram lecionar em universidades dos EUA em sua área de especialização e em inglês. Yoko Tawada, que escreve tanto em seu japonês nativo quanto em seu alemão adotado, vive em Berlim e leciona em alemão, mas são aulas de literatura, não de escrita.

O caso mais estranho

Mais estranho, então, é o caso de escritores que, ao mesmo tempo que desenvolvem seu trabalho em seu idioma materno (espanhol, por exemplo), ministram oficinas de escrita no nível de graduação e pós-graduação em um idioma posterior ao materno (inglês, por exemplo). Esse é, em resumo, o meu caso. E conto-o agora, de forma tão denotativa, com a intenção de reunir informações sobre outros escritores em situação semelhante: haveria alguém que escreve em turco e ensina escrita criativa no sistema universitário alemão? Mas será que há aulas de escrita criativa no sistema universitário alemão? Ou um escritor chuvache* que ensina escrita criativa em russo em uma univer-

---

* Chuvaches - povo turcomano habitante da Rússia e países vizinhos. [N. do E.]

sidade em Moscou? Não se trata de uma pergunta retórica, está entendido. Por favor, envie comentários ou respostas para: crivera-garza@gmail.com. Presumo, talvez com muito otimismo, que esse tipo de cruzamento seja mais frequente do que imagino. Mas talvez não.

Em estado de alerta
Escrever em espanhol nos Estados Unidos de hoje

Mexamérica / DOSSIER / Maio de 2018

Um dos primeiros atos da presidência de Donald Trump foi excluir o espanhol do site oficial da Casa Branca. Não foi, como alguns explicaram na época, uma medida temporária destinada a melhorar as informações contidas nele, mas uma verdadeira declaração de princípios. Apagamento é o nome do jogo. Fingir que cinquenta e tantos milhões de falantes de espanhol não vivem, trabalham e produzem nos Estados Unidos para os Estados Unidos, o país com o segundo maior número de falantes de espanhol no mundo – atrás apenas do México. Aqueles que ainda esperavam que a fanfarronice nacionalista que caracterizou a campanha de Trump fosse transformada, uma vez no cargo, em medidas mais moderadas, entenderam que o verdadeiro inverno estava apenas começando. Os ataques de Trump aos imigrantes, especialmente aos imigrantes pobres e pardos da América Latina e, entre eles, especialmente os mexicanos, são a assinatura de uma agenda que promete devolver a grandeza branca e homogênea aos Estados Unidos. Essa nostalgia de um mundo que nunca existiu nessa nação de migrantes é o que leva centenas de milhares a fazer parte desses coros insanos que pedem a construção de grandes muros na fronteira, a proliferação de armas nas ruas e a punição do que é diverso e diferente. Talvez não tenha sido mera coincidência, então, o fato de termos inaugurado o doutorado em Escrita Criativa em Espanhol na Universidade de Houston apenas alguns meses após a chegada de Trump ao poder, no semestre de outono de 2017. A história dos programas de escrita criativa nos Estados Unidos é longa e bem documentada. Ela começa no início do século XX e se consolida na década de 1960 com a proliferação do que Eric Bennett chama de "oficinas do império", quando, no contexto da Guerra Fria, o ensino da escrita criativa desempenhou um papel importante na disseminação dos valores americanos em todo o mundo[11].

Embora o surgimento de programas de escrita criativa em espanhol seja mais recente, é importante levar em conta a presença fundadora do Master of Fine Arts (MFA) em escrita bilíngue na Universidade do Texas em El Paso, onde Luis Arturo Ramos lecionou até recentemente, bem como a fundação mais recente de programas na Universidade de Iowa, liderada pela poeta espanhola Ana Merino, e na Universidade de Nova York, com escritores como Lila Zemborain, Sergio Chejfec e Diamela Eltit em seu corpo docente.

Não é exagero dizer que a abertura de um programa de escrita criativa em espanhol no nível de doutorado nos tempos atuais é um ato de militância. As universidades públicas, especialmente aquelas designadas como Hispanic Serving Institutions, ainda são um terreno fértil para a luta contra a maré neoliberal que visa arrancar a educação pública da vida da maioria. Também não é coincidência que seja em uma delas, em um dos campi mais diversificados do país, localizado em uma das cidades mais cosmopolitas dos Estados Unidos, que essa iniciativa tenha surgido. O doutorado em Escrita Criativa em Espanhol traz não apenas a escrita para o coração da academia estadunidense, mas também suas tradições de resistência, sua pluralidade incorrigível, seus múltiplos sotaques, sua contínua vociferação. Ela vem, quero dizer, menos para se adaptar às regras estabelecidas e mais para trazer sua visão e suas pedagogias, seus objetivos e seus modos de prática cotidiana. Fred Moten e Stefano Harney já falaram sobre a presença do submundo comum da universidade – aquele grupo de *cimarrones** furiosos que, longe de se sentirem confortáveis com a dívida universitária, a autoridade universitária e a verticalidade da universidade, usam seu tempo e seus múltiplos conhecimentos para abrir portas e janelas[12].

É aqui que entra o ar do presente. É aqui que entra o ar de nosso tempo. A história, no entanto, é longa. E envolve não apenas as mudanças demográficas dos últimos anos e o surgimento de instituições onde o espanhol é agora não apenas, e com grande orgulho, um idioma de trabalho, mas também um idioma que se presta igualmente ao pensamento e à criação. Há também, é claro, a crescente migração de escritores latino-americanos para os Estados Unidos na virada do século XXI. Aqui, estou menos interessada na política de identidade envolvida nesse processo – aqueles que escrevem em espanhol nos EUA se tornam autores "americanos", "mexicano-americanos", "*pochos*"**? – e mais na política da escrita, que é a política com a materialidade da linguagem, que caracteriza ou poderia caracterizar a prática da escrita em espanhol nos Estados Unidos[13].

---

* Termo usado para referir-se a animais domesticados que fogem e se fazem selvagens ou, na América hispânica, a escravizados que fugiam e se refugiavam no campo, algo próximo de "quilombolas". [N. do E.]
** Termo que designa a pessoa mexicana que adotou costumes estadunidenses. [N. do E.]

Portanto, estou interessada em seu potencial.

É claro que quando *McOndo* e *Se Habla Español. Voces latinas en los Estados Unidos* foram publicados em 1996 e 2000, respectivamente, essas antologias polêmicas refletiam a presença crescente dos Estados Unidos no imaginário dos escritores latino-americanos[14].

Mas, como Diana Palaversich apontou em sua resenha crítica desses livros, "entre as 36 vozes incluídas, há apenas 14 vozes latinas, ou seja, aquelas pertencentes a pessoas de origem latino-americana nascidas ou vivendo nos Estados Unidos. Outras 22 pertencem a autores que vivem na América Latina e que, em sua grande maioria, nunca viveram no Norte"[15].

Na verdade, assim como os escritores do boom, que os McOndistas viam como o inimigo canônico que haviam prometido deslocar e substituir, alguns desses autores desenvolveram um relacionamento frágil ou intermitente com os Estados Unidos, fazendo palestras aqui e ali, ou dando aulas por alguns semestres em várias universidades, mas raramente se estabelecendo permanentemente no país. Esses eram os talvez privilegiados professores latino-americanos que lecionavam, mas que, como professores visitantes, raramente tinham de participar de reuniões de comitês ou realizar o trabalho enorme, mas às vezes invisível, que mantém o funcionamento da universidade como tal. O cenário não poderia ser mais diferente apenas 16 anos depois. Empurrados pela crise econômica na Espanha – uma rota migratória muito apreciada por muitos escritores latino-americanos durante o século XX – e atraídos pelas oportunidades econômicas oferecidas pelos departamentos de estudos hispânicos – que não exigem que os autores falem inglês –, muitos escritores latino-americanos conseguiram encontrar um lugar para viver e escrever no país, dando continuidade às suas carreiras, que continuaram a se desenvolver na maior parte do tempo em espanhol e em estreita conversa com as tradições latino-americanas. Gustavo Sainz e Jorge Aguilar Mora estão entre aqueles que cruzaram a fronteira para viver e trabalhar em universidades americanas por longos períodos durante a década de 1970, constituindo uma geração inicial de escritores "americanos" nascidos no México que viviam e produziam nos Estados Unidos[16].

Mas os cargos de professor em departamentos de literatura ou de espanhol não teriam sido suficientes para atrair a atenção constante de escritores do mundo de língua espanhola por longos períodos de tempo. Esses escritores – em sua maioria, filhas e filhos da classe média – precisavam não apenas de um lugar para viver e trabalhar, mas também de um contexto, uma atmosfera propícia para escrever e, em especial, para escrever em espanhol, em condições que deviam perceber como seguras e vantajosas em comparação com as que haviam deixado para trás. Dois processos interligados ocorreram no início do século XXI: por um lado, o já mencionado surgimento de programas de mestrado em escrita criativa em espanhol e, por outro, e simultaneamente, o crescente reconhecimento no campo literário de que a escrita e a academia não eram necessariamente áreas opostas, mas complementares. Os anos de profissionalização promovidos pelo Estado – como no caso do México, onde bolsas de estudo e apoio editorial impulsionaram grande parte da escrita que inundou o país nos últimos anos – ou pelo mercado – como na Espanha, onde grandes editoras e agências literárias se consolidaram desde meados do século XX – provaram ser fundamentais para minar a ideia romântica de que os escritores (os verdadeiros escritores) viviam completamente fora da academia e da sociedade. De quantas maneiras devemos dizer que a torre de marfim do gênio atormentado chegou ao fim? Uma nova geração de escritores migrantes da América Latina – incluindo, mas não se limitando a, Edmundo Paz Soldán, Yuri Herrera, Valeria Luiselli, Lina Meruane, Pedro Ángel Palou, Álvaro Enrigue, Rodrigo Hasbún, Claudia Salazar, Carlos Yushimito, Carmen Boullosa – publicou livros importantes antes de se estabelecer na Califórnia, em Nova Orleans ou Nova York, mas a maior parte de seus trabalhos recentes foi concebida e desenvolvida enquanto viviam e trabalhavam nos Estados Unidos. Embora tenha sido fácil para alguns rotular, e muitas vezes desprezar, a experiência desses autores migrantes latino-americanos que escrevem nos Estados Unidos como o resultado lógico dos processos de globalização, dispostos a adotar e se adaptar às formas do império, estou interessada em enquadrar essa experiência no que Spivak chamou de planetaridade: um conceito que, em vez de enfatizar a circulação de mercadorias e capital, destaca as experiências dos corpos ao entrar em contato – tenso, volátil, dinâmico – com um mundo no qual a natureza e a cultura estão inextricavelmente ligadas[17].

De fato, muito pode ser ganho com a substituição do "agente global" do mundo capitalista pelo "sujeito planetário", capaz de adotar um senso de alteridade "continuamente derivado de nós". Pois, como argumentou Spivak, "a alteridade não é nossa negação dialética, mas nos contém tanto quanto nos expulsa". A travessia das fronteiras planetárias entre a América Latina e os Estados Unidos envolve uma operação geopolítica com a colonialidade e seus limites. Como sabem muitos imigrantes que chegam aos Estados Unidos vindos de áreas periféricas do mundo, ricas em recursos e com uso intensivo de mão de obra, falar/escrever em espanhol – um idioma visto por muitos nos Estados Unidos como adequado para o trabalho, mas não necessariamente para as artes e a criação – não é tão fácil. Os autores migrantes latino-americanos enfrentam dilemas difíceis, comparáveis ao que Silvia Rivera Cusicanqui chamou de epistemologia *ch'ixi*: "uma espécie de consciência de borda ou consciência de fronteira, [... uma] zona de contato que nos permite viver dentro e fora da máquina capitalista, usar e ao mesmo tempo demolir a razão instrumental que nasceu de suas entranhas"[18].

Ao analisar a cultura aimará contemporânea no contexto mais amplo da exploração capitalista na Bolívia e na América Latina em geral, Cusicanqui deu ênfase especial às várias maneiras pelas quais os "deslocadores semióticos" geram "um método de tradução e integração de entidades presentes e futuras". Ele demonstra, acima de tudo, um interesse especial na produção de "uma língua ch'ixi, contaminada e manchada, um castelhano aimarizado que permita um diálogo crítico com as propostas desenvolvimentistas do Estado para o mundo rural"[19].

Assim como Guamán Poma de Ayala escreveu em espanhol para o rei da Espanha, esses escritores migrantes latino-americanos escrevem em espanhol ou em inglês com o "ego colonial vigilante" à distância, permitindo que sua escrita abarque uma infinidade de "conceitos básicos da ordem social, vital e cósmica, e diga o que as palavras não podem expressar em uma sociedade de silêncios coloniais"[20].

Marjorie Perloff chamou de escrita exofônica a prática de incorporar palavras ou sintaxe estrangeiras em textos que, de outra forma, teriam sido escritos em inglês convencional[21].

Seus exemplos remontam a T. S. Eliot e Ezra Pound e chegam até obras recentes, como as de Caroline Bergvall, escritora e artista franco-norueguesa, ou Yoko Tawada, romancista japonesa que também escreve em alemão. Evitando os contextos políticos e coloniais em que essas trocas ocorrem e limitando sua análise às implicações formais dessas práticas, Perloff desconsidera a dimensão política daqueles que escrevem, para usar os termos de Cusicanqui, "ao mesmo tempo dentro e fora da máquina capitalista [... para] usar e ao mesmo tempo demolir a razão instrumental" e suas muitas línguas. A linguista mixe Yásnaya Aguilar argumentou de forma persuasiva que a única diferença entre as línguas indígenas e outras nas Américas é que as primeiras conseguem sobreviver sem – ou mesmo apesar de – um Estado que as apoie. São línguas sem um exército. O espanhol, imposto pela conquista e por uma experiência colonizadora de pelo menos trezentos anos, é certamente uma língua com um estado e um exército dentro dos territórios que conhecemos como América Latina – com a óbvia exceção do Brasil e de alguns outros países. No entanto, uma vez que o espanhol atravessa uma das fronteiras mais dramáticas e poderosas de nosso mundo globalizado nos ombros e na boca de migrantes sem documentos (e não), ele também se torna um idioma sem um estado e sem um exército. Um idioma ch'ixi. Uma consciência ch'ixi incorporada em palavras poluídas e maculadas, em construções gramaticais e sintaxes peculiares que imediatamente ocupam o degrau mais baixo na hierarquia de idiomas protegidos pelo Estado estadunidense. E como temos testemunhado o agravamento dessa situação até agora na era Trump. Como produto de experiências migratórias e de um contexto em que as lutas contra a colonização estão ganhando relevância, os idiomas ch'ixi não podem ser descritos simplesmente como meras misturas ou fusões de idiomas. Não é o *spanglish* que caracterizou grande parte da literatura chicana, por exemplo. Sempre consciente das muitas camadas da experiência colonial, cada enunciado ch'ixi buscaria maneiras de "usar e ao mesmo tempo demolir" o próprio contexto do qual surgiu. Escrevendo também na primeira década do século XXI, a poeta Juliana Spahr observa em seu ensaio "The 90s" uma tendência entre os escritores bilíngues ou multilíngues contemporâneos de se afastar do inglês convencional, uma prática que ela percebe em relação à "orientação linguística desconfortável ligada à migração"[22]. Segundo ela,

> há um tipo de escrita contemporânea que se preocupa principalmente em representar e preservar a identidade cultural do autor que escreve uma obra bilíngue ou multilíngue em um inglês misturado com um idioma que associa à sua identidade. Ou, no caso do que geralmente é chamado de "experimental", o autor ataca as convenções da língua inglesa e escreve em um inglês alterado. Mas o que venho observando é que, desde a virada do século, embora muitos escritores continuem a incorporar outros idiomas em seu inglês, eles o fazem não tanto para falar de sua identidade pessoal, mas para falar do próprio inglês e de suas histórias.[23]

Nunca houve um momento melhor – até mesmo um momento mais urgente – para falar sobre o espanhol e suas muitas histórias, suas muitas histórias nos/com os Estados Unidos e suas muitas histórias com/em inglês. Escritas em espanhol em um contexto de língua inglesa – seja com ou contra, a favor ou por debaixo de –, as obras desses escritores migrantes latino-americanos contêm traços, marcas materiais, sinais, vestígios da miríade de estratégias de oposição, de adaptação, enfim, de negação em que esses escritores se envolvem voluntária ou involuntariamente, consciente ou inconscientemente. Pois, embora os escritores tenham, ou devam ter, controle total sobre suas ferramentas, não se espera que estejam totalmente cientes, muito menos no controle, dos materiais com os quais trabalham. Ler esse tipo de escrita em toda a sua complexidade pode exigir que se vá além da matriz identitária que tem dominado a literatura – e, mais especificamente, o campo dos estudos literários latino-americanos nos Estados Unidos – para confrontar "o que excede e a partir do que excede essa captura subjetiva" da escrita em língua espanhola que emerge dos Estados Unidos[24].

Com o aumento das traduções do espanhol para o inglês – um movimento liderado hoje, e notoriamente, por escritoras e tradutoras – e um bom número de autores de língua espanhola que escrevem tanto em inglês quanto em espanhol – incluindo, entre outros, Daniel Alarcón, Santiago Vaquera-Vásquez, Mauro Javier Cárdenas e, mais recentemente, Valeria Luiselli e Pola Oloixarac –, é possível que esses autores planetários que escrevem em idiomas ch'ixi nos ensinem algo sobre como é viver dentro e fora da besta. É possível que, em outras palavras, eles nos ensinem algo sobre o exercício da escrita como uma prática crítica e como um estado de alerta.

Coda I: a poética do *O*: uma visão geral comparativa

É difícil começar qualquer ensaio sobre *O* sem pensar, ainda que de passagem, em *História de O*, aquele romance erótico singular e singularmente bem escrito publicado, para escândalo de muitos, pela francesa Anne Desclos (sob o pseudônimo de Pauline Réage), que coloca *O* imediatamente nos domínios do corpo e da sexualidade. É igualmente difícil evitar esse maravilhoso parágrafo de *Porta do Sol*, do romancista e crítico libanês Elias Khoury:

> Então você quer o início. No início, eles não diziam: "Era uma vez", eles diziam outra coisa. No início, diziam: "Era uma vez, era uma

vez o que era – ou não era". Sabe por que diziam isso? Quando li essa expressão pela primeira vez em um livro de literatura árabe, fiquei surpreso. Porque, no início, eles não mentiam. Não sabiam de nada, mas não mentiam. Deixavam as coisas vagas, preferindo usar o O que faz com que as coisas que eram pareçam como se não fossem, e as coisas que não eram como se fossem. Dessa forma, colocam a história no mesmo nível da vida, porque a estória é uma vida que não aconteceu, e a vida é uma estória que não foi contada.

O O é uma vogal que se presta a brincadeiras e mal-entendidos e, acima de tudo, a divergências. Saltar através de seu aro – de preferência em chamas – ou conhecê-la "por lo redondo", como a lendária ave de rapina lopezvelardiana, são coisas bastante complexas. Como as outras vogais, o O também tem sua semântica e, se exagerarmos um pouco, até mesmo sua política. Christian Bok e Óscar de la Borbolla, que dedicaram livros a cada uma das vogais em dois idiomas diferentes, chegaram – talvez *naturalmente* – a uma poética do O que aponta para mapas humanos, se não meramente opostos, pelo menos altamente contrastantes. E coloco o *naturalmente* em um cético itálico porque não sei se essas noções divergentes correspondem organicamente ao anglo-canadense de Bök, o poeta experimental, ou ao espanhol mexicano do narrador e filósofo De la Borbolla. Mas, embora o O de Bök seja, como bem observou Marjorie Perloff em "The Oulipo Factor. The Procedural Poetics of Christian Bök and Caroline Bergvall", solene e acadêmico, centrado em livros (*books*), figuras de poder universitário (*provost*, ou reitor) e prédios bem estabelecidos (*dorms*), o O de De la Borbolla salta loquazmente para uma cena de sanatório mental, onde fica claro que "nós, loucos, somos outro cosmos". É difícil determinar de imediato se essa divergência é produto do temperamento pessoal dos escritores ou o resultado do que um idioma pode – ou não – fazer com uma vogal.

Tudo parece indicar que 2001 foi um bom ano para as vogais. Foi então que *Eunoia*, de Christian Bök, foi publicado por uma editora canadense, e que *Las vocales malditas*, de Óscar de la Borbolla, um livro que Joaquín Mortiz publicou em 1991 e que, na publicação do próprio autor, viu a luz do dia pela primeira vez em 1988, foi disponibilizado ao público leitor pela Editorial Patria, no México. *Eunoia*, como o próprio Bök explica, é a palavra mais curta que, em inglês, contém todas as vogais. Seu significado é "belo pensamento". Nada poderia estar mais distante do adjetivo *malditas* que, no feminino e no plural – pode haver algo mais marginal ou suspeito do que essas duas palavras juntas? –, qualifica as vogais de De la Borbolla. Talvez seja aí que nasça a diferença de rota entre dois textos que partem de regras semelhantes. Assim como o de De la Borbolla, o livro de Bök consiste em lipogramas, ou seja, textos em que o autor omitiu sistematicamente uma letra O, como nesses dois casos, várias vogais para deixar apenas uma em uso. Guiados pelo grande princípio oulipiano de que "o texto escrito de acordo com uma limitação descreve essa limitação", tanto Bök quanto De la Borbolla compuseram textos univocais que, em geral, foram bem recebidos pela crítica em seus países de origem (o canadense, na verdade, ganhou um prestigioso prêmio nacional de poesia em 2002). O mexicano chama esses textos de "contos"; o poeta experimental os chama de "poemas".

Além de se referir a destinos exóticos, o *A* de Bök chama a atenção para as abordagens do poder estabelecidas por meio da gramática (*grammar*), da lei (*law*) ou da proibição (*ban*), salvaguardadas por Marx, Marat ou Kafka. O *E*, por outro lado, é mais suave (*genteel*), e o I é muito leve (*light*). No *U*, a vogal altissonante do inglês que a inclui em palavras que é melhor não mencionar em voz alta em público, vão parar não apenas o esperado Ubu de Jarry, mas também a verdade (*truth*). Por outro lado, o *A* de De la Borbolla nos leva diretamente ao pecado e à carnalidade. Em "Cantata a Satanás", uma das primeiras palavras é o verbo amar. Ao contrário da suavidade do *E* do inglês canadense, com o *E* do espanhol mexicano, o rebelde se torna um herege porque é aqui que a lei e o regente surgem. O *I* não é leve, mas triste (cinza) e até exótico (*I Ching*), mesmo que Mimi ande por aí sem biquíni. E talvez valha a pena fazer uma pausa aqui para incluir o grande senhor das vogais no México: Cri Cri. De la Borbolla não seguiu as mesmas regras para o *U* e talvez por isso o vodu e o guru tenham ido parar lá.

O contraste mais óbvio entre o escopo semântico das vogais em espanhol e inglês surge, no entanto, em torno do *O*: o *O* que, em inglês, assume o tom grave da solenidade e se concentra no conhecimento dos livros e no poder dos reitores das universidades, e que, no espanhol mexicano, nos leva diretamente ao mundo da loucura e do relaxamento. Aqui está, em sua totalidade, o que era uma vez – ou nunca foi – do qual Khoury falou.

É verdade que a dor e o horror passam por seu oco, mas, pela primeira vez, ao chegarem ao outro lado da realidade, também se parecem com olmos côncavos e olorosos.

Coda II: Edwin Torres

A proposta editorial da Atelos se estabeleceu em 1995 como parte do projeto Hip's Road. Seu objetivo era publicar, sob o signo da poesia, qualquer tipo de texto que desafiasse as definições limitadas desse gênero. Lá, em uma lista de cinquenta livros, apareceram os trabalhos de Rae Armantrout, Leslie Scalapino, Rodrigo Toscano, Tan Lin, entre muitos outros. *The Popedology of an Ambient Language*, de Edwin Torres – um poeta de ascendência porto-riquenha nascido em Nova York – foi publicado nessa série com curadoria de Lyn Hejinian e Travis Ortiz em 2007. Torres participou de várias performances que combinavam improvisação vocal e física com teatro visual. Ele é coeditor da revista/DVD *Rattapallax*. Aqui estão apenas dois poemas rápidos e nervosos, extraídos como que involuntariamente dos enunciados da linguagem falada que os contém e libera.

CONVITE DO PEDRO

olha, eu vou te ligar porque eu tenho/ seu número e eu juro que você deveria conhecer/ alguém, certo, aquela pessoa de quem eu te falei, lembra?/ como 2 anos atrás? Eu deveria ser a próxima/ pessoa que você conheceria, e isso é uma impossibilidade não humana,/ eu sei, mas o que estou dizendo é que alguém assim gostaria de conhecê-lo/ alguém como você, ou pelo menos ter a chance/ de uma conversa telefônica com toda a essência do/ que você é, certo? Então, veja,/ eu tenho seu número de telefone, eu juro,/ você precisa conhecer essa pessoa de quem estou falando, vai/ porque eu tenho seu número de telefone/ e há dois anos eu lhe falei sobre essa/ pessoa, certo? Eu tenho seu número de telefone,/ certo? Eu falarei com você, olhe, faça-me um favor,/ escreva seu número de telefone/ sim, eu tenho seu número, mas escreva-o/ porque você precisa conhecer essa pessoa, certo?/ olhe, eu ligarei para você porque essa pessoa/ que você precisa conhecer e esse número funciona, certo?/ bem, olhe, tipo 2 anos atrás...

UM FANTASMA PERDIDO EM JUÁREZ

ele era o lindo menino de Juárez, estávamos em Juárez/ e ELE era um menino de Juárez, mas lindo/ como se fosse de outro lugar, como se fosse de lá ou de outro planeta ou de outro país/ não imaginávamos que ele pudesse fabricá-los [*fabricar esses garotos*]/ algo tão lindo, pensamos, você poderia salvar o mundo/ algo assim, um lindo menino de beleza inconcebível... //

foi o que nos uniu [*pelo menos a nós dois*] sentados ali,/ naquele café em Juárez, depois de economizar tanto dinheiro/ no mercado, aquele mercado mexicano de fronteira cheio de nomes ingleses antigos/ pintados sobre cantinas decadentes, comprando cobertores por dois dólares/ e suco de cacto em dólar, ou talvez tenha sido o contrário,/ as sandálias que trocamos por uma chance de ficarmos famosos... //

o preço da beleza era conhecido em Juárez, o garoto que vimos, ELE/ Foi o que nos deslumbrou [*se a beleza deslumbrou*] a margem/ da cidade fronteiriça é apenas um território de fantasmas perdidos, [*se o oceano vai além de seu golfo*]/ como o rio que ousamos descer, aquele pequeno ângulo de luz,/ tocou suas bochechas e nos deixou ver não a poesia dispersa, não, a pobreza/ [*suas mangas rasgadas*] de que ele era feito, a criação dele //

ainda mais [*isso é o que é, você sabe, a aparência da beleza quando ela é/ vista pela beleza*], que é o que a tornou ainda mais bonita,/ como NÓS a construímos a cada olhar [*assim o fizemos você e eu*]/ um país à beira de um monstro, um monstro patriótico que usava/ sua arrogância como um milk-shake de quatro dólares [*foi isso, o ângulo do sol foi o/ que tornou o normal impossível*] que você pode comprar com uma carteira como essa... //

ou era impossível [*na medida do possível*] imaginar algo tão jovem,/ malformado dentro de nossos olhos, completando nossa visão/ algo tão estrangeiro deveria ser inalcançável, deveria nos lembrar/ do sono eterno, e salvar o mundo [*que algo/ tão inalcançável pudesse salvar o mundo, porque/ você não poderia tocá-lo, como sabe*] VOCÊ sabe o que quero dizer //

o que uma cidade pode nos dar por estarmos à beira de algo, algo/ tão algo em seu algo mais, o que poderia nos trazer a Juárez/ uma cidade fronteiriça [*mais uma dessas, você sabe o que quero dizer*]/ sem pena, você teria que vê-lo, não pena, mas ele/ milhares de rostos bonitos, nós, não ELE, os milhares de nós que já fomos ele,/ nunca poderíamos ter nos tornado um rosto como aquele, parado //

como um despertar de traços dispersos no esquecimento, tão antigos quanto éramos/ e o que éramos [*sabíamos*] por conhecermos a nós mesmos, estávamos na presença/ de um deslizamento perplexo do tempo, um rearranjo na posição do lugar/ [*em nosso tempo, assim éramos*] deslizávamos, bebíamos o nosso café de 25 centavos/ pés descalços, no final do dia em Juárez, nesse café acabado na periferia e você/ seu belo nariz, o perfil angular, roubando olhares... //

naquela sombra quente [*se a sombra se deixasse tentar*], roubando um olhar/ na cicatriz de um sol baixo/ no que resta, no que acabará por nos deixar, aos dois, cegos...

Coda III: Don Mee Choi

Suas palavras vêm do exílio. Don Mee Choi nasceu na Coreia do Sul em 1962 e veio para os Estados Unidos aos 19 anos, depois de uma estada em Hong Kong. Seu primeiro livro de poesia – que vai do fragmento ao verso, da nota simples ao parágrafo completo – questiona essa experiência do ponto de vista mais íntimo da história pessoal, mas também da crítica mais ferrenha e inteligente do neocolonialismo e suas sintaxes. Às vezes, aquele que parte deixa um gêmeo imaginário em seu lugar. Às vezes, quando a poesia torna isso possível, os dois trocam mensagens que, com sorte e graças à Action Books, que publicou esse livro em 2010, podemos ler. Aqui está uma tradução de "A Journey from Neo-Colony to Colony", em *The Morning News is Exciting!*, Action Books, 2010, pp. 81-85.

Foi para Hong Kong em 1972. Tinha dez anos de idade e falava apenas coreano na época. Ela imaginava que havia duas pessoas como ela. Ela me imaginou. Eu cresci na Coreia do Sul, enquanto ela cresceu em Hong Kong. Eu fico onde estou.

Minha mensagem para você:
Eu fui deixado para trás. O lar é uma coisa em camadas.

Sua mensagem para mim:
O chá verde é a norma e nada mais é adicionado a ele. Na economia da colônia, é essencial que você aproveite todas as oportunidades para se tornar conhecido. Se vier de uma neocolônia desconhecida, então você não é nada e permanecerá assim até a data de sua partida. Tome um drinque e fique perto de seus parentes. Sua bagagem logo absorverá a névoa. A balsa em

que está viajando tem uma surpresa reservada para você: o chá e os ingleses. Agora está claro que a Colônia espera manter sua crescente população com um padrão de vida razoável. Seu idioma é opcional. É ideal para sua nova situação doméstica: um apartamento de três quartos com uma varanda grande o suficiente para você e sua tristeza. Todos nós admiramos a vista do porto. Não procure por árvores e suas flores. Os pardais vão parar de chilrear ao anoitecer. Não se deixe enterrar por seu casaco. Não há inverno aqui. É claro que você pode ficar desolado. Essa é a Lei. Fixar residência em uma Colônia geralmente implica certa segurança e incerteza. Tome outro drinque. O chá verde é a norma e nada mais é adicionado a ele. Não se deixe enganar pela ausência de um toque de recolher. Sabemos que a distância é esmagadora. Esse é um aspecto essencial da colônia. Se você vem de uma neocolônia desconhecida, precisa se identificar. Nós não nos importamos. Apreciamos o rápido crescimento aqui.

Minha mensagem para você:
O lar é uma coisa em camadas. Eu vivo como se você nunca tivesse ido embora. Moro na casa onde você nasceu e falo seu idioma opcional. Há invernos aqui. Costumo usar seu cachecol de fitas e luvas vermelhas. Eu a imagino como uma criança. Você tem uma vista para o porto e eu tenho uma vista para o rio. A distância é esmagadora. Houve uma mudança na Lei. A lei de 1972 ratifica a lei de 1961. O que a Lei pede? Estamos devastados. Sua mãe enviou a mala com as roupas usadas. Eu uso seus vestidos sem mangas e sinto o cheiro de sua névoa. Meus pardais não têm para onde ir. Não sei se minhas nuvens chegarão até você ou não. Eu imagino você quando criança. Espero por seu retorno.

Sua mensagem para mim:

Eu conheço a nostalgia. Ela é inimaginável e envolve a comunidade de alguma forma. Começa com uma família à distância. Segurança não é nada. Ir embora não é nada. A Colônia é algo, mas a neocolônia não é nada. O inverno não é nada; no entanto, a Lei é algo. A questão é que você está desolada. A ideologia é uma coisa em camadas. A Colônia é espacial. Eles a chamam de teoria descritiva. O jantar, a refeição mais importante do dia, que originalmente era servido ao meio-dia e gradualmente começou a ser servido mais tarde, não era servido entre as 3 e 4 horas da tarde até o século XVIII. O chá no meio da tarde é servido, o momento para visitas decentes. Sua família pode se sentir desconfortável à mesa. Agora eles estão separados por cadeiras. Agora eles dormem separados do chão, sob lençóis removíveis. E você sonha em camadas: a montanha, o mar, o rio, a ponte e a balsa se sobrepõem, se dobram e se afastam. Sua linguagem opcional pode ser deformada. Sua mãe pode estar sofrendo de uma doença: o preço de um mundo interior. Tirar os sapatos ao entrar em casa é bom, mas não é apropriado fazê-lo na frente da Lei. O lar não é nada e esse nada é você. As nuvens desaparecem com o tempo. Você deve suportar a distância. A neblina é seu lar.

Minha mensagem para você:

Você foi embora. Por favor, volte. Estou com seu pente. Eu conheço a nostalgia. Ele se abre como o guarda-chuva da mamãe. Brinco de vestir suas bonecas de papel, o guarda-roupa desenhado a lápis. Caminho lentamente sobre a ponte, com seu grampo em meu cabelo. O rio está agitado. Eu jogo meus braços no chão e tiro meus sapatos. Não sou ninguém. Por favor, volte. Estou com seu pente. Apresse-se. Desapareça. Diga não ao jantar e à neblina.

Sua mensagem para mim:

Esquecer é maravilhoso e o poço do meu pai não tem fundo. Freud diz: *a maneira como a tradição nacional e a memória da infância de cada indivíduo se desenvolvem pode se tornar totalmente análoga.* De fato, alguma autoridade superior pode mudar o objetivo de resistir para o de lembrar. A insanidade pode ser uma forma de resistência. Esquecer é maravilhoso e o poço do meu pai não tem fundo. Para se lembrar de um incidente doloroso para a sensibilidade nacional, a agência psíquica básica precisa resistir à alta autoridade. No entanto, isso é contra a Lei. Chá e falsas memórias. O que é mais adorável, a Colônia ou a neocolônia? A mudança de objetivo é pequena. Esquece de algo e depois se lembra de outra coisa. O mais adorável é o inconsciente, ele é tão vívido. Em defesa da paramnésia da nação, o chá deve ser servido o tempo todo. Migração, minha nação! A família à distância deve estar separada por um oceano. A proximidade pode provocar acessos de nacionalismo. Obedeça às suas obsessões de ordem. A solidão da infância pode mudar seu propósito. A solidão da nação é uma categoria falsa. Seja uma fraude. Seja a Lei.

Minha mensagem para você:

Você está triste? Não estou com raiva. Você se sentou no colo de seu pai. 1972 foi o ano de sua partida. Lembro-me de sua saia florida e de seus shorts, do grampo em seu cabelo. A Lei estava se aproximando e você estava indo embora. Minhas nuvens a perseguiram. Você é adorável? Sou tão vívida. Meus pardais viajam pelo oceano durante a noite e se lembram de suas flores. Eu não sou um terreno baldio. Eu continuo.

Notas sobre a jornada: citação de Sigmund Freud em
Forgetting Things, Penguin, 2005.

Coda IV: Juliana Spahr

Nas notas que acompanham o poema que traduzo abaixo, a poeta estadunidense Juliana Spahr diz que tudo surgiu porque ela estava tentando se explicar um dia na França. Havia filas e pessoas cantando e um homem estava alimentando um pardal, e ela começou a pensar sobre vinhedos e quem realmente é dono do que e as divisões que tudo isso causa. Então, quando voltou para casa, ela inseriu essas anotações em aplicativos de tradução do francês para o inglês e vice-versa. Assim surgiu essa sintaxe peculiar, esse inglês estranho e distorcido com o qual nos apresenta àqueles de nós que vivemos em uma terra que nunca foi e nunca será nossa.

"N 21º 18'28" W 157º 48'28"

ALGUNS DE NÓS E A TERRA QUE NUNCA FOI NOSSA

Somos todos nós. Nós de todos os pequeninos somos. Somos todos nós. Nós de todos os pequenos somos. Estamos no mundo. Nós estamos no mundo. Estamos juntos. Estamos juntos. E alguns de nós estão comendo uvas. Alguns de nós estão todos comendo uvas. Alguns de nós estão todos comendo. Estamos todos neste mundo hoje. Alguns de nós estão comendo uvas hoje neste mundo. E alguns de nós nos permitimos comer uvas. No cocho das uvas. Nós dentre todos os pequeninos somos os que comem uvas. No mundo das uvas. Comendo uvas. Nós de todos os pequeninos somos o que come. Alguns de nós estão juntos nas uvas. Nós de todos os pequeninos estamos hoje neste mundo. Neste mundo. Para o comer das uvas. Para comer uvas. Alguns de nós nos permitimos comer uvas hoje neste mundo.

Alguns de nós nos permitimos estar juntos nas uvas. No mundo das uvas. Neste mundo. Nas uvas. Nas uvas. No sabor. No sabor. Na fermentação. Na fermentação. No vinho. Fora do vinho. Na pele sólida e fresca. Na casca sólida fresca. Na semente. Fora da semente. Na umidade. Na umidade. No dia de hoje. No dia de hoje. Estamos todos juntos neste mundo. Nós de todos os pequenos estamos juntos neste mundo. Estamos todos juntos. Nós nos permitimos estar juntos. Alguns de nós comem. Alguns de nós nos permitimos comer. Alguns de nós estamos comendo uvas juntos. Alguns de nós nos permitimos todos ser as uvas que serão comidas juntos. Neste lugar. Neste lugar. No ato de comer. Enquanto comemos. Nas uvas que alguns de nós estão comendo. Em todas as uvas inegáveis do nós deixemos deixá-las deixemos que sejam o que come. No cocho das uvas. Ao comer as uvas. Somos todos nós hoje. Somos todos os pequenos hoje. As uvas no comer. No nós somos. No somos. Nas uvas estão. Comendo uvas. No nós o mundo. No estar juntos. Alguns dos nós estão todos neste mundo de estarmos juntos comendo uvas.

Alguns de nós e a terra que nunca foi nossa enquanto éramos da terra. Começou conosco e da superfície da terra que nunca esteve conosco enquanto éramos a superfície da terra. Alguns de nós nos vestimos com a terra. Alguns de nós carregaram a superfície da terra. Alguns de nós plantaram as uvas. E comemos as camadas da superfície da terra. Mas fomos feitos pela superfície da terra, pelas uvas. As uvas da superfície da terra. Alguns de nós plantamos uvas. O verde da superfície da terra. Alguns de nós se estabeleceriam. Alguns de nós a organizariam. E a terra nunca foi nossa. E a superfície da terra nunca esteve conosco. E no entanto fomos feitos pela terra, pelas uvas. Comemos as folhas da terra. As uvas da terra. O verde da terra. As folhas. As camadas. E éramos da terra porque comíamos e a terra permitia que alguns de nós comessem. E éramos a superfície da terra porque comíamos e a superfície da terra permitia que alguns de nós comessem. E no entanto a terra nunca foi algo nosso. Mas a superfície da terra nunca esteve segura conosco. Ela nunca é algo nosso. Nunca estará segura conosco. Nunca será de fato algo nosso. Nunca estará verdadeiramente segura conosco. Ela nunca será possuída. Nunca será capturada. E o verde da terra é a posse que temos da terra. E o verde da superfície da terra é a posse que a superfície da terra tem de nós.

A terra é alguns de nós que estendemos a mão e os pardais que a bicam enquanto comem. A superfície da terra está entre nós que estendemos a mão e os pardais que a bicam enquanto comem. Estamos todos juntos neste mundo, neste mundo de mãos e grãos. Todos nós, os pequeninos, estamos juntos neste mundo, neste mundo de mãos e grãos. Alguns de nós somos pardais que bicam nossa mão. Outros são pardais que bicam com a nossa mão. Voamos e depois fazemos ninhos em nossos dedos. Com isso, controlamos o mecanismo em nosso dedo. Os pardais estão bicando nossa mão, bicando o grão, nossa mão, nosso grão, nossa mão. Os pardais que bicam com nossa mão, bicam com nosso grão, nossa mão, nosso grão, nossa mão. Estamos todos neste mundo com os pardais. Todos nós, os pequenos, estamos neste mundo com os pardais. Com a bicada. Com aquele que bica. Estamos nessa mão, nessa bicada. Estamos nesta mão, nesta bicada. Somos todos nós. Somos todos pequeninos. Alguns de nós bicam mais vezes. Alguns de nós se deixam bicar. Estamos bicando nossa mão. Bicamos com nossa mão. Estamos esperando para ficarmos cheios de grãos. Queremos estar cheios de grãos. E depois comer uvas. E depois comer uvas. Alguns de nós voam sobre nossa mão, voam sobre nossa mão. Alguns de nós se permitem voar na mão, voando com a mão. Alguns de nós estão bicando a mão de voar. Alguns de nós se permitem ser bicados pela mão do voo. Estamos juntos neste mundo, voando, bicando. Todos nós, os pequeninos, estamos juntos neste mundo, controlando aquele que bica. No fundo da superfície da Terra. Com nossa bunda na superfície da Terra. E então, novamente, voando, bicando. Do outro lado, voando, bicando.

O que significa se estabelecer. O que significa organizar. Para nós que estamos todos juntos neste mundo. Nós todos os pequeninos juntos neste mundo. Comer as uvas e não plantar a semente. Comer as uvas e não plantar a semente. Agarrar-se com muita força. Ser segurado com firmeza no serviço. Mudar. Mudar. Fazer a mudança. Para fazer a mudança. Mudar a terra. Mudar a superfície da terra. Lançar a semente. Lançar a semente. Para aqueles de nós que estamos juntos na terra, mas ainda assim alguns de nós estão comendo uvas, outros bicam a mão. Nós todos os pequeninos estamos sempre juntos neste mundo, embora alguns de nós comamos uvas, enquanto outros bicam com as mãos. Como se mover. Como se mover. Como mudar da estabilização na parte superior para dentro. Como mudar de acomodação no topo para o interior. Adotar, não se acomodar. Abraçar, não organizar. Falar. Falar. Ter falado. Com o falado. Olhar para o que está errado neste mundo onde estamos todos juntos. Afastar para longe o que está com o que está errado neste mundo em que todos os pequenos somos nós em unidade.

5
Breves mensagens de Pompeia: a produção do presente em 140 caracteres

Uma linha do tempo

No mundo do Twitter*, TL só pode significar uma coisa: a linha do tempo. De fato, no Twitter, toda a escrita forma uma linha do tempo em movimento contínuo. Ou o contrário: no Twitter, todo o tempo é feito de escrita em seu incessante aparecimento e desaparecimento. O vaga-lume de hoje. Não há tempo sem escrita, essa é a primeira conclusão. Não há escrita que não seja, simultaneamente, tempo que passa. Assim, somente o esforço de uma

---

*   Em 2022, a plataforma Twitter foi comprada pelo bilionário Elon Musk e, no ano seguinte, passou a se chamar X. Optamos por preservar no texto o nome antigo. Chamar o Twitter de X significaria ignorar as diferenças entre as características da plataforma a que a autora se refere e a nova realidade das redes sociais e microblogues. Entre essas diferenças, destaca-se a mudança de limite de caracteres, de 140 (no Twitter) para 280 (no X). [N. do E.]

escrita coletiva, incessantemente enunciada, constantemente acontecendo, consegue tornar possível o que é possível: que o tempo exista e, já existindo, que o tempo passe.

A TL é, obviamente, o conjunto de retângulos preenchidos com frases de 140 caracteres que ocupa a tela e, conforme aparece, avança, apenas para desaparecer novamente. Acho que já mencionei a palavra "vaga-lume". De cima para baixo: escrita vertical. Da existência dentro dos limites da tela do presente à semiexistência nos registros do "já foi": escrita sináptica. Poucas coisas nos lembram com tanta força que o que é próprio do tempo é passar. Poucas coisas confirmam o que, por mais óbvio que seja, permanece intrigante: então nós também desapareceremos?

O tuíte se assemelha a muitas coisas que existiram no passado e, sem dúvida, continuam a existir hoje: o aforismo, o haicai, o poemínimo, todo tipo de invenção, a vinheta, a frase solta, o verso, a sentença. A diferença, entretanto, é o meio. O tuíte é uma escrita curta, certamente, mas é uma escrita na tela. Mais ainda: o tuíte é uma escrita em tempo real, essa construção. Walter Benjamin, o protocitógrafo extremo, o transcriador por excelência, já dizia isso na seção catorze de suas *Teses sobre a filosofia da história* – com apropriada epígrafe de Karl Kraus: o objetivo é a origem –: em oposição ao tempo vazio e homogêneo da ideologia dominante, encontramos o tempo-agora, um tempo pleno que faz saltar, através do momento de perigo que é cada citação, o continuum da história. Quando Benjamin discute as maneiras pelas quais a moda "cita" a roupagem do passado, ele diz: "A moda fareja o presente onde quer que o presente esteja vasculhando a selva do passado." Assim, o tuíte: escrever resumidamente, como tantas outras coisas, mas com a tecnologia atual, dentro dela e por meio dela. Apontar as semelhanças

– um exercício louvável em relação a um fenômeno tão recente – não deve, no entanto, deixar de lado as especificidades.

Um aforismo e um tuíte podem parecer a mesma coisa se lidos sem contexto. Embora ambos sejam textos de brevidade mínima, incorporam diferentes maneiras de ver e representar o mundo por meio da escrita. A grande diferença é, mais uma vez, a interface. Seja no papel ou na tela, o aforismo geralmente é uma estrutura fechada que se apresenta como completa em si mesma. Um tuíte, por outro lado, só pode existir dentro do fluxo contínuo da TL. Sempre em conexão com outros, e sempre no movimento vertical e descendente que o condena a um armazenamento muito semelhante ao desaparecimento, tuitar é uma forma de escrita coletiva que, com base em um sistema de justaposições contínuas, coloca em crise certas figuras básicas da narrativa tradicional: desde a bifurcação que se supõe ser central entre o autor e o narrador de um texto até a existência ou a necessidade de um arco narrativo na história, passando pela ideia outrora sacrossanta de que escrever é um exercício solitário. Mas esse é apenas um exemplo, talvez o mais óbvio, das muitas maneiras pelas quais o uso crescente da tecnologia digital afetou e está afetando o processo e o significado cultural de uma prática que, vista em contextos específicos, nunca é igual a si mesma. Dois botões são suficientes como exemplos. O trabalho, por um lado, de Graciela Romero, que nos garante em um tuíte que o que tinha para hoje "já era", e a escrita eletrônica de Alberto Chimal, que fez um deleite com os deslizamentos transversais de seu *Viajero del tiempo*. O tempo, então, essa coisa que passa, e nos dois sentidos do termo: o que acontece, sim, e o que vai. O tempo e sua forma de ser, que é a escrita: tempo medido, tempo físico, tempo com rastro. Tempo com mais aqui. Tempo que, por ser escrita, é imaginação.

211

Graciela Romero era, antes de tudo, @diamandina: sua arroba de escritora no Twitter. Lembro-me do primeiro tuíte que li dela: "Me haces falta de sobra" [Você me faz falta de sobra]. Lembro-me de como a frase me fez rir e depois refletir e, no final, rir de novo, mas dessa vez com conhecimento de causa: "faltar" e "sobrar", dois verbos, e a frase que em outro contexto poderia ser clichê: "me haces falta". O que se diz de fato quando se diz "me haces falta de sobra"? Entre outras coisas, diz-se que a frase aparentemente natural é, na realidade, puro artifício. Diz-se que as possibilidades dos jogos de linguagem são infinitas e que, no teclado, essas possibilidades nascem do bater de asas do coloquial. Diz-se que, entre uma letra e outra, rola uma inteligência jocosa, crítica e atenta. Diz-se, então, que há uma escrita ali. É por isso que continuei lendo. E me tornei sua seguidora. Digo, parafraseando-a, que ler @diamandina é o que se deve fazer hoje.

Alberto Chimal, por sua vez, já tem um histórico como escritor de livros em papel (prova de que, nem é preciso dizer, a TL acolhe tanto autores inéditos quanto publicados). Se a curiosidade matou o gato, a curiosidade mantém Alberto e seus leitores vivos. Atento às vicissitudes tecnológicas de hoje, Alberto não apenas faz de sua conta no Twitter um canal ativo e recorrente de informações, mas também a usa para criar. Prova disso são suas saudações matinais e vespertinas – um ritual que já marca a passagem do tempo em várias linhas do tempo – e as viagens que um Viajante empreende de quando em quando, nas quais recorre tanto à citação erudita quanto ao aceno à cultura popular[1].

Essa é uma afirmação simultaneamente escandalosa e certeira. Foi proferida, não faz muito tempo, por Josefina Ludmer em um pequeno ensaio sobre alguns livros argentinos publicados recentemente. Ela disse:

Essas escritas não admitem leituras literárias; isso significa que não se sabe ou não importa se são ou não são literatura. E não se sabe ou não importa se são fato ou ficção. Instalam-se localmente e em uma realidade cotidiana para "fabricar o presente",

e esse é precisamente o seu significado[2]. Felizmente, esclareceu que seu conceito de "fabricar o presente" estava intimamente relacionado à leitura de um ensaio de Tamara Kamenszain, no qual a autora argumentava, sobre certa poesia argentina atual, que "o testemunho é uma prova do presente e não um registro realista do que aconteceu"[3]. Esse é o ponto de partida para Ludmer e é o ponto de partida aqui. Não faz sentido discutir se a escrita que ocorre na plataforma eletrônica conhecida como Twitter é literatura ou não. Também é irrelevante, embora aí resida um de seus pontos de interesse, se é ficção ou não. O que importa ao ler a TL pela qual passam, sempre em ordem decrescente, os retângulos de 140 caracteres que caracterizam a escrita no Twitter é que eles constituem uma prova do presente. Eles não são, como Kamenszain definiu, um registro realista do que está acontecendo, mas são uma evidência do presente. Evidência e prática ao mesmo tempo. Uma produção da enunciação da contemporaneidade com a qual Gertrude Stein estava tão preocupada.

Tractatus logico-tuiteirus

1. Vamos dizer desta forma: um tuíte não produz sentido, mas sim o presente.

1.1. Um tuíte não conta o que aconteceu; constata que algo está acontecendo.

1.1.1. Um tuíte é o que está acontecendo.

1.2. Exceto pelas palavras, nada acontece enquanto tuitamos.

1.2.1. O presente do tuíte é, desde antes, um presente mediado.

1.2.2. O presente do tuíte é, desde antes, um ready-made.

1.2.3. Em frente a telas e teclados, os tuiteiros participam de um presente fictício.

1.2.3.1. Algo acontece: a ficção encobre o fato. Nada acontece: o tuíte o revela.

1.2.3.2. O tuiteiro é o melhor personagem de Si Mesmo.

1.2.4. O presente do tuíte é produzido por um corpo sentado.

1.3. Como o presente do tuíte desde antes é um ready-made, não há tuíte sincero.

1.3.1. Todo tuíte é, desde antes, inverossímil.

1.3.2. O tuíte confessional é uma contradição em termos.

1.3.3. Ninguém realmente faz um tuíte *tease*.

1.3.4. Alterproduzido e alterdirigido, o tuíte vai de fora para fora.

1.3.4.1. O tuíte é um palco.

1.4. O presente do tuíte, assim como o presente do tuiteiro, baseia-se em um princípio de justaposição e montagem.

1.4.1. O presente do tuíte ocorre na articulação aleatória da TL.

1.4.1.2. Mesmo que o outro tuíte seja do mesmo tuiteiro, um tuíte requer outro para existir.

1.4.1.2.1. Todo tuíte é um eco.

1.4.1.2.2. Todo tuíte é um contato.

1.4.1.2.3. Todo tuíte é um limbo.

1.4.1.3. Um tuíte se torna um tuíte em sua TL.

1.4.2. O presente do tuíte está na tela.

1.5. A função de exclusão acentua a consistência efêmera do presente do tuíte.

1.5.1. O tuíte é o presente mais curto.

1.5.2. O tuíte é o presente em seu modo mais precário.

1.5.2.1. É necessário um grande esforço coletivo para produzirmos como o presente do tuíte.

1.5.3. O apagamento é a própria característica do tuíte.

1.6. Como esporos, o tuíte se reproduz por meio dos retuítes (RT) que o disseminam de uma TL para outra.

1.6.1. De TL para TL, a reprodução esporádica do tuíte é um processo de enquadramento e reenquadramento.

1.6.2. A reprodução esporádica do tuíte exclui sua fusão com outro.

1.6.3. Esporadicamente também significa de tempos em tempos. Um tuíte.

1.7. Twitter: sessão de escrita ao vivo.

1.7.1. O tuíte é o jazz da escrita.

1.7.2. Um tuíte desafiado por outro: escrita ao vivo.

1.7.2.1. Escrever para: o tuíte.

1.7.2.2. Todo tuíte é um zigue-zague.

1.7.3. Uma cadeia de reações semânticas rápidas: o impulso nervoso do tuíte.

1.7.4. Operações metonímicas mínimas: o tuíte dialógico.

1.7.5. Ortografias errantes: as transformações sintáticas do tuíte.

1.8. Caleidoscópico, proteano, coletivo, esporádico: o presente do tuíte.

1.9. Veja: este tuíte acabou de aparecer.

Breves mensagens de Pompeia

Há vários motivos para meu recente vício no Twitter. Se eu já li os ensaios teóricos sobre esse fenômeno de comunicação instantânea que se estabelece por meio de mensagens escritas em no máximo 140 caracteres, esses motivos também são complexos. Desta vez, todos os caminhos começam em Pompeia, e não em Roma. Nosso berço não é mais aquela cidade eterna onde as ruínas jazem, camada sobre camada, em um gesto de totalidade circular. Nosso berço é, aqui e agora, aquela outra cidade petrificada na glória de um instante: Pompeia. Cortar. Cortes. Interrupção.

É verdade que já existiu um *homo psychologicus*. Era aquele ser humano das sociedades industriais que construía grossas paredes para separar o privado do público e, assim, proteger uma noção silenciosa e profunda, individual e estável, do eu. Como tinha um segredo, o *homo psychologicus* inventou a psicanálise, por exemplo. Ter um "mundo interior" rico e "sua própria história" eram, naquela época, coisas importantes por si mesmas. Escrever longos livros labirínticos (livros romanos nesse sentido) que, no entanto, chegavam a um fim bem estabelecido, não era apenas especial para o escritor que assinava seu nome na história, separando assim o autor do narrador e do personagem, mas também para o leitor que, em silêncio, em outra sala do mundo privado, receberia a mensagem que o alertaria para os cantos e recantos de seu próprio mundo. Narrava-se, então, para ser ou porque se era alguém extraordinário. Era-se lido pelas mesmas razões. Um dos maiores representantes desse mundo – um francês, por sinal, de sobrenome Mallarmé – chegou a argumentar que a vida existia para ser contada em um livro. A julgar pelo volume do papel, os livros eram objetos bastante pesados na época.

Mas o *homo psychologicus*, como sabemos, já era. Em seu lugar, formou-se, não a partir da lenta construção da ruína romana, mas a partir do instante imperioso de Pompeia, o *homo technologicus*: um ser pós-humano que habita os espaços físicos e virtuais das sociedades informatizadas para as quais o eu não é um segredo nem uma profundeza, muito menos uma interioridade, mas, ao contrário, uma forma de visibilidade. Sempre conectado a várias digitalidades, o *technologicus* escreve em salas transparentes revestidas de telas e, de fato, muitas vezes acompanhado por pessoas. Lá, então, ele escreve aquela vida que existe apenas para aparecer inscrita em fragmentos de circulação constante naquela exterioridade – para usar um termo *vintage* – conhecida como a mídia da Web 2.0.

Em ambos os casos, trata-se de escrever a vida. Mas na competição acirrada entre ficção e não ficção – como eles chamam essas coisas no antigo império dos Estados Unidos –, a não ficção está vencendo, e de forma esmagadora. Uma combinação estranha, mas sugestiva, do culto à personalidade e de uma noção alterada do eu dentro de um regime de visibilidade total fez com que centenas de bilhões de seres pós-humanos se lançassem rápida e velozmente para transmitir mensagens escritas sobre o que está acontecendo com eles naquele instante preciso e pomposo. Sem um enredo totalizante ou qualquer objetivo teleológico, esses estilhaços de escrita atravessam o ciberespaço sem nenhum outro propósito além de aparecer onde aparecem, ou seja, diante da visão legitimadora de seu outro igual. A leitura é, de fato, uma forma de constatação. Não há segredo.

Como sou migrante digital (DM), cheguei ao Twitter com alguns anos de atraso. Isso, porém, não diminui a intensidade ou o prazer de meu novo vício na plataforma. Em minhas alegres explorações dessa Pompeia mexicana do século XXI, resgatei a disseminação horizontal de informações (aprendi mais minúcias culturais e políticas por meio da leitura e do sublinhado de minha comunidade tuiteira – dos links de Alberto Chimal ou Ernesto Priego aos comentários de Yuri Herrera ou Irma Gallo – do que em qualquer outro meio); o exercício crítico do jornalismo cidadão (as informações produzidas e propagadas sobre o terremoto no Chile são suficientes como exemplo); e, acima de tudo, as formas de escrita que mais do que respondem à pergunta/abracadabra de cada tuíte: o que está acontecendo (com a linguagem)? Por malformações do ofício, procuro a escrita em tudo o que faço. Contra todas as probabilidades, também a encontrei nos tuítes. Tenho a impressão, por exemplo, de que tuiteiros como @diamandina e @franklozanodr se preocupam em escrever e aparecer na tela, nessa ordem. Mais do que relatar o que acontece com eles (embora o façam), esses dois escritores de Guadalajara (foi o máximo que consegui descobrir em seus sites) escrevem o que acontece com a linguagem. Seus textos nos permitem testemunhar o que acontece com ela quando o Oulipo* assume o controle e a sociedade como um todo segue a máxima de 140 toques de extensão. Analisar com justiça o que eles fazem me tomaria páginas inteiras, mas observo aqui a maneira jocosa e deslumbrante com que ambos desmontam a linguagem popular, muitas vezes mudando letras que transformam uma palavra em várias outras ou reposicionando palavras dentro de uma frase que se torna, assim, uma frase já desconhecida. Em seu "Você me faz falta de sobra", de @diamandina, ou em "Que-ferida", que aparece agora mesmo na minha tela dentro de uma caixinha horizontal assinada por @franklozanodr, há não só um profundo conhecimento das reviravoltas cotidianas da linguagem, mas também uma subversão lúdica da sintaxe e da ortografia que me indicam que há uma escrita ali e, portanto, presto atenção, envolvendo-

---

* Oulipo (Oficina de Literatura Potencial) é um movimento literário formado por escritores e matemáticos que exploram a relação entre essas duas áreas. [N. do E.]

-me. Em um terreno não totalmente coberto pelo aforismo, mas não totalmente alcançado pelo poemínimo, @diamandina escreve: "Desde 1998 eu estava esperando por você em 2010", "O malabarismo de colocar em movimento tantos ciúmes ao mesmo tempo", "Reacionária: preferiria não preferir não fazê-lo", "Mis planes tienen una agilidad sorprendente para dar vuelta en bu"*. De @franklozanodr: "Você se lembra daquele jardim. Nós não o tivemos." "Na verdade, tenho uma pedra no coração e ouvidos surdos." "E a pedra rola, gira em seu mastro sonâmbulo até virar pó." Estou citando-os há dias à menor provocação, e isso, valha-me Deus, e vou dizer uma barbaridade (coisa que me apetece, para dizer a verdade), é algo que não fiz nem sequer com Tolstói.

Erotografias pompeianas

A ortografia, como se sabe, é "a parte da gramática normativa que estabelece as regras para o uso de letras e sinais de pontuação na escrita". Outra fonte acrescenta: "A ortografia baseia-se na aceitação de uma série de convenções pela comunidade linguística com o objetivo de manter a unidade da língua escrita". O que está claro para mim, então, é que a ortografia é uma convenção dinâmica e tensa, já que a "fixação" das regras pressupõe o envolvimento de membros, talvez divergentes, da "comunidade linguística". Também está claro para mim que o idioma tende à dispersão e não sei até que ponto é uma disseminação

---

* Trocadilho intraduzível com "ônibus", "Meus planos têm uma surpreendente agilidade para dar volta em bu"; porém, perde-se o sentido da expressão "vuelta en u" (voltar para trás). [N. do T.]

saudável, já que órgãos como a Real Academia Espanhola foram criados para "manter sua unidade".

Não tenho certeza de quão confiáveis são minhas fontes (e aqui devo confessar que são fontes wikipédicas), mas parece que mexer com a ortografia não é pouca coisa. Além de uma simples distração ou de um analfabeto devaneio, questionar a ortografia envolve lidar com as próprias forças que mantêm um idioma intacto. O mau ortógrafo pode muito bem ser um perfeito ignorante, mas visto de outra forma, através das lentes do Twitter, ele ou ela também pode ser um guerrilheiro das forças centrífugas da linguagem escrita. E por que quereríamos uma linguagem que, parafraseando o que López Velarde disse à diamantina (Pátria), fosse sempre fiel a si mesma?

Quero deixar claro: este não é um apelo a favor dos erros de ortografia em geral, quer apareçam no papel ou na tela. O que quero fazer é estabelecer as bases para a análise de um dos métodos mais comumente empregados pelos escritores de elite da Pompeia mexicana do início do século XXI ao responder à pergunta "O que está acontecendo (com a linguagem)?".

Minha teoria é que, usando a ortografia como campo de ação, esses tuiteiros alteram tanto o significado de palavras específicas quanto o de frases inteiras – sejam elas de origem popular ou de origem livresca – para produzir visões críticas e lúdicas da vida cotidiana da qual emergem. Assim, nos escritórios onde trabalham ou nos quartos de solteiro, os tuiteiros conseguem produzir a frase que, como o verso, o aforismo ou o poemínimo, quando é um só, continua a confirmar que, se é linguagem, então não é natural, nem imóvel, nem pétrea. Se é linguagem, é lúdica. Se é linguagem, nas mãos do teclado e em telas diferentes, então é política. Talvez @pellin estivesse certo quando disse: "Vocês são geniais, mas têm um trabalho medíocre e uma vida triste", mas ele certamente está certo quando acrescenta: "Essa é a magia do Twitter." Arqueólogos de significados mal ocultos e malabaristas da frase bem elaborada, os tuiteiros são pessoas que aprenderam bem, e para melhor, o velho ditado de que, acima de tudo, é preciso saber rir de si mesmo.

É interessante, sem dúvida, encontrar nos labirintos de Neo--Pompeia escritores que, mais comumente usando o meio papel, fazem uma transição limpa para a frase de 140 caracteres: das traduções de Aurelio Asiain, por exemplo, às elucubrações bem elaboradas de Isaí Moreno; dos trocadilhos que Jorge Harmodio produz do outro lado do charco aos sublinhados de Jordi Soler. É possível encontrar lipogramas no Twitter (Gael García Bernal publicou um há alguns dias, por exemplo), palíndromos, ficções repentinas, traduções exatas, minificções. Também é interessante descobrir aqueles outros tuiteiros que podem ou não publicar em papel, mas cuja forma de escrever é, acima de tudo, eletrônica. Poderiam se passar por ocorrências ou farpas e, se forem, como poderiam ser, todas essas frases de 140 caracteres ou menos são outra coisa: são escrita. Essa consciência gramatical está presente, ativa e desafiadora, antiautoritária e nada pueril, e fica clara para mim em publicações como a de @hyperkarma: "De agora em diante, usarei Maiúsculas Quando Falar". Ao dar um RT em uma frase de @mutante, @hyperkarma repete as transgressões ortográficas: "Não pretendo colocar vírgula e assim dar uma liberdade incomum à interpretação do texto escrito." Foi ela quem, de Monterrey, respondeu de forma crítica e acertada ao anúncio mal redigido de Gandhi: "Se o seu limite de leitura é de 140 caracteres, vamos obrigá-lo a ler. Se a sua pontuação é ruim, vou ensiná-lo a escrever."

Seus métodos parecem ser simples, mas certamente têm lá suas piadas. As mais recorrentes são: a mudança/substituição de letras em uma palavra, primeiro, e depois a realocação/substituição de uma palavra por outra em uma frase. Em ambos os casos, o objetivo (intencional ou não) é produzir uma proliferação de significados que desnaturaliza, questionando-o, o significado que não será mais "original". Com a simples troca da vogal *e* pela vogal *a*, a palavra felicidade, por exemplo, pode se tornar um neologismo por meio do qual o falo é associado ao significado positivo da palavra inicial. Em "Me rehúso a que no me reúses" (me recuso que não me reuses), @diamandina apaga o *h* mudo da segunda palavra, que agora, mesmo sem um hífen entre suas partes, adquire uma dimensão erótica, se não sexual. Em "Instruções para dançar matematicamente: basta seguir o algorritmo", a incorporação de um segundo "erre" na última palavra consegue intercambiar, de forma muito feliz, o ritmo da dança com a ideia de método própria da ciência dos números. Uma hashtag #pornbooks leva esse exercício ao paroxismo de trocar letras em algumas palavras de certos títulos conhecidos para produzir um duplo sentido sexual. O livro *Culises*, de Joyce, por exemplo, é um deles.

Há um segundo método em que a palavra permanece intacta, mas cuja mudança de posição em uma frase conhecida – um ditado popular, o título de uma música ou filme, por exemplo – acaba produzindo resultados paródicos ou epifânicos. @diamandina disse certa vez: "Estelionato. Jabuticaba. Sem querer me gabar, mas tenho felicidade com as palavras." A facilidade da frase coloquial – ter facilidade com as palavras – foi exponencialmente elevada por meio da felicidade, uma palavra que respeita as regras de ortografia, mas cujo posicionamento nessa oração não é "natural". Eles usam suas leituras em filosofia para levantar questões de teoria literária: "A experiência é preservada ou dissolvida no texto?", e para realizar reflexões pessoais sobre a memória e, entre outras coisas, sobre o amor: "Que dor o idílio em que se é apenas os dois amantes e o jardim e o pássaro." Das interações com o inglês, os tuiteiros também colhem suas frases de 140 caracteres. @diamandina faz isso de novo, combinando as bolhas do champanhe com as do filme plástico em: "A manera de brindis hay que caminar sobre bubble wrap" [Como brinde basta caminhar sobre plástico-bolha].

O que no sentido literal poderia ser entendido como um erro, seja de conhecimento – não conhecer as regras de ortografia – ou de mecânica – o típico erro de digitação –, torna-se no universo da tuitescrita, graças à engenhosidade e ao atrito contínuo com a criação de palavras, frases curtas com grande poder evocativo e, em alguns casos, paródico. É por isso que chamo de erotografia esses jogos com grafias alternativas que são tão característicos dos tuiteiros de hoje: o atrito, o corpo a corpo com palavras cotidianas. O prazer. Ah, o prazer de finalmente ler algo novo novamente. Observação final: a erotografia não tem nada a ver, até onde eu sei, com a grafia aleatória do Twitter ou twiter ou tuiter ou tuitah.

O Twitter é um agrupamento.

10h05min 18 Abril via web

PRIMEIRA DEFINIÇÃO DO LUGAR:

Sala de emergência de idiomas: Twitter.
22:06 31 Março via web

ENTRAM OS PERSONAGENS:

Esbanjadores, desgraçados, mãos-abertas, madrugadores, pródigos, desbocados, linguarudos: tuiteiros.

5h11 3 Abril via web
Big Drama Queens do teclado: tuiteiros.
4h31 3 Abril via web
Médicos forenses da oração: tuiteiros.
22h06 31 Março via web
Canibais do alfabeto: tuiteiros.
22h05 31 de Março via web

PONTO DE VISTA DA AUTORA:

Desde que entrei no Twitter, desconfio de parágrafos com mais de três linhas.
12h21 09 Abril via web
Bons hábitos: eu costumava ser um corredor de longa distância, agora me disciplino para chegar aos 140 caracteres.
12h20 Abril via web

TUDO COMEÇA COM AS ERRÁTICAS:

Antes da frase certa, a frase errática.
6h52 15 Abril via web
Gosto de frases que surgem do nada para quebrar a quietude de um parágrafo. Remo contra lago. Pedra contra fundo do rio.
10h53 15 Abril via web
A frase errática leva a escrita para onde ela não estava indo. Extra-vagante.
10h31 15 Abril via web
Mas errar é o objetivo. Jorrar. Exceder. Agitar.
6h57 15 Abril via web
Quando se tem sorte, o tuíte é aquela frase errática.
10h44 15 Abril via web

A frase que vem do nada sempre levanta a questão: quem está enunciando, de onde está enunciando? Então a leitura é diálogo.
10h55 15 Abril via web

Sendo própria, a frase errática é produzida como estranha. Um eco.
7h05 15 Abril via web

Na frase errática, o eu, se é que existe, é um mero reflexo.
7h06 15 Abril via web

O CAMPO MAGNÉTICO OU NOTAS PARA UMA TEORIA DA ATRAÇÃO:

Talvez a tarefa seja produzir um campo magnético capaz de atrair a visita efêmera de frases que vêm do nada.
11h14 15 Abril via web

Mais do que escrito, um texto/campo magnético atravessado por frases erráticas.
11h30 15 Abril via web

O texto como um campo magnético: uma montagem de atrações: um campo de coexistência.
20h16 28 Março via web

O TL-ROMANCE:

O romance-tuíte é uma TL escrita por personagens.
Cerca de 16 horas atrás via web

Como em qualquer TL, no romance-tuíte importa como um tuíte é afetado/formatado por outro.
Cerca de 16 horas atrás via web

Um tuíte verdadeiro sempre contém outro tuíte que o atravessa.
21:15 23 Abril via TweetDeck

Um tuíte verdadeiro não carrega uma mensagem, mas um segredo.
21:10 23 Abril via TweetDeck

Em vez de declarar algo, o tuíte faz alusão a outra coisa. Essa outra coisa é precisamente o que o tuíte não sabe: seu próprio ponto cego.

21:12 23 Abril via TweetDeck

Um tuíte é um pacto (não necessariamente entre cavalheiros).

21:11 23 Abril via TweetDeck

A estrutura não precede o TL-romance. A estrutura (justaposta) e não a anedota (linear) é a descoberta do TL-romance.

Cerca de 15 horas atrás via web

O tuíte não permite o desenvolvimento de uma ideia (progresso), mas contrasta várias (alegoria). Benjamin ficaria encantado com isso.

10h07 18 Abril via web

O romance-TL, então, descobre a produção plural de uma estrutura. O romance-TL não conta.

Cerca de 15 horas atrás via web

@alisma_deleon Uma TL é dialógica/coral/ecoica: textos de diferentes procedências, princípio da justaposição, eu desdobrado. Acho.

Cerca de 15 horas atrás via web em resposta a @alisma_deleon

@javier_raya Analise bem sua TL. Deve haver algumas sequências narrativas escritas por "personagens" que já poderiam ser extraídas.

Cerca de 15 horas atrás via web em resposta a @javier_raya

@psicomaga @javier_craya @criveragarza///[Obras das divindades do caos]>>há um certo método na justaposição e, portanto, no caos.

Cerca de 15 horas atrás via web em resposta a @psicomaga

Suspeito que aquele que vê apenas desordem em sua TL ainda não vê o método de suas associações mais secretas. Essa pulsação.

12h46 28 Abril via web

EXERCÍCIOS DE ESTILO:

Seu próprio romance-tuíte: leia o romance, sublinhe os tuítes, recorte os tuítes, cole-os em outra folha de papel.
Jogue o resto fora. Organize a apresentação.
Cerca de 16 horas atrás via web
Purga textual: leia um romance, sublinhe os tuítes, exclua todo o resto. Pronto.
Cerca de 16 horas atrás via web
Um conto às vezes é um tuíte no contexto de outro tipo de muitas palavras.
Cerca de 16 horas atrás via web
Pode ser visto da seguinte maneira: um artigo é três ou quatro tuítes cercados por texto.
Cerca de 16 horas atrás via web

INTERROMPEMOS A INTERRUPÇÃO PARA DIZER:

O tuíte que se desfaz sobre a língua.
21h14 23 Abril via TweetDeck

RELACIONAMENTOS ESTRANGEIROS:

Por separação de bens, mútuo consentimento e incompatibilidade de caráter: divórcioFB/Twitter.
8h58 23 Abril via TweetDeck
Divórcio entre FB e Twitter. Na divisão de bens, um ficou com a propaganda e o outro com a escrita. Vai dar tudo certo, acho.
8h26 23 Abril via TweetDeck

SEGUNDA DEFINIÇÃO DE LUGAR:

Tuíte é agrupamento.
10h05 18 Abril via web
O Twitter é a Zona de Entorno do Texto.
23h11 28 Mar via web

A ORIGEM:

Começamos a escrever para outra coisa. É para essa outra coisa que se deve retornar. Sempre.
8h23 23 Abril via TweetDeck
A outra coisa da escrita, que é a sua origem, sempre fala baixinho.
8h21 23 Abril via TweetDeck.

A vida privada

O verão parece inverno lá fora – e os trovões e relâmpagos da tempestade matinal confirmam isso. Aqueles que parecem distantes estão próximos e vice-versa. Tudo às vezes tem uma face contraditória. O mesmo acontece com a chamada vida privada. Acordo pensando sobre isso, sobre a vida privada, sobre o segredo que supostamente está no centro de sua própria definição. Certos muros altos em torno de sua medula. Ali, no privado, reina o espaço que, como a jiboia, morde a própria cauda. Um fecho que se fecha. No outro extremo, é claro, está o exibicionismo da vida pública. A revelação. Dizem que os modestos e os discretos ficam quietos e preservam as boas maneiras. Somente os extrovertidos e os sem-vergonha lavam sua roupa suja fora de casa. A vida privada, também se acredita, ocorre atrás das portas. Se é que existe um atrás, se é que as portas estão fechadas.

Há algo de tão conciso na dicotomia que coloca o segredo e o privado em lugares tão simetricamente opostos em relação à exposição e ao público que não posso deixar de suspeitar. Paul Virilio já se queixou – e nisso se parecia, Deus me ajude, com Simon & Garfunkel – daqueles que, com tons autoritários, condenaram o silêncio ao silêncio, presumindo, é claro, que o silêncio está de fato repleto de vozes. E afinal, eu me pergunto, ecoando essa reclamação, as portas não foram feitas com o único propósito de ouvir algo através delas?

A Declaração Universal dos Direitos Humanos a protege: "Ninguém será submetido a interferências arbitrárias em sua privacidade, família, lar ou correspondência, nem ataques à sua honra e reputação. Toda pessoa tem direito à proteção da lei contra tais interferências ou ataques." Georges Duby dedicou pelo menos cinco volumes a isso, todos eles sobre a Europa desde o Império Romano até – pelo menos é o que diz o último título – os dias atuais. A história da vida cotidiana, com ênfase especial na esfera do privado, também resultou em coleções de história no México – estou pensando sobretudo nos volumes editados por Pilar Gonzalbo Aizpuru desde a era mesoamericana até o século XX. Em suma, e talvez apenas por causa da tempestade que já passou há muito tempo, acordei com a suspeita, terrível e lúgubre em si mesma, de que a Vida Privada, em letras maiúsculas, ainda que muito discretamente, terminou em 1844, ano em que Edgar Allan Poe escreveu *A carta roubada*, a história em que o preteito de Paris pede ajuda ao detetive Auguste Dupin para encontrar uma carta roubada. O detetive Auguste Dupin descobre que a carta supostamente roubada não havia sido roubada, mas estava ali, exposta ao olhar dos outros, aberta. Ela está exposta para esconder melhor a carta. Isso, que é o que Poe parece estar dizendo em uma história intrincada e divertida, talvez seja a mesma coisa que nos ensinam as redes sociais, especialmente o Twitter. Quanto mais exposto – a carta ou a vida privada –, mais inacessível.

No conto de Poe, as autoridades sabem quem roubou a carta – um ministro com olhos de águia – e, em termos gerais, onde o objeto pode ser encontrado – a casa do ministro. Entretanto, após uma busca minuciosa, talvez exaustiva, a polícia não consegue encontrá-la. Dupin, que está ciente de que o ladrão não é apenas um ministro, mas também um poeta e matemático, chega à conclusão de que a carta não está escondida, pelo menos não da maneira convencional. Dupin a procura em um lugar diferente: não nas profundezas de esconderijos extraordinários, mas na superfície. E é exatamente aí que ele a encontra. À vista de todos. A carta amassada e de cabeça para baixo parece diferente, mas é a mesma.

Cerca de cem anos depois, Jacques Lacan analisou essa história em seu famoso seminário das quartas-feiras, curiosamente na mesma cidade em que Poe ambientou sua história original, intitulada nessa ocasião *La lettre volée*. O psicanalista estava preocupado, entre outras coisas, em promover o seguinte princípio: "que, na linguagem, nossa mensagem nos vem do Outro e, para anunciá-la até o fim: de forma invertida". Ele também fez a seguinte pergunta: "se o homem fosse reduzido a nada mais do que o lugar de retorno de nosso discurso, a questão do que endereçar a ele não voltaria para nós?". Talvez. É bem possível que o psicanalista estivesse, na realidade, interessado em muitos outros assuntos, mas, como ele mesmo afirmava com frequência, a verdade só pode ser dita pela metade. De qualquer forma, Lacan não estava sugerindo deixar as coisas à vista para escondê-las melhor, mas para chamar a atenção ao fato básico de que nada, "por mais longe que uma das mãos possa chegar para mergulhá-lo nas entranhas do mundo, pode estar escondido nele, já que outra mão pode alcançá-lo lá". O mistério é simples e estranho ao mesmo tempo, como Poe o enunciou.

No final da primeira parte do seminário, depois de ser confirmado *no desvio pelo próprio objeto que o leva a ele*, Lacan afirmou que uma carta sempre chega ao seu destino ou, em outras palavras, que a linguagem entrega sua sentença a quem souber escutá-la. Edgar Allan Poe e Jacques Lacan parecem ter compartilhado um certo fascínio por aquilo que está escondido à vista de todos, pelo menos isso parece claro para mim. Há um jogo interessante no Twitter que os usuários comuns sabem jogar bem. Como se sabe, é possível responder a determinada mensagem usando o sinal de arroba para identificar claramente o remetente e o destinatário e, se for o caso, o replicador da mensagem. O aparecimento da arroba constitui, então, uma indicação clara de que uma troca "privada" está ocorrendo na praça pública que é a TL. A invenção da arroba invisível, um truque que alguns atribuem a @aasiain e outros com anos de experiência no Twitter associam à própria origem dos tempos digitais, permite, no entanto, que um diálogo "privado" seja mantido diante dos olhares despercebidos daqueles que, sem dúvida, estão observando. A mensagem é enviada e, escondida de si mesma, depois de atravessar o campo minado dos olhares, consegue entregar sua frase ao receptor que sabe como lê-la. O fato de esse processo ocorrer e, mais ainda, de ter que ocorrer diante dos olhos de todos para ser ocultado, obriga-me a considerar cuidadosamente o próprio conceito de privado nestes tempos em que a intimidade é produzida e dirigida de fora para fora. Essas manhas de *extimidade*.

Turno da noite

Em que tipo de documentos um antropólogo do final do século XXI poderia se basear para destrinchar, com o máximo de detalhes, a vida privada de homens e mulheres do início do século XXI? Se estivéssemos no ano de 2092 e eu fosse esse antropólogo interessado em explorar os recantos humanos do sentimentalismo e da sexualidade na virada do século, sem dúvida pesquisaria os registros de TL das contas do Twitter que, de acordo com notícias de pouco tempo atrás, deveriam estar catalogadas nos arquivos do Congresso dos EUA.

No Twitter, a verdade não é dita, isso é bem conhecido. Mas no Twitter ela é exagerada ou imposta dentro de um contexto cultural que alimenta e canaliza a imaginação que, de fato, acabará construindo o personagem. Em um dos meus primeiros textos sobre o fenômeno da escrita que é o Twitter, eu disse o seguinte:

> 1.3. Como o presente do tuíte desde antes é um ready-made, não há tuíte sincero.
>> 1.3.1. Todo tuíte é, desde antes, inverossímil.
>> 1.3.2. O tuíte confessional é uma contradição em termos.
> 1.3.3. Ninguém realmente faz um tuíte *tease*.
> 1.3.4. Alterproduzido e alterdirigido, o tuíte vai de fora para fora.
>> 1.3.4.1. O tuíte é um palco.

Vamos por partes. Argumentei lá que um tuíte – a mensagem de 140 caracteres que um tuiteiro sempre escreve dentro de um retângulo na parte superior de uma tela – é um ready-made para enfatizar a natureza mediada de sua definição mais particular. Um ready-made, aquele objeto cotidiano encontrado que se desdobra, então, por meio de uma forma já codificada, está sempre pronto para ser usado. Por essa e por nenhuma outra razão, cheguei a afirmar que o tuíte era inverossímil – no sentido de que, se o verossímil é "1. adj. que tem a aparência de ser verdadeiro", o inverossímil deve ser 1. adj. que tem a aparência de ser falso. Mas não parei por aí. Eu disse, e isso mantenho, que não existem tuítes confessionais. Em outras palavras, eu disse que, como um ready-made, um tuíte poderia assumir a forma de um confessionário para produzir o efeito de revelação e intimidade que muitos associam à catarse. Por isso, é claro, ninguém está em posição de fazer um tuíte *tease*. Ninguém fica nu aqui ou, de qualquer forma, se alguém fica nu, a nudez é apenas um disfarce. O tuíte, que é exposto desde o nascimento, é produzido no lado de fora (a linguagem, a tela, o painel) e é direcionado, sem dúvida, para o lado de fora e no lado de fora: a TL. O tuíte é um palco minúsculo.

Se pelo menos 80% do que está incluído no parágrafo anterior for sensato ou pelo menos documentável, então é óbvio que o antropólogo de 2092 não encontraria a verdade das vidas sentimentais e sexuais do início do século XXI em nenhuma TL. O que o antropólogo do futuro encontraria, entretanto, seria a construção coletiva dos limites da chamada vida íntima. O antropólogo, que na verdade era uma antropóloga, faria bem em questionar a veracidade dos dados à sua disposição. Mas também faria bem em acreditar neles de pés juntos para elucidar todos e cada um dos elementos previamente utilizados para produzir o próprio terreno do íntimo. Afinal de contas, como confirma Fernández Porta,

> a intimidade é um conceito que foi construído pelas classes ricas no final do século XIX para se distinguirem das classes trabalha-

doras. Baseava-se na posse de espaços fechados (casas e quartos, mas também espaços sociais impermeáveis), que garantiam certo refinamento na vida interior e relacional. A rigor, esse conceito deixou de existir em meados do século XX com a disseminação da espetacularização e da publicidade.

O antropólogo, que na verdade era uma antropóloga, leria as linhas do tempo do início do século XXI. Se eu pudesse aconselhá-la, diria a ela para se concentrar, acima de tudo, nos tuítes do turno da noite. Essa é a produção escrita dos insones e vai das onze horas da noite até as duas ou três da manhã. Essas são as horas mais frágeis: nelas, o insone implora e o bêbado diz algo que parece ser verdade. Quase todos os tuítes do turno da noite se desculpam, de forma mais ou menos explícita, pelo que alguns chamam, não sem certa arrogância, de pieguice. @viajerovertical, um tuiteiro que se dedica quase que exclusivamente a investigar as ideias contemporâneas do amor em seu aspecto mais nostálgico, muitas vezes ri de si mesmo a esse respeito. Alguns desses tuítes são divagações ou revelações mais ou menos disfarçadas sobre o tema da sexualidade. @altanoche, de Hermosillo, dizia coisas como: "Estou com vontade de ir para a cama. Mas não a minha." @reiben, um jovem escritor de Tijuana, chegou a tuitar uma sequência de pornotuítes que incluía imagens de mulheres amarradas a uma cadeira enquanto dois outros praticavam sexo violento diante de seus olhos. O fato de leitores como @manchas ou @DianitaGL ou @javier_raya se intrometerem na narrativa fragmentada da TL para pedir ajuda na escolha do personagem a ser interpretado não deixa de ser divertido. A antropóloga logo descobrirá por si mesma: inflamados, os tuiteiros do início do século XXI estavam prontos para dar guarida e se apropriar de sequências ou personagens para provocar o desejo. @ciervovulnerado merece uma menção à parte. Sem pudor por princípio, com um domínio jocoso da profanação popular, esse tuiteiro de Xalapa não tem vergonha de mencionar o nome das partes do corpo a que está se referindo. Sua mão também não treme quando retrata sua família – seu irmão também tuíta – e muito menos quando descreve seus encontros – imaginários ou não – com diferentes casais. @hyperkarma, um tuiteiro de Monterrey, traz o lado queer da moeda para o cara ou coroa. Até mesmo @MiguelCarbonell, que normalmente tuíta sobre questões sociais, especialmente relacionadas à lei, não perde a oportunidade de citar Sabines ou de expressar sua nostalgia ou emitir suspiros nos tuítes da meia-noite.

Tem cheiro de frescor ali, e é por isso que você sabe que não é a Dinamarca. A antropóloga, que pode muito bem ser um antropólogo, afinal de contas, faria bem em ler atentamente e rir muito das desveladas anticonfissões, ou melhor, das desconfissões, das quais essa intimidade, que em nossa época vai de fora para fora, é feita. O fim do círculo.

Contra a qualidade literária

Pretender discernir a chamada qualidade literária de um texto digital usando os padrões e rituais que surgiram historicamente para analisar textos impressos em papel é como pedir ao garoto selvagem e intenso para ser seu namorado, com a intenção secreta e malévola de que ele logo se torne o dono da casa. Ou vice-versa. Tanto a forma quanto o conteúdo constituem uma unidade dinâmica, definida por uma série de interdependências mútuas, portanto, o meio ou suporte em que um texto é escrito importa, e importa muito. Não estou dizendo nada de novo quando afirmo que nenhum texto nasce do nada. Por mais brilhante que seja o autor, a elaboração de um texto envolve a participação do corpo e de uma série de tecnologias – do cinzel rudimentar ao computador contemporâneo, passando pelo lápis multifacetado – que tornam possível a existência concreta da escrita. Essas tecnologias e esses corpos são certamente históricos, sem dúvida produtos de contextos voláteis e hierárquicos nos quais a escrita desempenhou diferentes papéis. Não é de todo surpreendente que uma era de mudanças radicais, como a que estamos vivendo agora na esteira da revolução digital, cause ansiedade e desconfiança entre os porta-vozes do status quo. É a voz dessa onda de neoconservadores que se levanta toda vez que a escabrosa questão da qualidade do literário é levantada, como se fosse essencial e não histórica, natural e não contingente.

Como argumenta John Guillory em *Cultural Capital: The Problem of Literary Canon Formation*, a literatura como tal surgiu no final do século XVIII para dar um nome ao capital cultural da burguesia. O termo "literário" descrevia, portanto, uma forma de escrita historicamente determinada e culturalmente significativa. Embora durante todo o século XIX e a maior parte do XX a categoria literária tenha servido como um princípio organizador dominante na formação do cânone, seu poder hegemônico diminuiu no final do século XX e no início do XXI. Há vários motivos para esse declínio, mas Guillory lista, pelo menos no caso da Inglaterra, três: a institucionalização do inglês vernacular nas escolas primárias do século XVIII; a polêmica em favor da nova crítica modernista instituída nas universidades; e o surgimento de uma teoria do cânone que complementava o currículo literário nas escolas de pós-graduação. A literatura, portanto, não é sinônimo de boa escrita ou escrita de qualidade. Literatura é o nome dado a uma determinada forma de escrita que foi publicada em papel, geralmente na forma de livros, e que se tornou hegemônica na formação de cânones durante o período moderno. Se uma forma de escrita não é literária, isso significa apenas que é produto de outra era histórica e de práticas sociais e tecnológicas diferentes daquelas dominantes durante a modernidade. Isso não significa que sua qualidade seja superior ou inferior, mas que responde a condições e expectativas diferentes. E, como tal, teremos de aprender a lê-las.

Por outro lado, a qualidade, definida como o conjunto de propriedades que possibilitam julgar o valor de algo, não é inerente ao texto. Não há nada, de fato, inerente ao texto. Não há nada que venha do texto sem que tenha sido invocado pelo leitor. Em vez disso: a única coisa inerente ao texto é sua qualidade alterada. O texto não diz nem é dito; o texto é dado, o que, nesse caso, significa que ele é dado para ser lido. O texto é produzido onde o eu e o você são erigidos. O texto existe quando é lido, e é exatamente nesse momento, nessa relação dinâmica e crítica, que seu valor existe. Como Charles Bernstein argumentou em relação à definição controversa do que é – ou não é – poesia em um dos capítulos que compõem *Attack of the Difficult Poems*, "um poema é uma construção verbal designada como poema. A designação de um texto como poema induz a uma determinada maneira de ler, mas não nos diz nada sobre a qualidade da obra". O mesmo poderia ser dito sobre o literário. Somente uma visão essencialista e, portanto, a-histórica, tornaria o literário sinônimo de qualidade. Somente uma visão conservadora, ou seja, fortemente ligada ao estado das coisas e às hierarquias inerentes a essas coisas, desejaria a repetição incessante de apenas um modo de produzir textualidade.

Por que se deve pedir a qualquer texto que pareça ter sido escrito com a tecnologia e os padrões de conduta de seus equivalentes do século XIX? Porque uma pequena elite, temerosa de perder o poder que sua estética endossa, continua a discutir isso aqui e ali na praça pública. De minha parte, estou convencida de que todos têm o direito de continuar escrevendo sua própria versão do texto do século XIX, é claro. O que esses neoconservadores não podem mais fazer é usar uma noção de literário, que é histórica e contingente, como se fosse um padrão natural ou intrínseco para todas as formas de escrita. Continuarei a ser uma admiradora de Dostoiévski até o último dos meus dias, e parte do meu trabalho certamente continuará a ser produzida em papel, mas estou igualmente empolgada com as possibilidades de ação que as transformações tecnológicas atuais trazem para o ofício da escrita, e investigar essas possibilidades ao lado de uma comunidade ativa e vociferante que tomou de assalto as plataformas digitais é uma das alternativas mais interessantes atualmente, até porque não há regras escritas, pois todos nós as estamos criando no dia a dia. Se, como disse Gertrude Stein, a única obrigação do escritor é fazer de si mesmo contemporâneo de seu tempo, explorar as diferentes formas de composição de uma época é mais uma vocação crítica do que uma opção baseada no mero gosto pessoal.

Cito Kathy Acker em "Writing, Identity, and Copyright in the Net Age" quando digo que "precisamos recuperar a energia que as pessoas têm, como escritores e leitores, quando enviam um e-mail pela primeira vez; quando descobrem que podem escrever qualquer coisa, até mesmo as coisas mais pessoais, até mesmo para alguém que não conhecem. Quando descobrem que pessoas que não se conhecem ainda podem se comunicar". É isso que estão fazendo, produzindo esse diálogo, de Kenneth Goldsmith (*Uncreative Writing. Managing Language in the Digital Age*) a Vicente Luis Mora (*El lectoespectador*), de Vanessa Place (*Notes on Concep-*

tualisms) a Damián Tabarovsky (*Literatura de esquerda*). E isso, francamente, parece mais interessante do que medir qual texto se assemelha mais ao texto do século XIX que o temeroso censor neoconservador tem na cabeça.

6
Máquinas sonham com a nossa linguagem?: uma curadoria

Escrevendo para/com máquinas

A relação entre as máquinas e a escrita não é uma questão menor. Afinal, como a escrita é um ato físico – tanto um processo individual quanto uma prática social –, sempre se escreve com alguma coisa. Desde a tecnologia básica da caneta ou do lápis até a relação contemporânea com o computador e suas plataformas 2.0, passando pela máquina de escrever mecânica e elétrica, a escrita é, para começar, algo mediado. Talvez por ser a nossa, aquela com a qual temos que conviver, parece que a revolução digital está fazendo perguntas que, à primeira vista, soam alarmantes: mas onde está a linguagem, onde está a subjetividade, onde está a criação verdadeira e crítica? Qualquer leitor mais ou menos sereno teria que reconhecer nessas perguntas as que sempre preocuparam a poesia. Aquelas que sempre a mantiveram em alerta.

Eu sempre acreditei, como muitos outros, que a caligrafia assegurava uma relação mais próxima entre o corpo e a escrita, configurando assim, também supunha, uma intensidade subjetiva especial própria. O artigo "Digital Gestures" de Carrie Noland[1] me fez duvidar dessa afirmação. Em uma prosa clara e com exemplos extraídos da poesia digital produzida nos Estados Unidos atualmente, Noland afirma que os movimentos necessários para gerar as letras que aparecem e desaparecem nas telas aproximam o corpo da escrita, e não o afastam dela. Para começar, Noland observa que a escrita, qualquer regime de escrita, é artificial. Não se nasce sabendo escrever à mão, mas, como mostra a experiência de muitos, aprende-se a fazê-lo por meio de sistemas formais de treinamento. A escrita à mão é, portanto, uma forma impessoal de ginástica. Toda escrita é uma forma de energia corporal disciplinada. Enquanto a máquina de escrever e a escrita no teclado parecem, de fato, confirmar a separação entre o corpo e a caligrafia, a poesia digital – esse é o argumento de Noland – traz de volta a energia cinética original que deu origem à caligrafia. Escrever no computador, pelo menos no que diz respeito à poesia digital, restabelece nossa conexão com formas anteriores de escrita. E qualquer pessoa que tenha sofrido de tendinite ou síndrome do carpo sabe que, para escrever com (e não apenas no) computador, também é necessário aprender uma série de movimentos finos que garantem a velocidade e a clareza do traço na tela.

Essa meditação seria apenas uma discussão acadêmica se a autora não a relacionasse, como faz, à produção de formas de leitura que escapam ao regime de treinamento formal e acessam as formas "explosivas e não regulamentadas de protoescrita que incluem letras e palavras que dançam errática e ritmicamente na tela". Essa escrita digital que reúne o corpo e o traço também mostra que a escrita é sempre uma atividade performativa, ligada à literatura, certamente, mas também, talvez inevitavelmente, à dança. E com o Twitter, eu acrescentaria agora mesmo.

A resposta de Eugenio Tisselli, um poeta e programador mexicano há muito tempo interessado pelas possibilidades plásticas e performáticas do texto, também parece concordar com as máquinas. Em seu "Sobre a poesia das máquinas", um manifesto publicado em 2006[2], Tisselli de fato pede, como parecem fazer alguns dos conceitualistas estadunidenses mais radicais de nosso tempo, que a poesia seja deixada para as máquinas de modo que os escritores possam se dedicar, se puderem, à vida. Longe da noção romântica que atribui uma voz única, se não imperial, ao bardo em questão, Tisselli argumenta que a poesia das máquinas "não representa mais, não expressa mais, não reflete mais, não molda mais as experiências, não busca mais enobrecer ou rebaixar, não é mais um veículo para nada ou ninguém". A provocação, que é a missão sagrada de qualquer manifesto que se preze, vem nos perguntar aqui, em frente ao nosso computador, e entre tantas outras coisas: mas não é verdade que a subjetividade da máquina é originalmente humana? Tisselli é autor de *Cuna bajotierra/Rompedemonio* (2004) e, mais recentemente, *El drama del lavaplatos* (2010).

Well Then There Now (2011), o novo livro da poeta estadunidense Juliana Spahr, parece estar interessado em se fazer e em que continuemos a nos fazer esse tipo de pergunta. Na seção intitulada "Sonnets", Spahr faz uma crítica à ideia da confissão individual não mediada, que pretende dar conta da "experiência" ou da "realidade" descentralizando-a, ou seja, fazendo-a passar pelas mediações – tanto maquinais quanto ecológicas e políticas – do corpo e da comunidade[3]. Trata-se, como enumera um de seus versos, de um catálogo do eu, mas sempre em relação a um nós que é contextual e histórico e cuja relação é, em si mesma, tensa. É um catálogo do eu, por assim dizer, extremo: um catálogo que inclui o sangue, mesmo em seus menores componentes e em seus nomes mais científicos. Crítica, incisiva, tão profundamente pessoal quanto socialmente atenta, a poesia de Spahr toca o limiar do documentário, mas sempre encontra maneiras de ir para outro lugar. A Terra, por exemplo; a superfície da Terra. A maneira como a ocupamos, tanto corpórea quanto nominalmente.

Tecnologia e comunidade

As tecnologias digitais tiraram os escritores de sua caixinha; digo isso em termos literais. Um grupo que até pouco tempo atrás se gabava de visualizar seu ofício com a humilde metáfora do lápis e do papel, se não com a torre de marfim do isolamento ou da chamada intensidade pessoal, foi forçado a tomar uma posição sobre o que está acontecendo nas telas de hoje. As questões são muitas, e algumas são tão facilmente escandalosas quanto o uso banal de *copy-paste* e plágio. Outras são os vínculos que os escritores de hoje estabelecem com suas comunidades por meio do uso estratégico de certas tecnologias digitais.

De Querétaro, embora já durante seu período na Brown University, Benjamín Moreno vem trabalhando há anos em estreita colaboração com as tecnologias atuais. Na verdade, grande parte de seu trabalho se desenvolveu em torno da prática do que é conhecido como poesia digital – o que, no caso dele, não exclui a pesquisa de som e voz. Não faz muito tempo, para surpresa de alguns e comemoração de outros, apareceram na TL alguns dos experimentos que Benjamín está realizando com a mistura da lírica popular, expressa por meio de boleros ou baladas, com uma das vozes de maior prestígio na história da poesia mexicana moderna, Octavio Paz. Dessa justaposição irreverente e crítica surgiram as *audionubes* que ele compartilhou na web. Além do simples gracejo ou, como ele mesmo explica em suas anotações sobre esse experimento, além de uma mistura procurada entre as chamadas alta e baixa cultura, essa justaposição permite que ele investigue noções contemporâneas do poético: desde o uso de hiatos, sinalefas e paronomásias como similaridade sonora até a exploração, em termos de matéria sonora, da presença imbricada do popular no que se supõe poético e vice-versa[4]. Afastando-se do tradicional poema acompanhado e buscando, ao contrário, uma redefinição do poético como um campo de exploração, Moreno diz: "tratados como matéria sonora, nos poemas de Octavio Paz encontramos *Costumbres* e *La puerta negra*". Em seguida, ele se pergunta e nos obriga a nos questionar: "Talvez o processo possa funcionar ao contrário: construir *Pedra de sol* a partir das canções de Juan Gabriel ou Los Tigres del Norte."

Por outro lado, de Lima, embora já na Universidade da Califórnia em San Diego, José Antonio Villarán vem fazendo experiências com poesia em mídias alternativas há algum tempo. O AMLT Project começa, de maneira muito significativa, com a imagem das palavras "Quiero dialogar". Externamente interativo desde sua concepção, o AMLT Project transforma as palavras em um convite literal e os convidados em poetas com direitos. Alguém começa o poema, de fato, mas o poema não termina em si mesmo, nem dentro de si mesmo, nem ao se olhar no espelho. Alterado em sua raiz, o poema se desprende e, ao fazê-lo, espalha-se pelo globo terrestre com a ajuda de outros que, em vez de concluí-lo, o perpetuam. Uma forma de alienação, o poema, uma desapropriação perpétua. O oposto de propriedade. O fato de José Antonio ter conseguido financiamento da Puma, uma conhecida multinacional, para continuar o projeto, deve nos fazer pensar criticamente sobre a complexa relação entre poesia e capital hoje em dia. A experiência bilíngue de José Antonio –

nascido no Peru, educado nos Estados Unidos –, que afeta tanto a sintaxe de um livro como *La distancia es siempre la misma* (2006) para melhor, também marca o ímpeto inicial para outros projetos comunitários – incluídos na mesma página – dos quais talvez vocês possam estar interessados em participar[5].

Escritas adjacentes

Escrever entre gêneros não é, de forma alguma, algo novo. Mas as tecnologias atuais, especialmente o formato da plataforma Twitter, enfatizaram sua presença e expandiram suas possibilidades de existência e crítica. Da poesia narrativa ao microconto, da prosa poética ao desenho animado, do romance em verso ao romance gráfico, a escrita entre gêneros cresceu e apareceu. No Twitter, onde a frase individual de 140 caracteres é tão importante quanto o terreno movediço da TL da qual faz parte, a escrita entre gêneros não é apenas uma possibilidade, mas também, talvez acima de tudo, um pré-requisito para existir. Gertrude Stein declarou certa vez que não havia diferença entre o conto e o parágrafo. Parafraseando-a, é possível dizer que o Twitter nos faz ver, com clareza e satisfação, que a diferença entre o parágrafo e o verso também pode não existir. Aqui, o poder evocativo de uma frase bem-composta pode ser tão importante quanto o espaço em branco, sempre fugaz, sempre em movimento, no qual o suspense que normalmente associamos à narrativa oscila. Daí *El hombre de tweed*, do escritor mexicano @MauricioMontiel[6].

Há mais do que alguns escritores de papel – digo isso porque seu principal meio de publicação e distribuição tem sido, de fato, o papel – que estão se aproximando com entusiasmo da escrita no Twitter. A novidade do meio, a concisão da apresentação e o senso de ludicidade são certamente impressionantes. Poucos, porém, saem bem desse contato. O caso de @MaurcioMontiel é uma saudável exceção a essa regra. Como os escritores que ainda não foram publicados no mundo dos livros impressos, @MauricioMontiel compôs tuítes individuais que são, por si sós, um mundo. Como autor de vários romances e livros de ensaios, @MauricioMontiel não deixou de enfatizar o vínculo mudo e invisível que é toda tensão narrativa. Os "capítulos" de seu *El hombre de tweed* e, mais recentemente, de *La mujer de M.*, podem ser lidos tanto on-line quanto impressos[7]. É, portanto, uma revelação que pode nos forçar a reler tudo o que escreveu até agora. Veremos se a trajetória é cumprida e concluída ou se, como tudo indica, ela vai transbordar.

Charles Bernstein, o influente autor estadunidense, não se assusta com as adjacências da escrita nem os poemas difíceis. Embora seu trabalho como poeta e teórico dos poetas do grupo *Language* seja amplamente reconhecido nos Estados Unidos, ele ainda não foi totalmente traduzido no México. Portanto, é relevante que Román Luján, poeta e doutor pela UCLA, tenha assumido a tarefa de traduzir pelo menos cinco de seus poemas. Sobre Bernstein e seu trabalho de tradução, Luján diz o seguinte:

> Charles Bernstein (Nova York, 1950) é talvez a figura mais influente da poesia estadunidense contemporânea depois de John Ashbery. Herdeiro das vanguardas – especialmente do dadaísmo –, da primeira geração da Escola de Nova York, bem como da escrita processual de John Cage e Jackson Mac Low, ele dirigiu com Bruce Andrews a lendária revista *L=A=N=G=U=A=G=E* nos anos 70 e, desde então, tem sido o principal teórico e praticante da chamada Poetry of Language.

De acordo com Ashbery, os poemas de Bernstein não se parecem uns com os outros e são sempre inesperados. Assim, de *Asylums* (1975) a *Girly Man* (2006), o nova-iorquino não parou de produzir repertórios de formas novas, familiares e impossíveis, reinventando-se constantemente e, ao mesmo tempo, formando um novo leitor a cada novo poema.

Bernstein afirma em seu ensaio "The Difficult Poem"[8] – reunido em *Attack of the Difficult Poems* (2011) – que não há poemas difíceis, ou melhor, não há poemas difíceis que não possam ser compreendidos e apreciados se forem lidos com atenção. Não há poemas normais ou anormais; tudo depende da relação que o leitor estabelece com o poema em questão para que sua aparente obscuridade desapareça.

Dos poemas que compõem a breve amostra e homenagem, os quatro primeiros são de *Girly Man* e o último, em memória de sua filha Emma – que se suicidou em Veneza em 2008 – serve como título e epílogo de sua antologia mais recente, *All the Whiskey in Heaven* (2010). Com exceção de "Thank you for Saying 'Thank You'", do qual há algumas traduções para o espanhol e o português – embora não seguindo a regra interna do texto: "90 linhas/269 palavras" –, os outros poemas são inéditos em espanhol[9].

Román Luján (Monclova, Coahuila, México, 1975) é autor dos livros de poemas *Instrucciones para hacerse el valiente* (2000), *Aspa Viento* (2003, em colaboração com o pintor Jordi Boldó), *Deshuesadero* (2006) e *Drâstel* (2010). Com Luis Alberto Arellano, ele editou *El país del ruido: 9 poetas mexicanos/Le pays sonare: 9 poètes mexicains* (2008). As antologias de seu trabalho incluem *Zur Dos: Última poesíalatinoamericana* (2004) e *Malditos latinos, malditos sudacas: poesíaiberoamericana Made in USA* (2009). Ele é tradutor de poesia em inglês e candidato a doutorado em literatura hispano-americana na Universidade da Califórnia, em Los Angeles.

Imantações do político

Não tanto sobre política, mas na política. Não tanto como um assunto a ser abordado, mas como a prática inescapável da linguagem: a política. Não como a anedota virulenta de nossos dias tristes e violentos, mas como o oxigênio constante dos alfabetos mais íntimos de todos os nossos tempos. Uma maneira de escrever, talvez, mas, acima de tudo, uma maneira de ler, que talvez não seja nada mais do que uma maneira de se envolver com os fatos, as páginas, os mecanismos dos significados e o que eles significam. Charles Bernstein insiste nisso quando, em *Attack of the Difficult Poems*, argumenta que "poema é qualquer objeto verbal designado como poema" e, particularmente, quando acrescenta: "a designação de um objeto verbal como poema nos alerta para uma maneira de ler"[10].

É também nisso que Hugo García Manríquez, nascido em Chihuahua e residente em Berkeley, insiste quando resiste a "escrever como poeta" apenas para abraçar o risco ético e estético de ler o *Tratado de Libre Comercio* como tal. O resultado dessa interação (gostaríamos de escrever aqui, em vez disso, implicação) é *Anti-Humboldt. Una lectura del Tratado de Libre Comercio de América del Norte*, assinado pelo Canadá, pelos Estados Unidos e pelo México[11]. García Manríquez elabora as estratégias de sua leitura: o poeta lê o NAFTA, mas não o interpreta, normalizando-o. Em vez disso, García Manríquez se dedica a perfurar o discurso institucional, produzindo lacunas, pausas e limbos "textuais-históricos". Assim, os leitores perceberão o espaço crítico que se abre entre o discurso público – "a linguagem de ninguém" – dos tratados e acordos e o "limbo do presente dentro da linguagem que o regula". Há, entre o discurso institucional e o buraco textual, um continuum impossível, isso é certo, mas também uma latência. Ali, sugere-se, o oxigênio da poesia continua vivo.

Ele diz isso em suas próprias palavras:

> Portanto, este é, talvez, um ato de ouvir dentro de um ato de escrever. Longe da política como tema – como quando presumimos que a poesia, ao "escrever sobre", nos aproxima do político –, procurei articular constelações, uma imantação. Essa imantação, sem interior ou exterior, é o político. O "oxigênio político", como diz a expressão frequentemente repetida; sem fundo ou primeiro plano, essa é a sua onipresença. Ali, confortavelmente, a linguagem do poder se instala e se manifesta. Ali, a vida animal e humana, e o espaço em que ambas se cruzam, caem como peles velhas. E nisso tem sido mais eficaz do que a poesia. Contra o fundo "translúcido", algumas palavras são como espectros.[12]

"O genocídio está esperando para ser desenterrado e nomeado", escreve @harmodio em um dos tuítes que publica de um bairro nos arredores de Paris[13]. Está se referindo ao México, embora não apenas ao nosso país, é evidente, e também está se referindo ao processo de nomear, de dar e pedir um rosto, que toda escrita implica. Doutor em linguística computacional pela Sorbonne e autor do romance *Musofobia* (2008), Jorge Harmodio usou sua TL para relatar os dilemas estéticos em que a escrita de seu novo romance o envolve – até onde seus leitores sabemos, o enredo envolve uma atriz pornô e algumas aulas de espanhol – para enviar mensagens a amigos e nações inteiras – "se os mexicanos nos virem, digam quem nos enviou", por exemplo – e para manter acesa a centelha do ativismo político. O que se pode ver aqui é uma seleção de tuítes nos quais se respira o ar de nossos tempos: desde as reflexões geradas pela passagem do dia 8 de março e a dissociação crítica entre os conceitos de sexo e gênero – "Classificaremos as mulheres em dois grandes grupos: as que têm aparelho reprodutor feminino e as que têm aparelho reprodutor masculino" – até a estratégia organizacional que deu início à manifestação política de 6 de abril convocada por Javier Sicilia, outro poeta[14]. Mesmo agora, @harmodio continua em letras maiúsculas apropriadas: AJUDE-NOS A ENVIAR 40.000 PÊSAMES AO PRESIDENTE DO MÉXICO http://bit.ly/k44aSf.

Idiomas extraídos

O que é o inglês hoje, diante de migrações globais maciças, devastações ecológicas, reviravoltas nas identificações de gênero e de trabalho? Como levar em conta a(s) dicção(ões), o(s) registro(s), a(s) inflexão(ões), bem como as várias situações afetivas que têm penetrado e continuarão a penetrar no "inglês"? Quais são as implicações de escrever neste momento, precisamente nesta "América"? Como praticar e tornar plural o escrito e o falado: gramáticas, sintaxes, texturas, entonações...?

Essas são as perguntas que a poeta coreana-estadunidense Myung Mi Kim faz a si mesma no final de seu livro *Commons*. Sintomaticamente, elas aparecem na tradução espanhola que o poeta mexicano Hugo García Manríquez faz delas na glosa que ele decidiu intitular *Registro fósil del polen*. Originadas em inglês por pelo menos um falante bilíngue, as perguntas poderiam ser feitas sobre ou dentro dos limites de outros idiomas, especialmente aqueles que acompanham os processos de globalização do passado e do presente.

Os poetas que se movem continuamente entre (pelo menos) dois idiomas precisam se fazer essas perguntas, por força ou por alegria, por obrigação ou por prazer. Mas essas são, de fato, as perguntas de qualquer pessoa que veja a poesia como uma prática que rompe os limites do real: imigrantes que deixaram para trás sua língua materna para adotar uma madrasta; migrantes que, contra a maré, decidem continuar produzindo em um idioma que não praticam na vida cotidiana; nativos que decidem questionar os hábitos de suas próprias codificações; aqueles que se infiltram, subvertem, filtram, extirpam.

Craig Santos Pérez, um poeta nascido em Guam e radicado na Califórnia, em seu trabalho criativo, editorial e de ensino explorou com singular rigor e visão crítica os vários processos pelos quais os territórios (e idiomas) mais distantes são incorporados. Tanto em suas plaquetas *constellations gathered along the ecliptic* (2007), *all with ocean views* (2007), e *preterrain* (2008), mas especialmente em seus dois livros mais recentes, *from unincorporated territory [hacha]*, publicado pela Tinfish Press em 2008, e *from unincorporated territory [saina]*, publicado pela Omnidawn Publishing em 2010, Craig Santos Pérez tentou criar um "espaço extraído", não tanto desterritorializado como reterritorializado, no espaço do corpo e da página[15]. Lá, entre o oceano de palavras em inglês, encontrarão seus locais de deslocamento e procissão alguns dos idiomas chamorro nativos que não foram aprendidos (ou foram esquecidos) nos sistemas escolares das ilhas do Pacífico. A seleção a que me refiro aqui vem de seu primeiro livro e passa do inglês para o espanhol graças ao trabalho de tradução de John Plueck e Marco Antonio Huerta, ambos poetas por direito próprio, ambos compartilhando o espaço fronteiriço que une e tensiona os limites de Tamaulipas, no nordeste do México, até o Texas. Ambos, portanto, no processo contínuo de construção de seus próprios "espaços extraídos". (Mais sobre Craig Santos Pérez, aqui: https://craigsantosperez.wordpress.com/)

Desprovida de qualquer gênero e obediente apenas à regra de seus 140 caracteres, a linguagem do Twitter se expande, é verdade, e também resiste, em seus casos mais felizes, a uma simples incorporação em formatos mais familiares ou legíveis. A experimentação lúdica entre e com várias linguagens não é nova no trabalho do contador de histórias Rafa Saavedra (Tijuana, 1967). Autor de uma obra já extensa que inclui, mas não se limita a, *Lejos del noise* (2006) e *Crossfader 2.0. B-sides, hidden tracks & remixes* (2009), Rafa se define – com razão e em maior ou menor ordem de importância – como tijuanense, fanzineiro, DJ, criador de programas de rádio alternativos, blogueiro, entre outras coisas. Por tudo isso, não é de estranhar que sua participação no Twitter seja marcada por uma experiência que envolve trabalho coletivo, leitura, intervenção, reescrita ou recomposição, reciclagem e, nem é preciso dizer, diversão. Rafa nos enviou uma série de seu tuitmix/poesia que, em muitos aspectos, é também uma prática de linguagem extraída. Sua metodologia, como ele mesmo aponta, não é complicada, mas rigorosa: "1) leio a linha do tempo do Twitter, 2) seleciono uma palavra ou frase por tuíte, 3) faço uma mistura aleatória com elas, 4) reviso e 5) tuíto uma espécie de verso decomposto (*em colaboração com as pessoas que sigo e que me seguem*)."[16]

Vestindo o corpo

Nós nos vestimos com o corpo. Nós nos vestimos nele e com ele. Isso tinha que acontecer. Afinal de contas, como mais de um tuiteiro pode testemunhar, a TL é talvez o último reduto da coisa insignificante, cotidiana, sexual e sentimental. É fácil ver os corpos passando por esses retângulos de 140 caracteres. Lá estão eles, cuidando de seus afazeres diários. Eles comem, por exemplo. Eles bebem – e qualquer TL de fim de semana não me deixará mentir sobre isso. Eles caminham e, às vezes, correm. E são corridos. Sobem escadas, pegam ônibus, descansam. Eles roncam. Eles arrotam. Eles cagam, de fato, e também fazem cagadas. O corpo desliza pela TL, que sobe ou desce conforme vai ou vem – e aqui cito literalmente uma frase de Pedro Páramo –, deixando seus rastros, seus fragmentos, seu esqueleto. Há líquidos, com certeza. Há sombras. Talvez uma das respostas sobre como se dá a relação entre sexualidade e linguagem em nossos dias se encontre justamente aqui. Não posso dizer com certeza que é a melhor – mas quem se importa com o mundo de fato se importa com o melhor? –, mas é a mais imediata. Às vezes cru, muitas vezes confusamente in situ, às vezes doce, até mesmo em excesso, o corpo irrompe e fala. O corpo é um quarto do pânico?, pergunto, acrescentando pontos de interrogação a um tuíte de Roberto Cruz Arzabal, graduado em literatura hispânica e mestre em literatura pela UNAM, que li em @cruzarzabal. Como muitos outros, comecei a lê-lo por acaso, principalmente devido ao retuíte de outra pessoa. Fiquei impressionada com seu compromisso com a linguagem, seus comentários sobre a poesia contemporânea e seu sotaque às vezes irônico e às vezes devastado sobre as múltiplas realidades do corpo sexuado, vivido e gasto. Mais tarde, descobri que também era autor de poemas e ensaios, todos publicados em várias revistas impressas e eletrônicas do país. Depois, descobri que ele participava com singular entusiasmo tanto dos seminários de pesquisa sobre poesia mexicana contemporânea quanto de seminários nômades de crítica e literatura. Não fiquei surpresa ao saber que ele trabalha como acadêmico, funcionário público e promotor cultural no CEPE Taxco da UNAM. E se você quiser saber mais, leia seus blogs tumblr (cajondevidrio.tumblr.com) e contas no Twitter (@cruzarzabal e @rayadesollada).

Falar sobre o corpo, parafraseando a poeta canadense Lisa Robertson, não é pouca coisa. Reconhecida como uma poeta adepta de experimentos com os limites da linguagem, igualmente influenciada pelos chamados poetas do grupo Language (especialmente Leslie Scalapino e Lyn Hejinian) e pela peculiar enunciação do latim quando incorporada a iterações do inglês, Lisa Robertson escreveu seu livro mais carnal com *The Men*. Os homens de Lisa Robertson estão longe de ser entidades abstratas feitas para representar "outra coisa". Carregados de história, gênero e contexto, esses homens são exatamente isso e, por essa mesma razão, e acima de tudo, corpos. E são esses corpos cheios, densos e até mesmo celebrados que rompem a sintaxe e nos deixam sem fôlego. Erudito é uma palavra que aparece com frequência nas resenhas da poesia de Lisa Robertson, mas também resplandecente[17].

As formas estritas

Voltamos, talvez com a obsessão circular da vilanela, com sua rejeição íntima do movimento retilíneo que acredita no infinito, ao palíndromo. Sim, do grego *pálin drómos*, que significa correr para trás. Portanto, são textos simétricos que fazem sentido tanto da esquerda para a direita quanto da direita para a esquerda. O fato de a restrição do número de caracteres no Twitter estar, de certa forma, no mesmo nível da restrição do próprio palíndromo talvez explique a popularidade da forma na minha TL. Não há um usuário do Twitter que se preze que não a tenha tentado, pelo menos uma vez. O fato de o palíndromo ser uma frase que se lê da mesma forma de trás para a frente talvez tenha a ver com o gosto dos tuíte-palindromistas por temas eróticos e as verdades do corpo e da frase xxx. Poderia ser muitas coisas. O fato é que ele é praticado com maestria tanto por Pedro Poitevin, matemático e poeta de Massachusetts, quanto por Óscar de Pablo, poeta que, além do palíndromo, usou sua TL para brincar com outra forma rigorosa: a vilanela.

Em *Divisadero*, um dos romances de Michael Ondaatje, o autor equipara a forma da vilanela à vida. Ele diz:

> É como a vilanela, essa predisposição para avançar em direção a eventos em nosso passado, assim como a forma da vilanela que se recusa a avançar em um desenvolvimento linear, preferindo, em vez disso, fazer círculos em torno desses momentos reconhecíveis de emoção.[18]

A *Norton Anthology of Poetic Forms*, editada por Eavan Boland e Mark Strand, tem uma definição semelhante:

> A singularidade da vilanela é sua ausência de possibilidade narrativa. O desenvolvimento figurativo é possível na vilanela. Mas a forma resiste a contar uma história. Ela gira e gira em círculos repetidamente, rejeitando qualquer desenvolvimento linear e sugerindo, no nível mais profundo, a poderosa recorrência de humor, emoção e memória.[19]

Para ser mais precisa: uma vilanela é um poema de dezenove linhas dividido em cinco estrofes, cada uma com três linhas, com uma estrofe final de quatro. O primeiro verso da primeira estrofe é repetido no último verso da segunda e da quarta estrofes. O terceiro verso da primeira estrofe é repetido no último verso da terceira e quinta estrofes. Esses dois versos repetidos tornam-se o penúltimo e o último versos do poema. O esquema de rima é ABA. As rimas são repetidas de acordo com os refrães.

Ao articular as formas estritas do palíndromo e da vilanela com um dos enunciados do presente digital, como é o Twitter, tanto Pedro Poitevin quanto Óscar de Pablo conseguem atualizar uma forma e dotar outra de ressonância histórica[20]. Movendo-se com igual abandono entre política e sexo, ambos mantêm a forma, mas, em vez de honrá-la, a subvertem. O riso do aqui e agora se insinua, e não como ruído branco, entre suas letras. Exemplos do tipo de linguagem que é produzida no presente e a partir do presente, os 140 de Poitevin e De Pablo também nos lembram que é cada vez mais difícil escrever como se não houvesse uma revolução digital que se desenrola, graciosamente, nos teclados, nas telas, nos cérebros e nas mãos do nosso ambiente. Óscar de Pablo (México, 1979) é autor dos livros de poesia *Los endemoniados*, *Sonata para manos sucias*, *Debiste haber contado otras historias* e, mais recentemente, *El baile de las condiciones*, bem como do romance *El hábito de la noche*. Ganhou os prêmios de poesia Elías Nandino, Jaime Reyes e Francisco Cervantes, além de bolsas da Fundación para las Letras Mexicanas e da FONCA. Pedro Poitevin é professor de matemática na Salero State University, em Massachusetts. Quando não está pensando em espaços de Banach de dimensão infinita, às vezes tem vontade de escrever. Seus poemas em inglês foram publicados em *The Mathematical Intelligencer*, *The Shit Creek Review* e *Boston Literary Magazine*, entre outras publicações. Seu primeiro livro de palíndromos, *Eco da eco de doce a doce*, foi publicado pela Ediciones de la Galera, na Cidade do México, e seus poemas em espanhol foram publicados na *Revista Bonsai*. Sua conta no ex-Twitter é @poitevin.

#Bibliotuítes

Nenhum comentário sobre a produção de escrita nas mídias tecnológicas atuais estaria completo sem pelo menos uma breve análise dos vários processos de distribuição da escrita que também ocorrem nelas. Nas telas verticais que dominam nossas vidas, é possível não apenas escrever, mas também, talvez fundamentalmente, ler. Ter acesso aberto a obras difíceis de adquirir é apenas um dos grandes privilégios do leitor contemporâneo. De postagens em blogues à troca de livros em formato PDF, do compartilhamento de artigos e ensaios por meio de links ou vídeos do YouTube, a distribuição cultural parece estar forjando caminhos, virtuais e não virtuais, que escapam aos circuitos estritos do capital: dinheiro ou direitos autorais.

Nesse sentido, atenção especial deve ser dada aos chamados #bibliotuítes, as mensagens de 140 caracteres que levam livros inteiros, gratuitamente, aos olhos dos leitores de tela. Vale a pena recomendar aqui a curadoria realizada pelo poeta Román Luján em seu endereço no Twitter: @roman_lujan. Além de postar livros de teoria e poesia contemporânea, tanto dos Estados Unidos quanto da América Latina, @roman_lujan não se esquece da história e dos estudos culturais, constituindo uma biblioteca eclética e útil para quem quer conversar com a atualidade. @nosergio, por sua vez, dedica-se a distribuir obras de poesia contemporânea em vários idiomas, mas principalmente em espanhol e português, que depois publica em seu blogue: jaibasbibliopiratas.blogspot.mx. Claudia Sorais Castañeda, @sorais, e Rafael Mondragón, @Don_Mondragon, distribuem principalmente livros de teoria social, tanto clássicos quanto obras mais recentes. Da Espanha, Germán Sierra, @german_sierra, e Ignacio Irulegui, @igniru, estão de olho na produção que mistura ciência e literatura, além de privilegiar obras em tradução. O trabalho do escritor mexicano Alberto Chimal, @albertochimal, é indiscutível nesse sentido; livros e artigos, filmes e músicas, anúncios da comunidade e comentários diversos são distribuídos diariamente em sua conta.

Com o selo de trocas livres, resultado de curadorias ferozmente independentes e deliciosamente pessoais, esses #bibliotuítes inauguram uma forma de leitura que parte e retorna à comunidade que a gera por meio da conversa virtual que os envolve do início ao fim.

7
Práticas de comunalidade contra a violência

> Estou pensando que estou lhe escrevendo uma daquelas cartas que chamam de cartas de amor, mas não, esta carta é puramente de negócios.
>
> CARTA DE JUAN RULFO A CLARA APARICIO,
> 4 de setembro de 1947

Não faz muito tempo, Ricardo Piglia expressou em uma entrevista seu interesse em reconstruir a história da literatura a partir da perspectiva mais alheia à tese da autonomia da arte: investigar as múltiplas maneiras pelas quais seus autores ganham a vida. Essa era, como desejei interpretá-la, uma proposta que, sem ser surpreendente, era, e é, radical. E é assim porque, ao perguntar sobre o modo como os autores produzem suas vidas, que é outra forma de perguntar sobre as condições que permitem ou limitam a produção de seus textos, Piglia está devolvendo a escrita, ou tomando-a, conforme o caso, para a esfera camaleônica, humana e política da prática cotidiana. A escrita, assim entendida, não seria tanto uma resposta a um chamado divino ou inexplicável, mas um modo de vida; não apenas uma profissão ou ofício, mas também, e acima de tudo, uma experiência ou, mais precisamente, um experimento que envolve, irremediavelmente, coração, cérebro e mão; um assunto mais comunal, e propriamente comunitário, em vez de meramente individual. A questão, inocente apenas na aparência, ataca diretamente as concepções essencialistas ou românticas do Autor como um ser sem adjetivos. A questão, que critica a pretensão de autonomia da arte, teria sido de grande interesse para Tolstói, Brecht e Arlt. Suspeito que, para seres que se querem ou imaginam sem contexto, sem circunstância e até mesmo sem um corpo, e depois sem gênero, muito na pose do Autor Puro ou Maldito ou Morto, dependendo do andaime teórico do qual se parte, não pode haver pergunta mais vulgar, violenta e grosseira do que a seguinte: e o que você faz para viver? Que naturalmente – se houvesse naturalidade, é claro – seria seguida por: a que horas você se levanta? Você tem que sair de casa para trabalhar? Com que tipo de pessoa você tem que lidar em sua rotina diária? Elas são diferentes de você em termos de geração, raça, gênero ou classe? Você se desenvolve em um ambiente hostil, propício à autocrítica e, muitas vezes, ao desânimo, ou em uma redoma de cristal, onde a bajulação e a segurança são seu alimento diário?

Há, de fato, uma estranha cumplicidade entre o Autor e a História da Literatura: essa relutância em falar sobre a materialidade crônica da existência. Fala-se muito, especialmente em tempos mais recentes e no campo da narrativa, sobre adiantamentos milionários ou prêmios que envolvem bolsas de seis dígitos, mas não se toca no assunto do trabalho: o trabalho que é escrever. Não é raro, especialmente na América Latina, encontrar opiniões de escritores sobre uma grande variedade de assuntos em jornais e programas de televisão. É cada vez mais comum que os jornalistas façam perguntas e que os autores respondam generosamente a questões sobre seus processos criativos: o momento em que começam a trabalhar, a identificação precisa de suas manias, o espaço escolhido – com referências, quase sempre poéticas, à qualidade da luz –, suas leituras, seus sublinhados, suas anotações. A inspiração é boa, mas o dinheiro não. Como se o mero assunto pudesse manchá-los, quase nenhum autor que se preze se rebaixará a falar sobre algo tão terreno e mundano, algo tão constante e sólido, como os tostões que ganha com, como dizem, o suor de seu rosto. As alusões a prêmios ou subsídios ou a algum trabalho mais ou menos remunerado têm mais a ver com noções de prestígio do que com explicações sobre como eles ganham a vida. Ao permanecermos em silêncio, nós, escritores, nos tornamos cúmplices de uma narrativa que exclui sistematicamente qualquer ligação rudimentar entre a escrita e o trabalho, entre a escrita e os processos cotidianos de produção simbólica e material.

Há muitas evidências, no entanto, de que as moedas terrestres e os alimentos concretos não são uma parte meramente aleatória ou periférica da vida criativa. Um exemplo é suficiente para provar isso. Vamos começar, apenas para começar de algum lugar, com os grandes nomes. Vamos começar com Juan Rulfo, por exemplo. Entre 1944 e 1950, Rulfo escreveu 81 cartas para Clara Aparicio, sua namorada formal, depois sua noiva e, mais tarde, sua esposa. As cartas são documentos íntimos, cheios de reviravoltas sentimentais, nos quais, de acordo com Alberto Vidal, seu prefaciador, é possível vislumbrar os complexos vasos comunicantes que vão da "matéria prima da vida" à consumação de "eventos literários". Nessas cartas, que são cartas de amor, há também, e predominantemente, uma longa lista de negócios, como Rulfo parece ter chamado os assuntos da vida cotidiana, especialmente aqueles relacionados ao casamento.

Entre os "tu muchacho", "mujercita", "chiquitina", "Juan el tuyo" com os quais eles abrem ou fecham as cartas, uma noção de casal se infiltra, aqui e ali, que está mais próxima da ideia moderna de companheirismo do que de sua contraparte romântica. Nos negócios que ele quer resolver, não há apenas a menção ocasional de seu emprego, como vendedor de pneus, e a equanimidade com que relata seus possíveis e eventuais aumentos de salário ou a raiva com que lida com casos de injustiça no trabalho, mas também, talvez acima de tudo, a série de preocupações mundanas que dependem do dinheiro que ele tem ou, mais precisamente, não tem: o aluguel do apartamento, sua – desesperada? – compra de dez bilhetes de loteria com os quais não ganha nada, o pedido da mítica lista de coisas que serão necessárias na cozinha, a descrição detalhada do vestido de noiva, até mesmo a feliz notícia de que "a tia Lola já nos deu uma panela Presto".

Não sei se uma leitura atenta dessas cartas poderia levar ao estabelecimento de vínculos definitivos entre essa "matéria-prima da vida" e o "acontecimento literário" – e não é esse tipo de leitura que me interessa aqui –, mas acredito, como Piglia, que explorar as maneiras pelas quais Rulfo ganhava a vida nos ajudaria a olhar de forma diferente para as estratégias materiais e, portanto, políticas que nosso grande experimentalista usou para construir essa figura relutante em se complicar com o (tornar-se cúmplice do?) meio literário do qual fazia parte – no aspecto da escrita, que fique claro. Não acredito, é óbvio, que a relação seja direta e simples, de causa e efeito, ou de superdeterminação. Mas sendo indireta e complexa, como essas coisas tendem a ser, estou interessada na possibilidade de explorá--la com o rigor com que se adentra em um mistério. Talvez, assim como as ditas cartas de amor, nem a história da literatura, nem os vários cânones, nem a suposta autonomia da arte sejam nada mais do que negócios, no sentido que Rulfo dá ao termo em suas supostas cartas de amor, negócios que devem ser tratados com a integridade e a resolução do caso.

Aulas de redação

A pergunta não é de forma alguma nova e continuará a ser feita enquanto houver homens e mulheres com manuscritos debaixo do braço: é possível ensinar alguém a escrever? A cultura estadunidense do pós-guerra respondeu a essa pergunta com um sim definitivo e entusiasmado, afirma Louis Menand em um artigo publicado na *The New Yorker* há pouco tempo. Em "Show or Tell. Should Creative Writing be Taught?", o professor de Harvard e colaborador regular tanto da *The New Yorker* quanto do *The New York Times Review of Books* traça a longa, porém moderna, história dos programas universitários de escrita criativa nos Estados Unidos, tanto em nível de graduação quanto de pós-graduação, para chegar a um veredito bastante otimista: mesmo que o autor nunca tenha publicado um poema, o fato de ter participado de uma dessas aulas o tornou parte de "um empreendimento frágil, o da poesia contemporânea", cuja influência foi sentida em todas as outras decisões que ele tomou em sua vida como leitor e cidadão. "Eu não trocaria isso por nada", diz ele sobre sua experiência como aluno em uma dessas oficinas intensamente pessoais, às vezes extenuantes e às vezes realmente criativas, que são ministradas em muitas universidades estadunidenses e, cada vez mais, em países tão diversos quanto a Grã-Bretanha e o México, a Nova Zelândia e a Coreia do Sul. Mas é realmente possível produzir escritores em uma sala de aula?

Menand, um acadêmico no fim das contas, segue o caminho mais conhecido. Embora aulas relacionadas à escrita existam desde 1897 – Iowa tinha uma aula chamada *Verse Making* [Composição de versos] já em 1897 –, o conceito universitário de escrita criativa, ou, como é normalmente chamado em inglês, *creative writing*, não decolou de fato até a década de 1920, quando a Bread Loaf Writer's Conference foi realizada em Middlebury, onde Robert Frost foi o primeiro escritor residente. Foi em 1936 que Iowa iniciou suas agora famosas oficinas de redação, concedendo pela primeira vez um diploma de mestre em belas-artes – diferente de um mestre em ciências ou ciências sociais por ser um diploma de conclusão de curso – a escritores criativos. Após a Segunda Guerra Mundial, os programas para escritores só aumentaram. Johns Hopkins e Stanford deram o sinal verde para seus seminários de redação em 1947. Cornell seguiria o exemplo apenas um ano depois. O processo se multiplicou na década de 1960, quando foram contratados mais professores universitários do que nunca. Se no início da década de 1980 havia 79 programas de escrita criativa nos Estados Unidos, seu número chegou a impressionantes 822 em tempos mais recentes. Os programas de pós-graduação, nesse caso os mestrados, cresceram em um ritmo comparável: de 15, em 1975, o número saltou para 153 atualmente. A pergunta, é claro, continua a mesma: é realmente possível ensinar alguém a escrever em uma sala de aula?

Embora existam poucas regras, escritas ou não, sobre o que um professor deve ensinar em uma aula de escrita, Menand também dedica atenção às mudanças de ênfase que ocorreram ao longo do século XX a esse respeito. Desde o "mostrar *versus* contar", que se tornou mais um mantra do que um lema em oficinas literárias na virada do século, até o apelo para "encontrar a própria voz", que ressoou com tanta força nos anos 1960, fica claro que a escrita – sua função e seu lugar, seu círculo de influência e suas "tecnologias", seu próprio ensino – foi transformada de acordo com as conversas sociais mais amplas. Poucos que entram em uma sala de aula onde são ensinadas disciplinas de escrita criativa pretendem transmitir "inspiração", mas muitos acreditam que é possível "exercitar" um ofício. Locais como Iowa chegam ao ponto de afirmar que têm pouco a ver com a repercussão de vários de seus formandos – entre eles, cinco ganhadores do Prêmio Pulitzer –, alegando que fazem pouco mais do que manter juntos, por um determinado período de tempo, os candidatos que demonstram mais talento. "É mais o que eles trazem", dizem sem hesitar, "do que o que levam daqui."

O assunto se presta, como não poderia deixar de ser, a piadas infinitas e conversas intermináveis. O que é certo é que um batalhão considerável e muito diversificado de escritores estadunidenses contemporâneos se formou em programas universitários que podem ou não os ter ajudado a desenvolver sua arte, mas que claramente não destruíram sua vocação pessoal ou seu gênio. Menand nos lembra que escritores tão diversos como Raymond Carver, Joyce Carol Oates e Ian McEwan são o resultado de programas universitários. Oates se formou em redação criativa em Syracuse, enquanto Carver teve aulas na California State University, Chico, Humboldt State College e Sacramento State College antes de se tornar Wallace Stegner Fellow em Stanford. McEwan teve aulas com Malcolm Bradbury. Autores mais contemporâneos, como Ricky Moody, Tama Janowitz e Mona Simpson, participaram de oficinas de escrita mais ou menos na mesma época no programa de pós-graduação da Columbia, assim como, também mais ou menos na mesma época, porém na Universidade da Califórnia em Irving, Michael Chabon, Alice Sebold e Richard Ford.

Eu, que não tenho nenhuma opinião definida a esse respeito, começo a pensar sobre esses dados e não consigo deixar de relacioná-los de alguma forma com o que está acontecendo no México. Será que a boemia e o café, o bar e a rua, o professor particular e as oficinas são realmente mais eficientes? É realmente desejável que haja programas de escrita nas instituições universitárias do país?

Vejamos.

Repensando as oficinas literárias

Por outro lado, talvez a pergunta não seja: é possível ensinar a escrever? Talvez a pergunta mais eficaz seja: é possível ou desejável criar comunidades esporádicas nas quais os participantes troquem e explorem maneiras de ler e escrever que desafiem as tradições predominantes? A primeira pergunta está mais ou menos no campo da metafísica. A segunda pergunta, por outro lado, aborda questões mais cotidianas e críticas de uma prática que é tanto estética quanto política. Se a primeira pergunta for apresentada como uma espécie de versão resumida da segunda, minha resposta é um sonoro sim. É possível. Sim, é desejável.

Muitas das oficinas de criação literária que funcionam no México desde o início da era moderna correspondem a modelos de ensino que podem ser definidos como verticais, autoritários e patriarcais. Nelas, uma figura de autoridade, seja por experiência, prestígio ou diferença geracional, recebe a tarefa de revisar e julgar a "qualidade literária" de uma diversidade de escritos de acordo com parâmetros que se supõe serem universais, se não transparentes ou únicos. De acordo com esses parâmetros, a pessoa vai à oficina para se submeter – e o uso do verbo aqui não é inocente – ao julgamento de outros, definidos de antemão como superiores e até mesmo intocáveis, a fim de "melhorar" seu texto, levando-o do estágio inferior do não literário para o estágio superior do literário. Refinar, aperfeiçoar, depurar. Mas esses verbos, que são tão frequentemente usados para descrever o que é feito em uma oficina de escrita criativa, não têm um cheiro assustador, se não sadomasoquista, dos mais diversos métodos autoritários?

Talvez devêssemos começar parando de chamá-las de oficinas de criação literária e chamá-las, de uma forma mais horizontal e menos essencialista, mais plural e menos canônica, mais no século XXI e menos no século XIX, de oficinas de escrita.

Talvez fosse necessário considerar a possibilidade temerária de que o fato de ter escrito livros, mesmo bons livros, não significa necessariamente que um autor esteja qualificado para participar da delicada prática de troca e crítica que constitui a sala de aula. E, nesse sentido, talvez seja aconselhável parar de lutar contra a profissionalização dessas práticas e começar a indagar de forma crítica sobre didáticas imaginativas e interativas que permitam uma exploração dinâmica do ofício. Quem sabe o treinamento de futuros mediadores de oficinas nesse tipo de didática possa contribuir para a eventual extinção dos abusos de poder que tantas vezes ocorreram nessas oficinas sob o pretexto de promover um tipo de crítica que, sem dúvida, pode ser descrita como implacável.

Talvez se deva considerar que não pode haver oficinas de escrita que não sejam ao mesmo tempo, e por necessidade, oficinas de leitura, incluindo discussões e debates cuidadosos e críticos sobre as várias tradições que alimentam e alimentaram, muitas vezes de forma desarmônica, a história dos textos escritos em espaços e épocas específicos.

Possivelmente seria uma boa ideia que os participantes de uma oficina de escrita pensassem que também estão, talvez acima de tudo, indo ler: comentar, de qualquer forma, sobre uma ampla gama de leituras que desafiam quaisquer parâmetros com a aspiração ao status de transparência universal. Talvez fosse bom se todos os participantes saíssem desses cursos pensando que não existe tradição intocável, muito menos imutável.

Talvez não seja totalmente descabido tirar a oficina de escrita do espaço fechado de uma sala e levá-la para a calçada ou para a praça ou para o ponto de ônibus ou para as passarelas ou para qualquer espaço de convivência social que deixe clara a interação orgânica e necessária de todas as formas de escrita com a comunidade que a contém e lhe dá significado. Seria talvez uma boa ideia que o participante de uma oficina não acreditasse que tudo que é feito dentro do verbo "escrever" é feito na solidão ou sentado ou dentro de uma torre de marfim. Pode não ser uma má ideia lembrar e relembrar a nós mesmos que, ao escrever, usamos uma linguagem emprestada, ou seja, uma linguagem que pertence a todos e que reutilizamos – com ou sem as aspas.

Pode ser desejável excluir a palavra "submeter" – até mesmo o eco da palavra submeter – de qualquer expressão que se refira à participação em uma oficina. O substantivo "julgamento". O adjetivo "implacável". Talvez os verbos não devessem soar a autoridade, mas conter ressonâncias da aventura vital que poderia muito bem definir todos os tipos de escrita: *explorar, comparar, debater, perturbar, subverter, inventar, propor, ir além.*

O verbo *oficinar*

Em *Letters to Alice: On First Reading Jane Austen*, o romance epistolar publicado pela neozelandesa Fay Weldon em 1984, uma sobrinha com aspirações de se tornar escritora – a Alice do título – é aconselhada a pensar com muito cuidado antes de dar seus manuscritos para outros lerem. No final, de acordo com o argumento, a única palavra que realmente contava era a do editor – que decidiria se deveria ou não apostar em um texto por motivos que poderiam muito bem ser literários ou não. Todo o resto, diziam a autora e a tia, era uma troca de ideias bem-intencionada ou uma conversa inútil entre conhecidos.

É um tanto paradoxal repetir as palavras de Weldon logo no início de uma oficina, mas faço isso mesmo assim. Não é de todo descabido lembrar a todos os participantes que, independentemente do que dissermos nas longas e muito pessoais sessões, pouco ou nada poderá se opor à palavra final: um contrato com uma editora. Minha intenção não é invalidar a troca de ideias, mas convidar-nos a colocar os pés no chão: o que estamos fazendo ali, todos juntos em torno de uma mesa, é comentar de forma detalhada e consciente, de maneira rigorosa e civilizada, determinadas interpretações da leitura. Nada mais do que isso. Mas também nada menos.

A verdadeira estrela de uma oficina literária não é a escrita, mas a leitura. Tornar explícito o papel do leitor, sua função como gerador de texto, talvez seja o elemento mais relevante e produtivo de uma oficina. Não é incomum que aqueles que escrevem muitas vezes não consigam ver claramente a série de decisões que tomaram sobre e com a linguagem a fim de produzir uma experiência única no leitor. Seja porque aderem a tradições literárias que parecem ser universais ou únicas, seja porque consideram o trabalho árduo de tomada de decisões envolvido em qualquer processo criativo uma inspiração ou um ofício, o escritor em geral escreve automaticamente. O que uma oficina faz, com frequência, é ensinar o escritor a olhar criticamente para o que ele está fazendo ao tomar decisões no processo de escrita.

É por isso que, na maioria das oficinas de escrita que funcionam, não apenas a voz do autor do texto em questão é omitida, mas também qualquer possibilidade de o leitor perguntar diretamente ao autor sobre suas intenções ou, conforme o caso, sobre seu sucesso ou não como leitor. No que diz respeito ao verbo *oficinar*, o autor não está presente, ou mesmo tem uma função vazia, enquanto seu texto é comentado. Um bom lema nessas questões é que, se não está no texto, não existe. Outro bom lema é: não existe má leitura ou leitura equivocada do texto. Independentemente do autor ou, talvez mais precisamente, para além do autor, a soberania pertence, em primeiro lugar, ao leitor que revisa – para tornar explícitas – as regras pelas quais um texto funciona ou não funciona.

É por isso que geralmente começo minhas oficinas lembrando a todos nós que não estamos ali para dizer se gostamos ou não de algo; uma questão totalmente pessoal, se não até metafísica, que tem pouca ou nenhuma utilidade para a escrita. Quer gostemos ou não gostemos de alguma coisa, ou quer ela provoque esta ou aquela reação, certamente é melhor voltar ao trecho em questão e, por meio de comentários pontuais, tornar visível tanto para os leitores quanto para os escritores a série de escolhas de linguagem em ação naquele texto. É a pontuação instável que faz muito para reproduzir as emoções do enredo? É a repetição de certos sons que, unidos em um determinado padrão, produzem um ritmo especial de leitura? É a ausência total de adjetivos que, ao desnudar o substantivo, coloca o leitor frente a frente com os aspectos mais sólidos do mundo? É a repetição de um "o quê" que nos informa que estamos ouvindo algo indiretamente, na voz calma do boato ou da fofoca? Antes de usar qualquer julgamento de valor – isso é magnífico, fraco ou terrível –, é sempre necessário esclarecer o que na linguagem produz esse efeito no leitor.

Os egos dos escritores e dos aspirantes a escritores são lendários, e talvez não haja exercício mais relevante para ambos nesse sentido do que reescrever os textos que são oferecidos para revisão e comentário. Afinal de contas, que leitura é mais radical e cuidadosa do que a própria escrita? Limitar os comentários da oficina à escrita com intervenção e descartar a dos textos "originais" nos lembra que toda escrita é, de fato, uma escrita com intervenção. Isso também nos lembra que, quer estejamos cientes disso ou não, sempre escrevemos em colaboração com outras pessoas. Escrever não é uma prática isolada, mas uma tarefa comunitária. Comentar sobre a intervenção como se fosse "o original", tentar descobrir as regras de ambos os processos de escrita sem ter total clareza sobre o que pertence a quem, muitas vezes também nos lembra de que nosso colega, aquele que se senta ao meu lado como meu vizinho e minha vizinha, é, antes de tudo, um leitor – de livros, sim, mas também de seres, processos, almas.

Não é de estranhar que oficinas desse tipo produzam uma comunidade equilibrada e lúdica, ávida por experimentar mais, e não menos, com todas as ferramentas à mão, ou por inventar, se for o caso, aquelas que estão um pouco além dessa mão, ainda não totalmente visíveis, mas já discerníveis pela empolgação de quem descobre e, ao descobrir, explora e, ao explorar, se perde. Tenho a impressão de que é então, e somente então, que estamos finalmente escrevendo.

Ler como escritor

É bastante comum que a pergunta "O que você achou do livro (conto) (poema)?" seja respondida com uma declaração que envolve, acima de tudo, a linguagem do gosto pessoal. Eu gostei do livro. Dependendo de quem está envolvido, essas respostas básicas podem ou não ser seguidas por uma explicação igualmente pessoal. Gosto do livro porque ele me faz lembrar tal coisa. Não gosto do poema porque ele me fez sentir isso ou aquilo. Gosto da história porque me identifiquei com ela. Não gosto do romance porque achei implausível isso ou aquilo. O problema com esses tipos de declarações, que à primeira vista parecem não apenas normais, mas até mesmo esperadas, é que elas acabam sendo um atalho ou uma armadilha. Por baixo ou por trás de cada "gostei/não gostei" está escondido, intencionalmente ou não, um longo processo intelectual que poderia muito bem abranger, entre muitos outros elementos, posições sobre a linguagem, noções do que é literário e qual é sua relação correta com o social, ideias sobre o que os livros devem fazer com os leitores e com o mundo. Se acrescentarmos a isso o fato de que também é muito fácil substituir "eu gosto" por "isso é bom" ou "isso é de boa qualidade", podemos entender como é perigoso dar respostas aparentemente simples a perguntas aparentemente inocentes.

Uma resposta-atalho pode, de fato, ser útil se o objetivo for recomendar brevemente um livro ou passar o tempo em uma conversa sobre o clima ou se livrar de alguém com certa rapidez cirúrgica, mas se o que estiver em jogo for uma análise crítica de um texto ou o olhar cuidadoso do leitor que planeja escrever ou está escrevendo, receio que um "gostei/não gostei" seja de pouca utilidade. Além disso, receio que um "gostei/não gostei" ou até mesmo um "gostei muito/pouco/nada" não seja nada além de um estratagema para evitar a identificação das estratégias de escrita de um texto e para fechar os olhos para as maneiras pelas quais o texto estabelece suas próprias regras, que podem ou não funcionar em todo o texto. Receio, então, que o "gostei/não gostei" seja um estratagema voltado principalmente para o ego – do escritor e do leitor – por meio do qual se evita a questão realmente relevante: como esse texto foi escrito, como ele funciona ou, ao contrário, como ele não funciona?

Por que é comum perguntar sobre uma fotografia ou uma instalação "como foi feita" e não sobre um texto? Porque ainda é comum acreditar que o texto é o resultado de uma inspiração divina ou, pelo menos, sobre-humana, cujo único objetivo – especialmente no campo da narrativa – é contar anedotas de acordo com um pacto realista do relato. Por outro lado, o que dizemos sobre a escrita quando perguntamos "como isso foi escrito"? Dizemos que um texto não é moldado por várias inspirações ou tentativas de reproduzir esta ou aquela noção do que é a realidade, mas sim composto pelas escolhas de linguagem de um autor. Dizemos também que os múltiplos efeitos que a escrita pode ter – sejam eles puramente psicológicos ou de natureza mais estética ou mesmo política – estão intimamente relacionados à eficácia ou ineficácia dessas decisões. Dizemos que, com uma frequência surpreendente, os autores tomam decisões com relação à linguagem das quais não estão totalmente conscientes; uma semiconsciência que a leitura crítica e detalhada procura revelar, se não recompor. Dizemos que um texto é um processo de produção (textual) e não um mecanismo de expressão (pessoal). Dizemos que, como toda ação humana, toda decisão de escrita está inscrita em tradições específicas – ou seja, históricas – de escrita que é de nosso interesse conhecer, tanto como escritores quanto como leitores, seja para confirmá-las ou subvertê-las ou algo mais ao meio. Dizemos que, como a própria realidade, o texto sempre pode ser outra coisa ou está sempre prestes a ser outra coisa. Dizemos tantas coisas! Pensando bem, não são apenas os escritores preocupados ou fascinados com o que faz com que os mais diversos textos funcionem que se beneficiam desse advérbio mínimo de modo na forma interrogativa que propõe saber como as coisas acontecem. O dia em que os críticos estiverem menos interessados em seus gostos pessoais e mais na estrutura particular de cada texto, talvez recuperem a curiosidade dos leitores que ainda se interessam pelo mecanismo interno das coisas. Esse coração. Essa palpitação.

Encontros Textuais

Não faz muito tempo, aceitei, sem muita consciência, um convite para visitar uma escola de ensino médio. Era, pelo que eu sabia na época, um convite típico: alguém em uma instituição recebe a incumbência de promover a leitura e esse alguém imediatamente pensa em convidar algum autor para que, com sua presença, possa contribuir de alguma forma para a causa. O resto, pelo que entendo, é mais ou menos assim: você procura na agenda o endereço de e-mail ou o número de telefone do autor escolhido ou entra em contato com outra pessoa que lhe disse que tinha a informação. Nesse caso, o contato era um amigo da universidade que eu estimava muito e, portanto, aceitei o convite sem prestar muita atenção nos termos do acordo ou no endereço da escola.

Quando descobri tudo isso, eu estava em Querétaro, diante de um grupo de cerca de cinquenta alunos em cujos colos adolescentes havia um exemplar do meu livro de contos *Ningún reloj cuenta esto*. Essa foi a primeira pista de que algo estranho estava acontecendo. Instigados pelos três ou quatro professores que também estavam na sala, os alunos, que também se preparavam para as comemorações do Dia de São Patrício (e assim fiquei sabendo que se tratava de uma escola irlandesa), começaram a fazer perguntas, a princípio com certa timidez e, no final, com franco atrevimento. "Quero saber", disse um deles, "o que significa a cor azul que você mencionou na página 43." "O final do quarto conto", disse outro, "me deixa muito irritado." "Sou da Venezuela", se animou a dizer outro, "e quero lhe dizer que parte do que é dito no primeiro conto é realmente verdade." "Eu me pergunto", disse outra, "se algum de seus personagens algum dia se atreverá a defender os verdadeiros valores da sociedade." Enquanto eu respondia, com generosas doses de honestidade, que não tinha ideia do que a cor azul fazia na página 43 – e, por favor, poderia me lembrar do que se trata esse conto? –, percebi, com total espanto, com um prazer inatingível, que eu estava participando de um diálogo informado e atento, inesperado, na verdade, não sobre o autor e seu mundo, mas sobre a escrita, sobre a criação e as vicissitudes do texto. Eu sabia que tinha ido lá para conhecer alguns jovens leitores e conversar sobre as muitas palavras impressas em um livro. Agora, disse a mim mesma, faço parte de uma citação textual.

Quando, momentos depois, descobri que todo o esforço de entrar em contato com os professores e levar o livro para eles, entrar em contato com a autora do livro, comprar os livros e enviá-los para a Cidade do México (nós que moramos nas províncias temos que fazer isso, enviar livros para a Cidade do México) e depois distribuí-los nas salas de aula conforme o combinado se devia ao interesse de um pai, um leitor recém-convertido, para ser mais precisa, tive sensações contraditórias que ainda não consigo descrever. A partir da impossibilidade de tal descrição, suponho, nasceu o projeto que descreverei agora.

Encontros Textuais é uma iniciativa que tem como objetivo reunir esforços de professores de literatura ou de disciplinas afins do ensino médio e de graduação, autores de livros, promotores culturais, editoras e livrarias para realizar encontros informados e dinâmicos entre escritores e leitores. A ideia é que, para cada convite para participar de painéis, palestras, diálogos diversos – e mesmo sem tudo isso –, os envolvidos também marquem um encontro com pelo menos um grupo de alunos com antecedência suficiente para que o professor possa indicar o livro do autor selecionado – alguns meses antes do início do semestre ou da unidade em que se divide o calendário escolar – e a editora tenha tempo de distribuir os livros, com os devidos descontos legais. A ideia é que os professores comprometidos com a promoção da leitura guiem os alunos pelo texto e provoquem, nessa rica interação, o tipo de perguntas que, mais tarde, com o autor presente na sala de aula, possam servir de tema ou pretexto para uma conversa. Em suma, o objetivo é incentivar a leitura por meio da leitura.

A ideia me pareceu sensata e realista, mas, conhecendo-me, também suspeitei que poderia ser quixotesca: o tipo de iniciativa que geralmente tomo apenas para descobrir, pouco tempo depois, que é muito cara ou muito cansativa ou, em resumo, impossível. Eu não estaria contando tudo isso se não fosse pelo dia em que recebi um convite da editora da Universidad Veracruzana para participar de um painel no âmbito da Feira do Livro a ser realizada em Xalapa. Eu não estaria contando tudo isso se não fosse pelo fato de que, hesitando um pouco, mas repetindo para mim mesma que a educação não impede a coragem, não apenas mencionei a ideia a Celia del Palacio, diretora da editora da UV, mas também propus que sua instituição patrocinasse – ou *amadrinhasse*, dependendo de como se veja a coisa – o início do projeto. Eu não diria nada, como já disse, mas ela aceitou e, em seguida, com igual dose de entusiasmo, os outros também aceitaram: Elin López León de la Barra, que trabalha para o Instituto Tamaulipeco de Cultura; a narradora Gabriela Torres, que organiza um Encuentro de Escritores em Monterrey; Ernesto Lumbreras, da Casa de Oaxaca; e Claudia Martínez Cobos, diretora de literatura da escola de ensino médio ITESM, em Toluca. A resposta dos escritores não ficou para trás: Rosa Beltrán e Ana Clavel, autoras essenciais na literatura mexicana atual, já fazem parte do Encontros Textuais. Que este pequeno texto sirva, então, para convidar outras pessoas a adotar o espírito aberto e lúdico deste projeto: que todos cheguemos a tempo (o perfume é opcional) para nosso próximo Encontro Textual.

Crônica de um primeiro encontro

Eu havia dado duas aulas pela manhã – uma às 7h30 e outra às 10h30. Também participara de pelo menos duas reuniões. Entre uma coisa e outra, esqueci, mais uma vez, de comer. Cheguei ao aeroporto para pegar o voo das quatro horas, mas, para variar, estava atrasado: aproveitei a oportunidade para começar a ler *On Chesil Beach*, de Ian McEwan. Um daqueles salgadinhos industriais que não têm gosto de nada e um copo de água seguraram meu estômago enquanto o avião aterrissava um pouco depois das seis da tarde em Monterrey. Na Sultana del Norte, 36 graus Celsius na sombra. O compromisso, o primeiro Encontro Textual, era às dezenove horas na sala de reuniões do Antiguo Palacio Federal.

Fui como se vai em um primeiro encontro: com entusiasmo, é claro, com o prazer inacabado que às vezes advém de se arriscar, mas também com aquele medo recalcitrante de que, no final, eu poderia não gostar da proposta. Ou, pior, que a palestra acabasse sendo insípida. Ou a gota-d'água: que o resultado do encontro fosse, mais uma vez, nada mais do que tédio. As emoções, acumuladas e contraditórias, eram muitas. E todas elas, em uma luz que me pareceu alaranjada em seu brilho noturno, me levaram diretamente do aeroporto para o local da reunião em um estado de exaustão que frequentemente produz certas formas de delírio em mim.

Eu não estaria escrevendo isto se a troca do primeiro Encontro Textual não tivesse sido dinâmica, íntima e interessante. Eu não estaria escrevendo agora se não estivesse disposta a fazê-lo novamente.

Os leitores de *La cresta de Ilión* já estavam lá, sentados ao redor de mesas estruturadas em forma de U. Depois dos cumprimentos habituais e como pessoas que já se conhecem, mas que não tiveram a oportunidade de conversar, começamos naturalmente um bate-papo que ultrapassou a hora que havíamos estabelecido como limite de tempo. Havia de tudo: perguntas não retóricas e comentários judiciosos. De "como isso funciona?" a "então você também não sabe o que x significa (em que x pode ser uma cor ou um gesto ou um idioma desconhecido)?". Gestos de cumplicidade por toda parte. Mais focada no "como" ou no "por quê" do que no "gostei ou não", a conversa se desenvolveu como em uma estrada terrestre: com altos e baixos, tropeços e solavancos. Foi, quero dizer, algo real. Algo humano em torno de um livro lido com rigor e profundidade.

Honestos e também educados, os leitores de Monterrey que compareceram a esse primeiro encontro questionaram, por exemplo, o processo de construção de determinados personagens do romance: "um médico pode falar como um escritor, este é realmente um homem, as mulheres realmente se comportam assim?". Entre muitas outras, essas perguntas me convidaram a relembrar, de forma explícita, muitas das ideias sobre identidade, sobre o fluxo de identidade e suas fronteiras borradas, que me permitiram compor um mundo estranho em torno de homens que se parecem com mulheres que se parecem com homens. Ou médicos que podem falar, como disse Deleuze, como cachorros. Dali para os comentários sobre o cenário e o inevitável diálogo com a obra da escritora zacateca Amparo Dávila (afinal, um ou mais personagens do romance respondem a esse nome), houve pouca distância. E menos ainda para refletir, como um todo, sobre a função autoral que, em vez de desaparecer ou morrer – como argumentava certa escola de pensamento no final do século XX –, abre-se para aceitar como figura inescapável a atividade do leitor que, ao ler, escreve seu próprio livro.

Se isso for verdade, eu disse a eles tentando concluir, então minha tarefa como escritora de livros, como escritora de livros que ainda respondem ao título no âmbito do romance do início do século XXI, é refletir criticamente – contrastar é outra maneira de dizer a mesma coisa – sobre todos e cada um dos elementos que de forma *natural* – e esse natural está em itálico – associamos ao romance. Assim, em princípio, subverter a função do autor, do narrador, dos personagens e do senso de verossimilhança, entre tantos outros elementos, é e sempre será a tarefa fundamental do romance. Todos nós contamos histórias. O romancista, por outro lado, compõe estruturas dentro das quais, com o peso menor ou maior de uma anedota, ocorre a ruptura mencionada: um leitor se torna o autor de seu próprio livro. O único personagem na realidade, o personagem que se desdobra em todos os personagens de um romance, é a linguagem. E é isso, e não a surpresa ou a intriga da anedota, que, em minha experiência como leitora, me fez ficar conversando, às vezes por anos a fio, com um livro, celebrando dessa forma, embora sempre à minha maneira, incontáveis encontros textuais.

Eu estava cansada, já disse isso antes. Era o tipo de cansaço que geralmente me faz delirar. Agora, alguns dias depois da experiência, acho que se a exaustão e o delírio tiveram alguma coisa a ver com essa estranha sensação de ter estado lá completamente, de corpo e alma no presente mais exato, então vou tomar isso como uma lição: não irei a nenhum encontro novamente, textual ou não, primeiro ou último, sem esse tipo de exaustão. De qualquer forma, o pulsar da conversa mais íntima, que muitas vezes é a conversa com a qual, no final, um livro é concluído, foi realizado graças ao entusiasmo e ao esforço de: Jaime Villarreal, Gabriela Torres, Víctor Barrera, Ximena Peredo, Mario Cantú. Não me lembro agora dos nomes de cada um dos leitores que tiveram a gentileza de dedicar duas horas de sua quinta-feira para conversar sobre um livro em uma sala de reuniões de um antigo prédio civil, mas esta pequena crônica, que é na verdade um abraço, vai para todos eles.

826 Valencia

Membro de uma próspera geração de escritores estadunidenses que inclui Jonathan Franzen, Nicole Krauss e A. M. Homes, entre outros, Dave Eggers é o autor de *Uma comovente obra de espantoso talento*, um livro que lhe rendeu rápida aclamação da crítica e, além disso, vendas maiúsculas. É um híbrido entre autobiografia e ficção, no qual o poder da emoção é tão relevante quanto a busca por uma forma de enunciá-la. *Uma história comovente, surpreendente e grandiosa*, como foi traduzida de uma forma, digamos, peculiar para o espanhol pela editora Planeta em 2001, que narra a morte quase consecutiva de seus pais e sua posterior transformação no pai muito jovem de seu irmão ainda mais novo. Admirado por alguns por causa de seu tom leve e cru, e criticado por outros por sua natureza sentimental e textual fácil, o livro, no entanto, ou talvez por causa disso, tornou-se um *best-seller*. Eggers, quero dizer, obteve muitos recursos materiais e simbólicos com ele.

E foi aí, creio eu, que outra história, que não sei se devo descrever como comovente, mas que definitivamente me surpreende, começou a se desenrolar.

O fato de Dave Eggers ter fundado uma revista e uma editora independente por meio da qual apoiou formas alternativas de escrita é uma decisão, se não natural, pelo menos não inesperada. Mas o fato de Dave Eggers, em conjunto com professores do ensino fundamental, ter fundado um Centro de Escrita Criativa em uma área urbana de São Francisco que oferece, gratuitamente, como diz o logotipo, "apoio a alunos de seis a 18 anos em suas habilidades de escrita e ajuda a professores para que os alunos se interessem pelas artes literárias" não é apenas algo que me surpreende, mas que eu acho maravilhoso.

O 826 Valencia, como é chamado devido à sua localização no bairro Mission, oferece, por meio de uma equipe dedicada de voluntários e da presença solidária de autores convidados, tudo, desde tutorias para crianças e adolescentes até oficinas em que alguns adultos podem aprender a publicar um romance. Atrás de uma loja onde é possível encontrar todos os dispositivos piratas imagináveis (e isso não é uma metáfora), abre-se um espaço onde grupos inteiros de escolas primárias aprendem a planejar, elaborar, escrever e publicar uma revista em um único dia! O 826 Valencia também tem equipes itinerantes de voluntários que visitam escolas públicas para disseminar um credo básico: que a escrita é fundamental para o desenvolvimento do indivíduo e que escrever é, antes de tudo, um jogo. Dave Eggers realiza oficinas lá.

Não conheço muitos escritores de *best-sellers* que tenham tomado uma decisão semelhante.

Ao contrário da América Latina, onde os escritores desempenharam, para o bem ou para o mal, papéis importantes como críticos sociais, os Estados Unidos oferecem aos seus literatos posições em universidades e carreiras mais ou menos acadêmicas ou papéis de *hipster* da cultura pop que, de qualquer forma, cumpriram, e às vezes mais do que cumpriram, as funções da mítica torre de marfim. É por isso que a 826 Valencia, que agora se tornou a 826 National, com filiais em seis cidades dos EUA, é ainda mais intrigante e, se é que isso existe, ainda mais importante. Não se trata apenas de uma crítica material e concreta a um sistema de educação pública que sucessivos governos republicanos desmantelaram gradualmente, mas também de uma sólida crença na eficácia do trabalho coletivo e organizado de forma autônoma pela sociedade civil. Seja em oficinas sobre sonetos shakespearianos ou de escrita em inglês como segunda língua, em cada 826 Valencia há a ideia de que os filhos das classes trabalhadoras estadunidenses, muitas vezes filhos de imigrantes, têm direito a um processo de aprendizado pessoal e intensivo no qual possam desenvolver todas as suas habilidades. Em cada seminário para adultos que ensina técnicas para escrever a história de uma vida e em cada bolsa de estudos que ajuda um aluno do ensino médio a entrar na faculdade, a 826 Valencia está colocando a escrita onde ela está: nas ruas, nas salas de aula, nos bairros, em resumo, fora da torre de marfim.

Há pouco tempo, um estudante de Harvard perguntou a Dave Eggers o que ele fazia para manter os pés no chão – a verdadeira pergunta era: *Are you taking any steps to keep shit real?* Em uma longa missiva na qual critica, com sua habitual faceirice e sarcasmo, os monitores de pureza que desprezam ou usam a reprovação moral contra aqueles que são estigmatizados como cooptados ou, pior ainda, vendidos, Eggers não apenas coloca lenha na fogueira ao descrever as somas colossais que ele ganha escrevendo 3 mil caracteres para revistas de grande circulação, mas também quanto desses ganhos foi destinado a apoiar iniciativas como a 826 Valencia.

O fato é que – escreve Eggers –, eu realmente gosto de dizer sim. Gosto de coisas novas, de projetos, de planos, de reunir pessoas para fazer algo, de tentar algo, mesmo que esse algo possa ser piegas ou estúpido. Não sou bom em dizer não. E não me dou bem com pessoas que dizem não. Quando você morrer, e isso pode acontecer esta tarde, sob os pneus do mesmo caminhão sob o qual eu me jogaria se fosse necessário, você não ficará feliz por ter dito não. Vai se dar um chute no traseiro por cada não que já disse... O não é para viver vidas pequenas e amargas de nostalgia por oportunidades perdidas só porque elas podem ter enviado a mensagem errada.

E, quanto a uma mão que, por ser oblíqua, não pode ser de policiamento, que seja bem-vindo o sim. Sim a iniciativas como a 826 Valencia. Sim a uma escrita que sai da torre de marfim. Sim às opiniões sociais que vão além do papel e se semimaterializam em projetos concretos, coletivos e alegres. Sim.

Leitura opcional

Estes ensaios não pretendem aplaudir nada do que a dupla de escritores de São Francisco, Califórnia, Dave Eggers e Vendela Vida, faz – ou deixa de fazer –, mas é difícil não escrever algum comentário sobre a coleção de livros *The Best American Non-Required Reading* que, há alguns anos e incentivada por Eggers, a Houghton Mifflin Company publica em sua prestigiosa e canônica *The Best American Series*, que inclui desde volumes dos melhores contos até os melhores escritos de viagem.

Em oposição às perspectivas que privilegiam "o melhor" em detrimento de "o que eu mais gosto", esta antologia de leituras não obrigatórias – ou opcionais – não é dirigida por especialistas da área. Não há nenhuma Voz de Autoridade aqui – o uso de letras maiúsculas e do singular é deliberado – que, dirigindo-se à posteridade em tom grave e solene, e com o mau hálito de quem não escova os dentes há muito tempo, cuspirá o sermão de ocasião com um dedo em chamas em nossa testa. O que está lá, e se nota, são as leituras hedonistas e frescas de um grupo de alunos de escolaridade incompleta (fundamental e médio) que vivem e se reúnem pelo menos uma vez por semana na área da Baía de São Francisco, mais especificamente no centro de escrita chamado 826 Valencia. Por trás de tudo isso, portanto, não há outro especialista além do leitor que ainda é movido pela curiosidade em vez de pela hierarquia, pelo prazer em vez da submissão. O leitor, em suma, para quem o que é interessante supera o que é importante.

Tudo se encaixa sob esse olhar não classificatório: conto, ensaio, história em quadrinhos, crônica e qualquer combinação dos itens acima. A única exigência, diz o editor Eggers no prefácio, é que as seleções sejam "provocativas, diretas em sua abordagem de alguma forma, que tenham algo a dizer sobre o mundo do momento e que não sejam muito longas ou tratem dos problemas amorosos dos ricos de Manhattan". Com isso em mente, um comitê de doze alunos se dedica a ler, ano após ano, qualquer revista, suplemento ou publicação em geral que puderem encontrar, sem excluir "as consagradas", mas sem se limitar a elas. Assim, no volume de 2005, que é o que tenho diante de mim neste momento, há textos que foram publicados na *The New Yorker* – "Hell-Heaven", da conhecida Jhumpa Lahiri, que ganhou o Pulitzer em 1999 por *Intérprete de males* –, mas também textos que apareceram pela primeira vez na *McSweeney's* – "The Death of Mustango Salvaje", de Jessica Anthony, que até então só havia sido publicado em algumas revistas, mas que em 2006 passou a fazer parte do *Best New American Voices of 2006* – ou em *Other Voices* – "Five Forgotten Instincts", de Dan Chaon, um escritor de Cleveland que, sem dúvida, acompanharei daqui para a frente. Alguém já leu *You Remind Me of Me*, publicado pela Ballantine Books em 2004? A propósito, há um conto de Daniel Alarcón, um jovem escritor de Oakland, que este ano foi premiado com uma bolsa Guggenheim. Esse tipo de exercício de leitura, tão excêntrico quanto anti-hierárquico, resulta em um mosaico sem precedentes da produção literária do vizinho do Norte; há nomes "indispensáveis" que não aparecem no índice deste volume, e muitos outros de autores e autoras que ainda aguardam o reconhecimento dos muitos leitores.

Essas não são as leituras do Pai, mas as leituras dos muitos filhos – e até mesmo das muitas netas. Leituras radiais em vez de verticais, leituras centrífugas em vez de centrípetas. O que esse grupo dedicado de meninos e meninas – e há muitas dessas últimas nessa associação – nos oferece é uma abordagem de bom gosto e não menos sólida dos textos que estão sendo escritos nos Estados Unidos neste momento. Assim, podemos encontrar um artigo altamente político de Tish Durkin, jornalista que viveu em Bagdá entre abril de 2003 e setembro de 2004, no qual um soldado estadunidense de 36 anos que, de seu ponto de vista privilegiado dentro de um tanque militar, exclama: "o lobo, é claro, sou eu... o homem na mira é o demônio", ou o conto de Lauren Weedman, no qual, com base em uma anedota mínima, a autora consegue produzir o tipo de paranoia e vulnerabilidade que orienta as ações de uma mulher que não apenas espiona o diário de seu amante, mas também mantém um diário no qual registra suas observações sobre essa espionagem. Abertamente sociais ou dolorosamente íntimos, esses textos falam de um país em perpétua luta contra si mesmo.

Os leitores que leem por prazer, aqueles que estão em busca do não santificado, aqueles que não se importam se o que estão lendo faz ou fará parte do cânone ou se o autor com o qual passam o tempo vendeu este ou aquele número de livros ou está entre os cinco melhores de uma geração ou outra, certamente passarão horas proveitosas nessas páginas. E será que algo aconteceria no México, eu me pergunto, se pelo menos uma das muitas antologias produzidas a cada ano fosse dirigida por um grupo de estudantes/leitores do ensino médio?

#Contuítes

Em 20 de maio, como parte final do ciclo de contistas que a Feira de León me encarregou de organizar para sua versão de 2010, incluí uma mesa de contuiteiros. O termo se refere, é claro, aos escritores de textos de 140 caracteres conhecidos como tuítes ou, em espanhol, *gorjeos* [gorjeios]. A ideia original era reunir quatro ou cinco tuiteiros ao vivo e, após uma breve apresentação sobre a relação deles com o Twitter, realizar uma sessão de escrita ao vivo. A ideia original não era tanto discutir o assunto, mas pôr mãos à obra e construir, no espaço de uma hora, uma TL coletiva, em versão leonesa.

Tanto @isaimoreno quanto @Orfa, escritores de livros em papel, ficaram entusiasmados com o projeto. @diamandina, uma das tuiteiras mais sofisticadas de toda a TL, cujas palavras, com exceção de alguns contos, ainda não conheceram a estabilidade do papel, também se juntou ao evento com gosto. @PaolaTinoco atuou como moderadora, mas, como tuiteira devota, não pôde deixar de participar plenamente da sessão. Eu, por minha vez, tentei estar à altura da ocasião e também não parei de tuitar. As duas telas que ladeavam a mesa retangular deixaram rastros de tudo isso. Ali, de forma apressada e descendente, aparecia e desaparecia a TL onde os tuítes produzidos in loco pela equipe convocada apareciam e desapareciam.

Talvez seja a marca coletiva de toda a escrita tuiteira, ou um forte desejo de festejar à menor provocação, mas todos nós achamos natural convidar a comunidade tuiteira a participar conosco a partir do ciberespaço. Para isso, criamos a hashtag #cuentuitos [#contuítes]. Assim, qualquer pessoa que quisesse participar com um texto de até 140 caracteres poderia fazê-lo de onde quer que estivesse. Alguns, como logo percebemos, estavam tuitando dentro da mesma sala onde a sessão ao vivo estava ocorrendo. Mas outros, como Alberto Chimal, outro conhecido tuiteiro, o fizeram da Cidade do México, enquanto outros ainda enviaram seus textos de fora das fronteiras da República Mexicana. No final do dia, quando, como disse Isaí Moreno, o processo saiu do controle, chegaram até microcontos em árabe. O #cuentuitos foi um sucesso. E se precisássemos de alguma prova disso, logo percebemos que nossa hashtag, gerada na cidade de León, havia se tornado um dos *trending topics* do México. Durante horas, como mostrou seu posicionamento entre #jefediego e #santosvstoluca, ela estava competindo lado a lado com tópicos de interesse popular. Desde quando a escrita compete frente a frente com o futebol? Em que outro meio de comunicação a escrita poderia compartilhar os créditos de popularidade com notícias escandalosas?

A renomada teórica sul-americana Josefina Ludmer diz que as escritas pós-autônomas são aquelas que, escapando dos limites e truques do literário, dedicam-se à produção do presente. De César Aira a Bruno Morales, de Fabián Casas a María Sonia Cristoff, Ludmer se propôs a localizar autores cujas obras "não admitem leituras literárias; isso significa que não se sabe ou não importa se são literatura. Tampouco importa, ou se sabe, se são ficção ou realidade. Instalam-se localmente e em uma realidade cotidiana para 'fabricar o presente' e esse é precisamente o seu significado". Para esses textos, tudo o que é econômico é cultural e vice-versa. Da mesma forma, esses escritos partem de, ou melhor, confirmam que a realidade já é ficção em si mesma e que a ficção é nossa realidade cotidiana. Se tudo isso for verdade, e ainda estou muito tentada a pensar que sim, o fenômeno que ocorreu em torno da hashtag #cuentuitos é mais sério do que supomos.

De acordo com as estatísticas do próprio Twitter, durante algumas horas no dia 20 de maio, 0,02% da produção mundial de tuítes se concentrou na produção de textos. Esse número parece insignificante à primeira vista, mas não é quando se considera que uma média de 50 milhões de tuítes são produzidos todos os dias. Parece que, ao contrário dos rumores escandalosos sobre o fim dos livros e da escrita, essa nova geração de Nativos Digitais (ND) está tão ou mais interessada em escrever do que suas contrapartes Não Digitais. Entretanto, as estatísticas deixam claro que são as formas de escrita que escapam da camisa de força da autonomia literária que interessam aos NDs, especialmente os tuiteiros. Conforme argumentado por Sibilia, outra teórica argentina reconhecida, os participantes da escrita pública e coletiva, tanto nos blogues eletrônicos quanto no microblogue, privilegiam formas de *alter* direção do eu que dão origem a escritas que combinam autoficção e não ficção. Independentemente da denominação que lhes seja atribuída, seja como pós-autônomas ou como não ficção, essas escritas invocam formas de leitura que escapam ao crivo do que até então era conhecido e valorizado como "o literário".

A resposta abundante gerada pela hashtag #cuentuitos, que, como eu disse, logo escapou de nossas mãos, pode ser lida como um sinal muito interessante sobre as características e os desafios das escritas de hoje. Os interessados em produzir leitores e gerenciar formas contemporâneas de cultura popular não podem perder de vista o fato de que, diante do declínio do capital cultural do literário, a prática da escrita tecnológica e coletiva está crescendo e precisa de atenção e, talvez, de apoio. As instituições culturais responsáveis por esses processos fariam bem em voltar o rosto para as telas do século XXI, a fim de se conectar com as sensibilidades, visões e práticas que dão sentido à leitura e à escrita no aqui e agora.

8
Contra a devastação

Obrigado aos leitores que fizeram parte do júri – os leitores do UC-Mexicanistas e os leitores da FILEY*. Obrigado a todos vocês por estarem aqui.

José Emilio Pacheco, Elena Poniatowska, Fernando del Paso, Juan Villoro – todos eles são escritores fundamentais na literatura mexicana atual. São autores admirados por obras que se arriscaram continuamente a cruzar as fronteiras dos gêneros estabelecidos, apontando e marcando o caminho: do conto ao ensaio, da poesia à crônica, do teatro ao romance ou à entrevista, à colagem, ao recorte; e também são autores que não hesitaram em dar ouvidos – em gerar atos de verdadeira escuta com – às vozes que compõem a linguagem do "nós". Algo valioso acontece quando um escritor reflete conosco sobre as condições materiais que tornam a própria escrita possível – ou impossível –, ou seja, a própria vida. Ao fazer isso, ao pensar conosco e junto conosco, ao nos envolver em uma conversa que nos pertence porque nos diz respeito, esses escritores expandiram a vida do público, a prática do que é comum a nós, a partir de seu

---

* FILEY – Feria Internacional de la Lectura Yacatán. [N. do E.]

trabalho pessoal e pluralista. Esses escritores nos ensinaram que a imaginação não vive em uma torre de marfim, afastada do ruído do mundo, alheia às tarefas de nossos pés, mãos, peles e dias. Como a poeta estadunidense Claudia Rankine argumentou sobre outros autores, aqueles de quem estou falando hoje me ensinaram "a não presumir que a presença da raça – e acrescento aqui gênero, classe, geração, etnia – deforma o ato criativo, tornando-o tristemente ligado à terra. Somos criaturas da terra. E raça – gênero, classe, geração, etnia – são os laços que nos mantêm lá". E aqui. Generosos, preocupados, atentos às condições de seu momento, todos são autores, também, talvez pelo mesmo motivo, muito amados. O fato de meu trabalho – e com meu trabalho quero dizer aqui meus textos – estar entre os nomes desses autores me faz lembrar que estou apenas começando. Uma das grandes virtudes dessa profissão, tão nobre quanto impiedosa, é que a cada dia, quando se pega novamente a caneta ou o teclado, nos rendemos à evidência: nada disso é cumulativo. Começa-se do zero, se é que se começa de fato. E, com sorte, chega-se ao zero novamente no final do dia. Os prêmios parecem se mover do passado para o presente, confirmando tudo em seu caminho, mas o risco, a aposta, longe de confirmar a trajetória linear do tempo, a abala e a altera. O que ou como os leitores se lembrarão desses livros? Será que algumas dessas frases, alguns desses personagens, encontrarão um lugar em nossas conversas diárias? Será que, como queria o escritor francês Antoine Volodine, eles se infiltrarão em nossos sonhos? Não sabemos isso agora. E é bom que seja assim.

Já disse em várias ocasiões que boa parte da literatura latino-americana contemporânea é gerada a partir dos Estados Unidos, muitas vezes em espanhol, outras vezes em inglês. José Emilio Pacheco, o escritor que dá nome a esse prêmio, talvez tenha feito parte de uma das primeiras gerações de escritores de língua espanhola que fizeram dos Estados Unidos e, mais especificamente, das universidades americanas, um caminho constante de volta. Como Gustavo Sainz antes dele ou Ricardo Piglia depois, José Emilio formou alunos e leitores durante suas constantes visitas à Universidade de Maryland. Muitos de nós também chegamos lá. Alguns, como no meu caso, foram guiados pela tradição do migrante fronteiriço que dita uma mudança inevitável para o norte; outros mudaram as rotas tradicionais de migração – que outrora levavam tantos escritores com tanta frequência para a Espanha – para optar, em número cada vez maior, pela rota vertical para os Estados Unidos. Outros ainda foram atraídos pela descoberta lenta, mas segura, dos recursos disponíveis nos vários departamentos de literatura em língua espanhola nos Estados Unidos. Alguns chegaram fugindo de condições extremas. Outros conseguiram se reerguer após infinitas peripécias. Assim, a migração textual deixou de ser maciçamente horizontal – entre a América Latina e a Espanha – e tornou-se cada vez mais vertical – entre o mundo de língua espanhola e os Estados Unidos. De qualquer forma, somos muitos. Vivemos no segundo país mais falante de espanhol do mundo; o primeiro ainda é o México. Fazemos parte dos quase 50 milhões de falantes nativos ou 11,6 milhões de bilíngues. Fazemos parte dos falantes de um idioma que, sobre os ombros de trabalhadores documentados e indocumentados, ao cruzar a fronteira, torna-se o que a linguista Yasnaya Aguilar descreve como idiomas sem estado, ligando-os em seu destino ou em sua consistência e resistência à luta dos idiomas indígenas no território mexicano. O fato de a FILEY reconhecer a presença e o trabalho desses escritores migrantes é especialmente relevante no início de 2017. Venho agora do mesmo país que acaba de apagar o espanhol do site da Casa Branca e me lembro, quase imediatamente, quase de modo automático, do que uma poderosa poeta americana, Julie Carr, escreveu há pouco tempo,

> Meu país, disse o garoto para a garota, gosta de atirar em crianças.
> Meu país, disse a garota para o garoto, gosta de suas mulheres bem medidas e esfoladas.
> Meu país, disse o garoto para a garota, rasga. Nunca gostamos do humano.
> Uma mãe é
> apenas uma voluta.

Nesse país onde o espanhol foi e é orgulhosamente um idioma de trabalho, e onde também é um idioma de trabalho criativo, muitos de nós estamos escrevendo hoje, entre muitas outras coisas, para romper a retórica do ódio que domina o discurso público e ir além da paralisia, do isolamento e do terror que ela causa. Nestes tempos extremos, polarizados e sérios, que nos forçam a sair às ruas e repensar a "naturalidade" dos eventos cotidianos, algo de que a escrita sempre dependeu é necessário mais do que nunca: pensamento crítico. Pensar com os outros, agir e praticar cotidianamente com os outros.

Gostaria de pensar que é por isso que estamos aqui hoje. Porque me recuso a acreditar que nos reunimos aqui, na gloriosa Mérida, Yucatán, apenas para participar cegamente ou em cumplicidade com a manipulação de um mercado ou de um setor que, quanto mais amplo, mais abstrato e mais incontestável se torna. Não somos tão inocentes, não somos tão ingênuos. Da mesma forma, recuso-me a acreditar que o que nos convoca é a lamúria suave, melancólica e autoglorificadora de uma entidade (a Literatura com L maiúsculo) que não sai de sua torre de marfim há décadas. Quero acreditar, ao contrário, e é por isso que vim aqui para encontrá-los, que o que fazemos quando abrimos um livro ou ligamos um texto eletrônico é participar de algo muito mais íntimo e muito mais imperativo ao mesmo tempo. Passamos a nos conhecer em nossa especificidade e em nossa diferença. E também viemos, talvez acima de tudo, para conhecermos uns aos outros. Viemos para criar vínculos, para participar daquela conversa que começou, talvez, em uma frase, na boca de um personagem cuja fisionomia só nós conhecemos, e da qual agora depende o que faremos com o resto de nossas vidas. Chegamos ao que vem depois da leitura, mas que é gerado pela prática da leitura, que é questionar a nós mesmos juntos, uns aos outros; que é inventar uma vida, uma prática de vida na qual nossos dias mais uma vez apertam as mãos com admiração.

E isso teria alguma função quando estamos cercados por uma série de dias sombrios, logo no início de uma época que promete apenas escuridão e terror, seja na forma de deportações em massa ou bombas de gasolina, fome, inflação, corrupção, precariedade? Venho lhes dizer que sim. Que isso importa hoje mais do que antes. Mais do que nunca.

Dizem-nos que tudo está errado, que o país vai mal, que o mundo vai mal – e temos evidências suficientes para não duvidar das vozes do alarme. Mas devemos tomar cuidado para não concordar cedo demais com os apelos de desesperança e rendição. Devemos ouvir e ficar atentos. Pois, quando nos dizem que tudo vai mal, muitas vezes o que realmente estão nos dizendo é que estamos errados. Dizem-nos, como argumenta Fred Moten no belo e combativo livro *The Common Downs*, que devemos nos corrigir. Que a obediência – qualquer tipo de obediência, desde que seja dócil, desde que seja total – será recompensada com a sobrevivência. Mas o que os livros me ensinaram, antes de qualquer outra coisa, foi a duvidar. A questionar. E é por isso que digo que devo minha rebeldia aos livros.

Não existe uma versão única da história, como me disseram todos os livros de ficção e todos os fragmentos de poesia. O que parece natural e inexorável é, na verdade, apenas uma das muitas rotas que o mundo poderia tomar, me disseram, cada um à sua maneira, cada ensaio, cada conto. As possibilidades estão aqui, cada um dos livros que li me disse, apontadas, prontas para saltar para o mundo e produzir realidade. Experiência. Vida concreta. Algo material. Porque os livros não só nos ajudam a nos conhecermos, o que é outra forma de nos confirmarmos, mas também a não nos conhecermos, a produzir em nós algo que apenas suspeitávamos ou que, de repente, nos surpreende, nos arrebatando.

Há muito tempo nos disseram que escrever é uma coisa solitária cujo destino é ser uma ocupação para poucos. E aqui está outra coisa que venho dizer: não acredite nisso. Escrever é um trabalho de muitos, é uma tarefa na qual nos conectamos com outros, é, de fato, um ser-com-os-outros. Não existem solistas; existe apenas o acompanhamento, para citar Fred Moten mais uma vez. Escrever não é solidão. A escrita está disponível para todos nós que praticamos a linguagem. A escrita, de fato, está ao nosso alcance.

A escrita nos obriga a ver, nos obriga a ver os outros sem que deixemos de ver a nós mesmos. Ao fazer isso, ao nos convidar a nos envolver nesse jogo especular, a escrita nos leva pela mão para longe da indolência, essa posição tão confortável entre aqueles que estão interessados na confirmação do estado das coisas; essa posição tão comum entre aqueles que, sabendo, entre aqueles que, vendo, decidem se juntar aos exércitos da indiferença. A indolência, a incapacidade de se entristecer, é uma indiferença militante. Quando dizemos que um livro nos comove, estamos na verdade dizendo que um livro nos libertou da indolência. Somente quando estamos além da indolência é que podemos interrogar nosso entorno sobre as causas do infortúnio ou da desgraça, e é por isso que o luto vai além da empatia. É por isso que o pesar não tem nada a ver com a vitimização da vítima, transformando-a em uma vítima passiva ou em uma vítima sem agência. É por isso que o pesar é uma postura crítica. Urgente e crítica.

Se a escrita, como disse Ricardo Piglia, torna possível a questão da origem do paradoxo (sem paradoxo, como ele disse logo no início de sua tese sobre o conto, não há conto), ela também e pela mesma razão torna possível a questão das causas da desgraça, do que não se encaixa, do que é de interesse para a pesquisa literária porque é exatamente assim. Se a escrita cria o espaço para essa pergunta, então, como consequência, ela também cria o espaço para a questão da justiça. A escrita, então, torna possível a questão da destruição e, uma vez que ela tenha ocorrido, nas próprias ruínas de sua passagem, a questão da devastação. Quando tudo parece normal ou inexorável, quando tudo indica que é assim que vai acontecer, a escrita dá um salto, olha em volta, retorna à caneta e diz: não. Essa palavra selvagem e indomável: NÃO. Há uma rachadura aqui, isso é difícil de explicar, isso aponta para outra coisa e aquilo para ainda outra coisa. As possibilidades são imensas, talvez inéditas, mas não inimagináveis. Essa teimosia de escrever é o que eu queria para mim. E é o que quero compartilhar com vocês hoje.

Há uma pena de morte generalizada, lembra-nos Sergio Villalobos-Ruminott ao discutir as condições de devastação do capitalismo contemporâneo na América Latina. No México, a chamada Guerra às Drogas – que nada mais foi do que uma guerra contra os cidadãos, na qual já contamos 100 mil mortos e cerca de 30 mil desaparecidos – não só gerou uma quantidade horrenda de mortes, mas também contribuiu para a desapropriação de que são vítimas os vivos. Agora desocupada, aparentemente estéril e isolada, a terra e sua riqueza oculta são mais uma vez objeto de apropriação predatória por parte das elites políticas e corporativas nacionais e estrangeiras. E isso tem sido documentado por jornalistas corajosos e extraordinários, como John Gibler, Daniela Rea, Marcela Turatti, Diego Osorno e Federico Mastrogiovanni. Em face desse acúmulo esmagador de crueldade, em face da escavação feroz, contínua e mortal de nossos corpos e almas, permanecem as forças menores – menores, mas insidiosas, menores, mas penetrantes, menores, mas salpicadas em cada raspa de poeira que vagueia pelo cosmos – que tornam essa pergunta, essas perguntas, possíveis. A escrita, que não tem respostas, tem, no entanto, a graça de abrir espaço em nossa linguagem, em nossos dias e em nossas consciências para as perguntas que realmente importam, aquelas que carregamos por toda a vida, desde aqueles 13 ou 16 anos em que começamos a ler os livros ou a participar das conversas que nos marcariam para sempre. Fazer perguntas é uma prática, uma ação concreta que, ao invocar uma resposta, ao exigir atenção, transforma a própria matéria do questionamento.

Não sou otimista, sou teimosa. Talvez como disse a escritora Marina Azahua, citando um de seus professores não faz muito tempo: não precisamos de esperança, mas de obstinação. Temos que insistir. Nunca vamos desistir. Dizem que é hora de sair às ruas, mas nós sempre estivemos nas ruas. Essa escrita que não esconde sua dívida com os outros, essa escrita que é a dívida com os outros, vive do lado de fora, às vezes aterrorizada ou às vezes gentilmente amparada por estranhos. Não há contradição entre essa saída contínua e necessária para a rua e essa entrada no processo de escrita. Estamos falando sobre a frente e o verso, e o reverso, do mesmo processo.

Não sejamos otimistas – não há motivo para isso –, mas nunca deixemos de ser teimosos.

Muito obrigada.

Notas

PREFÁCIO

1. Adriana Cavarero. *Horrorism. Naming Contemporary Violence.* Nova York: Columbia University Press, 2011.
2. David Markson. "Isto não é um romance". Trad. Christian Schwartz. In: *Serrote* #10. São Paulo: IMS, março de 2012.
3. Massimo Rizzante. "La novela del siglo XXI". In: *La Tempestad* #104. Cidade do México: setembro-outubro de 2015.
4. William S. Burroughs. "The Literary Techniques of Lady Sutton-Smith". In *Astronauts of Inner-space: an international collection of avant-garde activity.* São Francisco: Stolen Paper Reviews, 1966.
5. Nicolas Bourriaud. "New Entry on Mediums, or Death by PDF". In *The Mattering of Matter, Documents from the Archive of the INS.* Berlim: Sternberg Press, 2012.
6. Em entrevista a Guillermo García Pérez publicada em *La Tempestad* #104. Cidade do México: setembro-outubro de 2015.

INTRODUÇÃO

1. Camille Roy. "Introduction". In: Gail Scott; Robert Glück; e Camille Roy (coords.). *Biting the Error. Writers Explore Narrative.* Ontário: Coach House Books, 2004, p. 8.
2. Hélène Cixous. "The School of the Dead". In: *Three Steps on the Ladder of Writing.* Nova York: Columbia University Press, 1993, p. 12.

3. Margaret Atwood. *Negotiating with the Dead. A Writer on Writing*. Nova York: Cambridge University Press, 1993. [Ed. bras.: *Negociando com os mortos. A escritora escreve sobre seus escritos*. Trad. Lia Wyler. Rio de Janeiro: Rocco, 2004.]
4. Elias Khoury. *La Cueva del Sol*. Trad. Jaume Ferrer Carmona. Madri: Editorial Alfaguara, 2009. [Ed. bras.: Elias Khoury. *Porta do sol*. Trad. Safa Abou-Chahla Jubran. Rio de Janeiro: Record, 2008.]
5. Juan Rulfo. *Pedro Páramo*. México: Fondo de Cultura Económica, 1964. [Ed. bras.: *Pedro Páramo*. Trad. Eric Nepomuceno. Rio de Janeiro: Record, 2020.]
6. Uma análise desses anos pode ser encontrada em meu livro *Dolerse. Textos desde un país herido*. Oaxaca: Sur+ Ediciones, 2011. Veja também: John Gibler. *Morir en México*. Oaxaca: Sur+ Ediciones, 2012; Diego Enrique Osorno (coord.). *País de muertos. Crónicas contra la impunidad*. México: Debate, 2011; Marcela Turatti e Daniela Rea (coords.). *Entre las cenizas. Historias de vida en tiempos de muerte*. Oaxaca: Sur+ Ediciones, 2012.
7. Roberto Bolaño. *2666*. Barcelona: Anagrama, 2002. [Ed. bras.: *2666*. Trad. Eduardo Brandão. São Paulo: Companhia das Letras, 2010.]
8. Alma Guillermoprieto. *72 migrantes*. Oaxaca: Almadía, 2011.
9. Achille Mbembe. "Necropolitics". *Public Culture*, vol. 15, n. 1, inverno de 2003, pp. 11-40. [Ed. bras.: *Necropolítica*. Trad. Renata Santini, São Paulo: N-1, 2018]. Veja também: Achille Mbembe. *On the Postcolony*. Berkeley: University of California Press, 2001.
10. Adriana Cavarero. *Horrorism. Naming Contemporary Violence*. Nova York: Columbia University Press, 2011. Veja também: Cristina Rivera Garza e Javier Raya. "Corresponsales de guerra", *Milenio*, 24 de abril de 2012.
11. Giorgio Agamben. *Estado de excepción: Homo sacer II*. Valência: Pre-Textos, 2004. [Ed. bras.: *Estado de exceção*. Trad. Iraci D. Poleti. Coleção Estado de Sítio. São Paulo: Boitempo Editorial, 2004.]

12. Josefina Ludmer. "Literaturas postautónomas". Cf. http:// www.lehman.cuny.edu/ciberletras/v17/ludmer.htm. (Consultado em 24 de abril de 2013.)
13. Kathy Acker. "The Killers". In: Gail Scott; Robert Glück; e Camille Roy (coords.). *Biting the Error*, op. cit., p. 18.
14. Vanessa Place e Robert Fitterman. *Notes on Conceptualisms*. Nova York: Ugly Duckling Press, 2009. (Minha tradução para o espanhol: *Notas sobre conceptualismos*. México: Conaculta, 2013.)
15. Kenneth Goldsmith. *Uncreative Writing: Managing Language in the Digital Age*. Nova York: Columbia University Press, 2011.
16. Eloy Fernández Porta. *Afterpop. La literatura de la implosión mediática*. Barcelona: Anagrama, 2009; *€®o$. La superproducción de los afectos*. Barcelona: Anagrama, 2010; *Emociónese así. Anatomía de la alegría (con publicidad encubierta)*. Barcelona: Anagrama, 2012.
17. Agustín Fernández Mallo. *Postpoesía. Hacia un nuevo paradigma*. Barcelona: Anagrama, 2009; *El hacedor (de Borges), Remake*. Madri: Editorial Alfaguara, 2011.
18. A novela de Fernández Mallo, entretanto, circula com liberdade no mundo virtual. Cf. http://es.scribd.com/doc/82634523/El-hacedor-Remake-Agustin-Fernandez-Mallo.
19. Vicente Luis Mora. *El lectoespectador*. Barcelona: Seix Barral, 2011.
20. Antoine Volodine. *Le post-exotism en dix leçons, leçon onze*. Paris: Gallimard, 1998.
21. Damián Tabarovsky. *Literatura de izquierda*. México: Tumbona Ediciones, 2011 (original de 2004). [Ed. bras.: *Literatura de esquerda*. Trad. Ciro Lubliner e Tiago Cfer. Belo Horizonte: Relicário, 2017 (original de 2004).]
22. Gertrude Stein. "How Writing is Written". In: Robert Bartlett Haas (ed.). *How Writing is Written. Volume II of the Previously Uncollected Writings of Gertrude Stein*. Los Angeles: Black Sparrow Press, 1975, pp. 151-160.

23. Atualizam essa linha de argumentação sobre a sentença e a frase: Ron Silliman. *The New Sentence*. Nova York: Roof Books, 1987; Lyn Hejinian. *The Language of Inquiry*. Berkeley/Los Angeles/Londres: University of California Press, 2000.
24. Luis Felipe Fabre. *Leyendo agujeros: Ensayos sobre desescritura, antiescritura y no escritura*. México: Conaculta, 2005.
25. Giovanni De Luna. *El cadáver del enemigo. Violencia y muerte en la guerra contemporánea*. Madri: 451 Editores, 2007, p. 38.
26. Ibid., p. 40.
27. Néstor Perlongher. "Cadáveres". In: *Alambres*. Buenos Aires: Último Reino, 1987. Para uma análise desse poema, consulte Luis Felipe Fabre, *Leyendo agujeros*, op. cit.
28. Lev Manovich. *The Language of New Media*. Cambridge, Mass.: The MIT Press, 2001.
29. O trabalho de base dessa perspectiva é de Antonio Negri e Michael Hardt. *Empire*. Cambridge, Mass.: Harvard University Press, 2009. Os termos específicos citados aqui são de Christian Marazzi, *Capital and Language: From the New Economy to the War Economy*. Los Angeles: Semiotext(e), 2008; *Capital and Affects: The Politics of the Language Economy*. Cambridge, Mass.: The MIT Press, 2011.
30. Franco "Bifo" Berardi. *After the Future*. Oakland: AK Press, 2011. [Ed. bras.: *Depois do futuro*. Trad. Regina Silva. Coleção Exit. São Paulo: Ubu Editora, 2019.]
31. Christian Marazzi. *The Violence of Financial Capitalism*. Los Angeles: Semiotext(e), 2010; André Gorz. *The Immaterial*. Londres: Seagull Books, 2010; Franco "Bifo" Berardi. *After the Future*, op. cit.; *The Soul at Work. From Alienation to Autonomy*. Los Angeles: Semiotext(e), 2009.
32. Harriet Staff. "David Buuck on Performance Poetics". *Poetry Foundation*. Cf. http://www.poetryfoundation.org/harriet/2013/02/ david-buuck-on-performancepoetics/. (Consultado em 20 de maio de 2013.)

33. Veja Paula Sibilia. *La intimidad como espectáculo*. Buenos Aires: Fondo de Cultura Económica, 2008.

CAPÍTULO 1

1. Roland Barthes. "La muerte del autor". In: *El sussurro del linguaje*. Barcelona: Paidós, 1987; Michel Foucault. "¿Qué es un autor?". In: *Entre filosofía y literatura*. Obras esenciales 1. Barcelona: Paidós, 1999. [Ed. bras.: "A morte do autor". In: *O rumor da língua*. Trad. Mário Laranjeira. São Paulo: WMF Martins Fontes, São Paulo, 2012; Michel Foucault, "O que é um autor?". In: *Estética: literatura e pintura, música e cinema* (Ditos e escritos, vol. III). Trad. Inês Autran Dourado Barbosa. Rio de Janeiro: Forense Universitária, 2001.]
2. David Markson. *Wittgenstein's Mistress*. Illinois/Londres/Dublin: Dalkey Archive Press, 1988.
3. David Markson. *Reader's Block*.Illinois/Londres/Dublin: Dalkey Archive Press, 1996; *This is Not a Novel*. Califórnia: Counterpoint, 2001; *Vanishing Point: A Novel*. Califórnia: Counterpoint, 2004; *The Last Novel*. Califórnia: Counterpoint, 2007.
4. David Foster Wallace. "Overlooked", *Salon*, 12 de abril de 1999. Cf. http://www.salon.com/1999/04/l2/wallace/. (Consultado em 25 de abril de 2013.)
5. Charles Bernstein. *On Poetics*. Cambridge, Mass.: Harvard University Press, 1992.
6. David Markson. *Vanishing Point*. Califórnia: Counterpoint, 2004, pp. 12-13.
7. Todas as citações nesta seção são de Peter Sloterdijk. Veja *Venir al mundo, venir al lenguaje. Lecciones de Frankfurt*. Valência: Pre-Textos, 2006.
8. As citações nesta seção são de Michel Onfray. Veja *Teoría del cuerpo enamorado. Por una erótica solar*. Tradução, prólogo e notas de Ximo Brotons. Madri: Pre-Textos, 2002.

9. Judith Butler. *Giving an Account of Oneself*. Nova York: Fordham University Press, 2005. (Tradução para o espanhol: *Dar cuenta de sí mismo*. Buenos Aires: Amorrortu, 2009. [Ed. bras.: *Relatar a si mesmo: crítica da violência ética*. Trad. Rogério Bettoni. Belo Horizonte: Autêntica, 2023.]
10. Gertrude Stein. *Autobiografía de Alice B. Toklas*. Trad. Carlos Ribalta. Madri: Lumen, 2000 [Ed. bras.: *A autobiografia de Alice B. Toklas*. Trad. José Rubens Siqueira. São Paulo: Cosac & Naify, 2009]; Jamaica Kincaid. *Autobiografía de mi madre*. Trad. Alejandro Pérez Viza. México: Ediciones Era, 2008 [Ed. bras.: *A autobiografia da minha mãe*. Trad. Débora Landsberg. São Paulo: Alfaguara, 2020]; Anne Carson. *Autobiografía de Rojo*. Trad. Tedi López Milis. México: Almadía, 2010 [Ed. bras.: *Autobiografia do vermelho: um romance em versos*. Trad. Ismar Tirelli Neto. São Paulo: Editora 34, 2021.]
11. Kathy Acker. "On Realism". In: *Bodies of Work: Essays*. Londres: Serpent's Tail, 1997.
12. Ron Silliman. *The New Sentence*, op. cit.
13. Alessandro Baricco. *Homero, Ilíada*. Trad. Xavier González Rovira. Barcelona: Anagrama, 2005; Alice Oswald. *Memorial. An Excavation of the Iliad*. Londres: Faber & Faber, 2011.
14. Eric Santner. *On Creaturely Life: Rilke, Benjamin, Sebald*. Chicago: University of Chicago Press, 2006.

CAPÍTULO 2

1. Cf. Josefina Ludmer. "Literaturas postautónomas", cit.
2. Jean-Luc Nancy. *La comunidade inoperante*. Santiago: LOM Ediciones/Universidad Arcis, 2000, p. 82. [Ed. bras.: *A comunidade inoperada*. Trad. Soraya Guimarães Hoepfner. Rio de Janeiro: 7Letras, 2016, p. 82.]
3. Ibid., p. 80.

4. Ibid., p. 81.
5. Ibid., p. 40.
6. Ibid., p. 41.
7. Ibid., p. 51.
8. Ibid., p. 52.
9. Ibid., p. 81.
10. Ibid., p. 45.
11. Ibid., p. 90.
12. Floriberto Díaz Gómez. "Comunidad y comunalidad". In: Floriberto Díaz Goméz; Sofía Robles Hernández; e Rafael Cardoso Jiménez (coords.). *Escrito: Comunalidad, energía viva del pensamiento mixe = Ayuujktsënää'yën – ayuujkwënmää'ny – ayuujk mëk'äjtën*. México: Universidad Nacional Autónoma de México, 2007, p. 39.
13. Ibid., p. 42.
14. Floriberto Díaz Gómez. "Principios comunitarios y derechos indios". In: Floriberto Díaz Gómez; Sofía Robles Hernández; e Rafael Cardoso Jiménez (coords.), *Escrito*, op. cit., pp. 59 ss.
15. Floriberto Díaz Gómez. "Guía para la alfabetización mixe. Pasos que deberá seguir el Animador para la Cultura e Educación mixe (ACEM). In: Floriberto Díaz Gómez; Sofía Robles Hernández; e Rafael Cardoso Jiménez (coords.), *Escrito*, op. cit., p. 261.
16. Ibid., p. 263.
17. Ibid., p. 269.
18. Ulises Carrión. *El nuevo arte de hacer libros*. México: Tumbona Ediciones, 2013, p. 39. [Ed. bras.: *A nova arte de fazer livros*. Trad. Amir Brito. São Paulo: C/Arte, 2011, p. 39.]
19. Jacques Rancière. "Politique, identification, subjectivation". In: *Aux bords du politique*. Paris: La Fabrique, 1998.
20. Jean Genet. *El taller de Alberto Giacometti*. Paris: L'Arbelète, 1986, p. 35. [Ed. bras.: *O ateliê de Giacometti*. Trad. Célia Euvaldo. São Paulo: Cosac & Naify, 2000, p. 35.]
21. Ibid., p. 33.

22. Ibid., p. 34.
23. Ibid., p. 39.
24. Ibid., p. 62.
25. A propósito de *Unducomentaries*, cf. http://letraslatinasblog.blogspot.com/2011/11/rosa-alcalainterview-review.html.
26. Cristina Rivera Garza. "Desapropiadamente". In: *Los muertos indóciles. Necroescrituras y desapropiación*. México: Tusquets, 2013.
27. Floriberto Díaz Gómez; Sofía Robles Hernández; e Rafael Cardoso Jiménez (coords.). *Escrito*, op. cit.
28. Maurizio Lazzarato. "Struggle, Event, Media". In: Maria Lind e Hito Steyerl (eds.). *The Green Room: Reconsidering the Documentary and Contemporary Art #1*. Londres: Sternberg Press, 2009, p. 216.
29. Intercâmbio entre Boaventura de Sousa Santos e Gladys Tzul Tzul em Latin American Studies Association 2015. Cf. https://www.youtube.com/watch?v=ohq5efaXQ-8.
30. Veja Christian Marazzi. *The Violence of Financial Capitalism*. Los Angeles: Semiotext(e), 2010.
31. Jacques Rancière. *Aisthesis. Scenes from the Aesthetic Regime of Art*. Londres/Nova York: Verso Books, 2013. [Ed. bras.: *Aisthesis. Cenas do regime estético da arte*. Trad. Dilson Ferreira da Cruz. São Paulo: Editora 34, 2021.]
32. James Agee. *Let Us Now Praise Famous Men Three Tenant Families*. Nova York: Mariner Books, 2001 (Boston: Houghton Mifflin, 1ª ed., 1941). Em espanhol: *Elogiemos ahora a hombres famosos*. Madri: Planeta, 2008. [Ed. bras.: *Elogiemos os homens ilustres*. Trad. Caetano W. Galindo. São Paulo: Companhia das Letras, 2009.]
33. John Roberts. *The Intangibilities of Form. Skill and Deskilling in Art after the Readymade.*. Londres/Nova York: Verso, 2007.
34. Veja uma seleção de textos sobre a discussão do trabalho imaterial: Franco "Bifo" Berardi. *After the Future*, op. cit.; Christian Marazzi. *The Violence of Financial Capitalism*, op. cit.; André Gorz. *The Immaterial*, op. cit., 2010.

35. Michel Onfray. *Teoría del cuerpo enamorado*, op. cit., pp. 233-240.
36. Ibid., p. 218.
37. Ibid., p. 222.
38. Saúl Hernández Vargas."Comunalidad como tecnología traslúcida: primeros apuntes a partir de una lectura de la Sexta sección de Alex Rivera (2003)". Ensaio apresentado no Congresso de UC Mexicanistas em Mérida, Yucatán, México, março de 2016.
39. Agradecimentos especiais aos comentários e avaliações de Saúl Hernández Vargas.
40. Veja Raquel Gutiérrez. *Horizontes comunitario-populares. Producción de lo común más allá de las políticas estado-céntricas.* Madri: Traficantes de Sueños, 2017.
41. Jacques Rancière. *Aisthesis*, op. cit.
42. Josefina Ludmer. "Literaturas postautónomas". Cf. https://palabraimageninfod.files.wordpress.com/2015/07/literaturas-postaut-c3b3nomas-lud mer.pdf.
43. Judith Butler. *Giving an Account of Oneself*, op. cit.
44. Veja o conceito de uma geologia da violência em Sergio Villalobos-Ruminott. *Heterografías de la violencia. Historia. Nihilismo. Destrucción.* Buenos Aires: Ediciones la Cebra, 2016.
45. Fred Moten e Stefano Harney. *The Undercommons. Fugitive Planning & Black Study.* Nova York: Minor Compositions, 2013. Traduzi esse livro, junto com Juan Pablo Anaya e Marta Malo, sob o título *Los abajocomunes. Planear fugitivo y estudio negro.* Cidade do México: La Campechana Mental/El Cráter Invertido, 2017. O livro está disponível gratuitamente na internet: https://tansversal.at.
46. Floriberto Díaz Gómez. "Comunidad y comunalidad". In: Floriberto Díaz Gómez; Sofía Robles Hernández; e Rafael Cardoso Jiménez (coords.). *Escrito*, op. cit., p. 39.
47. Ibid., p. 42.
48. Raquel Gutiérrez. *Horizontes comunitario-populares*, op. cit., p. 27.

49. Ibid., p. 71.
50. Jaime Martínez Luna. *El camino andado*, t. 1. Coalición de Maestros y Promotores Indígenas de Oaxaca, Centro de Apoyo al Movimiento Popular Oaxaqueño, Coordinación Estatal de Escuelas de Educación Secundaria Comunitaria Indígena, Oaxaca, 2013.
51. Veja, entre outras, a análise de Francisco Estrada Medina. "Estética citacionista y copyleft: Antígona González de Sara Uribe". Cf. https://70 ooro bles.wordpress.com.
52. Arturo Fierros Hernández. *Historia de la Salud Pública en el Distrito Norte de la Baja California 1888-1923*. Tijuana: Centro Cultural Tijuana, 2014, p. 36.
53. Chris Kraus. *After Kathy Acker. A Literary Biography*. Los Angeles: Semiotext(e), 2017, p. 34.
54. Ibid., p. 49.
55. Esses livros são publicados sob o título *Portrait of an Eye: Three Novels*. Nova York: Grove Press, 1997.
56. Chris Kraus. *After Kathy Acker*, op. cit., p. 81.
57. Vanessa Place e Robert Fitterman. *Notes on Conceptualisms*, op. cit. Traduzi esse livro com o título *Notas sobre Conceptualismos*, op. cit.
58. Uma versão rápida do conceito de desapropriação pode ser encontrada no artigo "Desapropiación para principiantes", de 2017, em *Literal Magazine*. Cf. https://literalmagazine.com.
59. Chris Kraus. *After Kathy Acker*, op. cit., p. 59. Acker também trabalhou como *stripper* em alguns bares de San Diego, frequentados por trabalhadores e marinheiros alguns anos depois, quando já estava casada com Peter Gordon.
60. Chris Kraus. *After Kathy Acker*, op. cit., p. 134.
61. Kathy Acker. "The Gift of Disease", texto publicado no *The Guardian*, em 18 de janeiro de 1997. Cf. em https://editions-ismael.com o artigo em .PDF na seção "KA Periodicals (1974-1997)".
62. Ibid.
63. Chris Kraus. *After Kathy Acker*, op. cit., p. 277.

CAPÍTULO 3

1. Jacques Derrida. *Mal de archivo. Una impresión freudiana*. Trad. Paco Vidarte. Edição digital em espanhol: http://www.jacquesderrida.com.ar/textos/mal+de+archivo.htm. (Consultado em 13 de abril de 2013.) [Ed. bras.: *Mal de arquivo. Uma impressão freudiana*. Trad. Claudia de Moraes Rego. Rio de Janeiro: Ediouro, 2002.]
2. Nathalie Piégay-Gros. *Le futur antérieur de l'archive*. Quebec: Tangence éditeur, 2012, p. 20.
3. Texto lido no Centre d'Études en Civilisations, Langues et Lettres Étrangères (CECILLE) da Universidade de Lille, França, em junho e publicado na *Revista de Occidente* em setembro de 2012. Cf. http://www.elboomeran.com/blog-post/539/12791/patricio-pron/el-exceso-de-pasado-ladestruccion-de-manuscritos-como-liberacion--del-autor/el05/11/2012. (Consultado em 5 de novembro de 2012.)
4. Rodrigo Rey Rosa. *El material humano*. Barcelona: Anagrama, 2009. [Ed. bras.: *O material humano*. Trad. Josely Vianna Baptista. São Paulo: Benvirá, 2012.]
5. "Tudo o que é objetivo já é teoria." Walter Benjamin também usa essa frase em uma carta de 23 de fevereiro de 1927 para Martin Buber.
6. Pierre Boulez. *La escritura del gesto. Conversaciones con Cécil Grilly*. Barcelona: Gedisa, 2003, p. 117.

CAPÍTULO 4

1. Gerardo Villanueva. *Transterra*. Guadalajara: Litoral, 2008.
2. Gayatri Chakravorty Spivak,. "Planetarity". In: *Death of a Discipline*. Nova York: Columbia University Press, 2003.
3. Mike Davis. *Dead Cities: And Other Tales*. Nova York: The New Press, 2003.
4. Juliana Spahr. "Los 90". *S/N: NewWorldPoetics*, vol. 1, n. 3, maio de 2011, pp. 4-21.

5. Ibid., p. 6.
6. Marjorie Perloff. "Language in Migration: Multilingualism and Exophonic Writing in the New Poetics". In: *Unoriginal Genius. Poetry by Other Means in the New Century*. Chicago: University of Chicago Press, 2010. [Ed. bras.: "Linguagem em migração: Multilinguismo e escrita exofônica nas novas poéticas". In: *O gênio não original. Poesia por outros meios no novo século*. Trad. Adriano Scandolara. Belo Horizonte: Editora UFMG, 2013.]
7. Ibid.
8. Slavoj Žižek. *Visión de paralaje*. Buenos Aires: Fondo de Cultura Económica. [Ed. bras.: *A visão em paralaxe*. Trad. Maria Beatriz de Medina. São Paulo: Boitempo Editorial, 2008.]
9. Anne Michaels. *Fugitive Pieces*. Nova York: Vintage Books, 1996. [Ed. bras.: *Peças em fuga*. Trad. José Rubens Siqueira. São Paulo: Companhia das Letras, 1997.]
10. Sarah Pollack. "The Peculiar Art of Cultural Formations: Roberto Bolaño and the Translation of Latin-American Literature in the United States". Trans- Revue de litératture générale et comparée, n. 5, 2008. Cf. http://trans.revues.org/235. (Consultado em 24 de abril de 2013.)
11. Refiro-me ao livro de Eric Bennett. *Workshops of Empire: Stegner, Engle, and American Creative Writing During the Cold War*. Iowa: University of Iowa Press, 2015. Para os interessados na relação entre a escrita criativa e a política internacional durante a Guerra Fria, há também, entre outros: Mark McGurl. *The Program Era: Postwar Fiction and the Rise of Creative Writing*. Cambridge, Mass.: Harvard University Press, 2011; Francis Stonor. *The Cultural Cold War: The CIA and the World of Arts and Letters*. Nova York: The New Press, 2013.
12. Fred Moten e Stefano Harney. *Los abajocomunes*, op. cit. Cf. https://tranversal.at.

13. Em outras palavras, estou menos interessada no que Alberto Moreiras chama de "latino-americanismo do eu" e mais no que Juliana Spahr chama de "história engajada do inglês com outros idiomas". Ajuda a pensar sobre isso Alberto Moreiras: "La fatalidad de (mi) subalternismo". In: *Marranismo e inscripción, o el abandono de la conciencia desdichada*. Madri: Escolar y Mayo Editores, 2016, pp. 77-102; "El segundo giro de la deconstrucción", ibid., pp. 117-135.
14. Alberto Fuguet e Sergio Gómez (eds.). *McOndo*. Milão: Mondadori, 1996; Edmundo Paz Soldán e Alberto Fuguet (eds.). *Se habla español. Voces latinas en Estados Unidos*. Madri: Editorial Alfaguara, 2000.
15. Diana Palaversich escreveu um livro excelente: *De Macondo a McOndo. Senderos de la postmodernidad latinoamericana*. Cidade do México: Plaza y Valdés, 2005, mas aqui estou citando seu artigo "McOndo y otros mitos", em www.literaturas.com, junho de 2003.
16. Uso o adjetivo "americano" em referência à seguinte descrição do escritor Salvador Plascencia, autor do romance *The People of Paper* (São Francisco: McSweeney's, 2005; Nova York: Harvest Books, 2006), na Wikipedia: "Escritor americano, nascido em 21 de dezembro de 1976 em Guadalajara, México".
17. Gayatri Chakravorty Spivak. "Planetarity", op. cit., p. 73. É minha a tradução dos termos ao espanhol.
18. Silvia Rivera Cusicanqui. "Pensando desde el nayrapacha: una reflexión sobre los lenguajes simbólicos como práctica teórica". In: *Sociología de la imagen. Miradas ch'ixi desde la historia andina*. Buenos Aires: Tinta Limón, 2015, p. 207.
19. Ibid., p. 213.
20. Id.
21. Marjorie Perloff. "Language in Migration", op. cit.
22. Juliana Spahr. "The 90s". *Boundary 2*, vol. 36, n. 3, 2009. A tradução ao espanhol é minha.

23. Ibid., p. 164.
24. Alberto Moreiras. *Marranismo e inscripción*, op. cit., p. 201.

CAPÍTULO 5

1. Graciela Romero e Alberto Chimal. "El viajero del tiempo y la chica del ya fue en mi TL", *Periódico de Poesía*, n. 37, março de 2011, sec. La Cámara Verde. Cf. http://www.periodicodepoesia.unam.mx/index.php? option=com_content&task=view&id=1687&Itemid=118. (Consultado em 24 de abril de 2013.)
2. Josefina Ludmer. "Literaturas postautónomas", cit.
3. Tamara Kamenszain. *La boca del testimonio. Lo que dice la poesía*. Buenos Aires: Norma, 2007.

CAPÍTULO 6

1. Carrie Noland. "Digital Gestures". In: Adalaide Morris e Thomas Swiss (coords.). *New Media Poetics: Contexts, Technotexts, and Theories*. Cambridge, Mass.: The MIT Press, 2009.
2. Eugenio Tisselli. "Sobre la poesía maquinal, o escrita por máquinas. Un manifiesto para la destrucción de los poetas". *Periódico de Poesía*, n. 40, junho de 2011. Cf. http://www.periodicodepoesia. unam.mx/index.phpoption=com_content&task=view&id=1857&Itemid=98. (Consultado em 24 de abril de 2013.)
3. Juliana Spahr. "N 21º 18'28" W 157º 48'28" Sonnets/ Sonetos". Trad. Cristina Rivera Garza. *Periódico de Poesía*, n. 40, junho de 2011. Cf. http://www.periodicodepoesia.unam.mx/index.php?option=com_content& task=view&id= 1858&Itemid=98. (Consultado em 24 de abril de 2013.)
4. Benjamín Moreno. "Los grandes de la lírica española en el estilo inigualable de Octavio Paz". *Periódico de Poesía*, n. 47, março de

2012. Cf. http://www.periodicodepoesia.unam.mx/index.php?option=-com_con tent&task=view&i d=2228&Itemid=98. (Consultado em 24 de abril de 2013.)

5. José Antonio Villarán. "AMLT Project". *Periódico de Poesía*, n. 47, março de 2012. Cf. http://www.periodicode-poesia. unam.mx/index.php?option=com_content&task=view&id=2229&Itemid=98. (Consultado em 24 de abril de 2013.)

6. Mauricio Montiel Figueiras. "El hombre de tweed". *Periódico de Poesía*, n. 38, abril de 2011. Cf. http://www.perio-dicodepoesia.unam.mx/index.phpoption=com_content&task=view&id=l72l&Itemid=l18. (Consultado em 24 de abril de 2013.)

7. Mauricio Montiel Figueiras. *La mujer de M*. México: Taller Ditoria, 2012.

8. Cf. http://bit.ly/rFkAYs.

9. Charles Bernstein. "Cinco poemas". Trad. Román Luján. *Periódico de Poesía*, n. 46, fevereiro de 2012. Cf. http://ww.periodicodepoesia.unam.mx/index.php?option=com_content&task=view&id=2199&Itemid=98. (Consultado em 24 de abril de 2013.)

10. Charles Bernstein. *Attack of the Difficult Poems*. Chicago: The University of Chicago Press, 2011.

11. Hugo García Manríquez. "Anti-Humboldt. Una lectura del Tratado de Libre Comercio de América del Norte, firmado por Canadá, Estado Unidos y México", *Periódico de Poesía*, n. 39, maio de 2011. Cf. http://www.periodico-depoesia.unam.mx/index. php?option=com_content&task=view&id=l785&Itemid=98. (Consultado em 24 de abril de 2013.)

12. Hugo García Manríquez. "Nota sobre el texto". *Periódico de Poesía*, n. 39, maio de 2011. Cf. http://www.periodicodepoesia.unam.mx/index.php?option=com_content&task=view&id=l785&Itemid=98. (Consultado em 24 de abril de 2013.)

13. Jorge Marmodio. "El genocidio está esperando que lo desentierren

y lo nombren", *Periódico de Poesía*, n. 39, sec. La Cámara Verde, maio de 2011. Cf. http://www.periodicodepoesia.unam. mx/index. php?option=com_content&task=view&id=l767&Itemid=98. (Consultado em 24 de abril de 2013.)
14. Id.
15. Craig Santos Pérez. "Textos". Trad. John Plucker e Marco Antonio Huerta. *Periódico de Poesía*, n. 41, sec. La Cámara Verde, julho-agosto de 2011. Cf. http://www.periodicodepoesia. unam.mx/index. php?option=com_content&task=view&id=1914&Itemid=98. (Consultado em 24 de abril de 2013.)
16. Rafa Saavedra. "TUITMIX/POETRY". *Periódico de Poesía*, n. 41, julho-agosto de 2011. Cf. http://www.periodicodepoesia.unam.mxindex. phpoption=com_content&task=view&id=1916&Itemid=98. (Consultado em 24 de abril de 2013.)
17. Lisa Robertson. "Hombres". Trad. Herson Barona. *Periódico de Poesía*, n. 43, outubro de 2011. Cf. http://www.periodicodepoesia.unam. mx/index.php?option=com_content&task=view&id=2015&ltemid=98. (Consultado em 24 de abril de 2013.)
18. Michael Ondaatje. *Divisadero*. Londres: Bloomsbury Publishing, 2007. [Ed. bras.: *Divisadero*. Trad. Augusto Pacheco Calil. São Paulo: Companhia das Letras, 2008.]
19. Mark Strand e Eavan Boland (coords.). *The Making of a Poem: A Norton Anthology of Poetic Forms*. Nova York: W. W. Norton & Company, 2001.
20. Pedro Poitevin e Óscar de Pablo. "Palíndromos", *Periódico de Poesía*, n. 46, fevereiro de 2012. Cf. http://www.periodicodepoesia.unam. mx/index.phpoption=com_content&- task=view&id=2196&ltemid=98. (Consultado em 24 de abril de 2013.)

Este livro foi composto na fonte PP Mori e Silva Text
e impresso pela gráfica Plena Print, em papel Lux Cream 60 g/m²,
para a Editora WMF Martins Fontes, em setembro de 2024.